国家自然科学基金青年项目71102182

制度与激励：

军官职业化及其对专用性人力资本投资的影响

金 琳 主编

中国财政经济出版社

图书在版编目（CIP）数据

制度与激励：军官职业化及其对专用性人力资本投资的影响 / 金琳主编. —北京：中国财政经济出版社，2014.12

ISBN 978-7-5095-5779-2

Ⅰ.①制… Ⅱ.①金… Ⅲ.①军人-职业-影响-军事-人力资本-研究-中国 Ⅳ.①E263

中国版本图书馆 CIP 数据核字（2014）第 259975 号

责任编辑：卢关平　　责任校对：李　丽
封面设计：孙俪铭　　版式设计：汤广才

中国财政经济出版社 出版

URL：http：//www.cfeph.cn
E-mail：cfeph@cfeph.cn

社址：北京市海淀区阜成路甲 28 号　邮政编码：100142
营销中心电话：88190406　北京财经书店电话：64033436　84041336
北京京华虎彩印刷有限公司印刷　各地新华书店经销
787×960 毫米　16 开　14.5 印张　215 000 字
2015 年 2 月第 1 版　2015 年 2 月北京第 1 次印刷
定价：29.00 元
ISBN 978-7-5095-5779-2/F·4674
（图书出现印装问题，本社负责调换）
本社质量投诉电话：010-88190744
打击盗版举报热线：010-88190492、QQ：634579818

其他参编人员

罗　敏

曹　军

马静曦

戴冬阳

目　　录

引　言 …………………………………………………………………………（1）
一、选题背景 ……………………………………………………………（1）
二、研究意义 ……………………………………………………………（5）
三、研究思路 ……………………………………………………………（7）
四、研究目的 ……………………………………………………………（8）
五、研究方法 ……………………………………………………………（9）
六、理论工具 ……………………………………………………………（10）
第一章　军官职业化与军队科技干部专用性人力资本投资的逻辑关联 ……………………………………………………………（13）
第一节　社会化保障的逻辑后果：军队组织内部职能的专用化 ……………………………………………………………（13）
第二节　军事专用性保障能力的来源：高度专用性的人力资本投资 ……………………………………………………………（15）
第三节　军队科技干部的风险预期、行为选择及其监督困境 ……………………………………………………………（18）
第四节　专用性交易的机会主义行为防范：职业化的选择 ……（22）
小　结 ……………………………………………………………（23）
第二章　军官职业化的制度特征和制度功能 ……………………（25）
第一节　职业与职业化问题的研究现状 …………………………（25）
第二节　职业的概念和分类 ………………………………………（30）
第三节　军官职业化的制度特征：基于分工效率和组织效率的分析 ……………………………………………………………（31）
一、基于分工效率目标的职业化制度特征 ………………………（32）
二、基于组织效率的职业化制度特征 ……………………………（37）

第四节　军官职业化制度的功能考量——基于专用性人力资本交易的分析 …………（39）
一、专用性人力资本交易的特征 …………（40）
二、军官职业化的制度功能 …………（41）
三、军官职业化的制度功能实现的相互性 …………（42）
第五节　基于军官职业化的功能特征和制度特征的评价指标体系 …………（44）
小　结 …………（46）
第三章　中国军官职业化水平评估 …………（48）
第一节　中国军官职业化水平的局部差异与评估对象和方法的确定 …………（48）
一、规章制度执行弹性的普遍性 …………（48）
二、规章制度执行弹性的效率：基于成本的考量 …………（49）
三、对弹性执行行为的进一步分析：基于管理者类型的考量 …………（51）
四、军官职业化水平评估对象和方法的确定 …………（55）
第二节　问卷设计 …………（55）
一、专家调查问卷设计 …………（56）
二、军官职业化水平感知调查问卷设计 …………（57）
第三节　基于动态模糊层次分析模型的评估 …………（59）
一、模型方法 …………（59）
二、指标评判 …………（60）
小　结 …………（66）
第四章　中国军官职业化水平对军队科技干部专用性人力资本投资影响的一般分析 …………（68）
第一节　影响军队科技干部专用性人力资本投资的因素分析 …………（69）
第二节　军官职业化水平对专用性人力资本投资的影响 …………（70）
一、军官职业化水平与专用性人力资本投资的斯皮尔曼等级相关分析 …………（71）
二、斯皮尔曼等级相关系数的显著性检验 …………（72）
小　结 …………（73）

第五章　美军职业化制度述评 …………………………………（74）
第一节　自主性 ……………………………………………（74）
一、职业进出的自由 ……………………………………（75）
二、职业范围内的自由流动 ……………………………（80）
第二节　激励性 ……………………………………………（82）
一、军事劳动投入与报偿的均衡 ………………………（83）
二、职业损失的等值补偿 ………………………………（91）
第三节　稳定性 ……………………………………………（117）
一、激励长期服役的等级差别工资 ……………………（117）
二、明确而稳定的军官衔级制度 ………………………（118）
三、规范合理的职业培养与发展制度 …………………（121）
四、稳定而低水平的职业退役率 ………………………（124）
第四节　约束性 ……………………………………………（130）
一、军官上岗的资质性 …………………………………（131）
二、军官的考核 …………………………………………（131）
三、军官的晋升与任免 …………………………………（136）
四、军官的奖惩 …………………………………………（138）
小　结 ……………………………………………………（139）
第六章　中国军官职业稳定性与自主性水平对专用性人力资本投资的影响——对军队干部转业政策的典型分析 …………（141）
第一节　军事人力资本交易中的道德风险：基于契约不完全的分析 ……………………………………………（142）
一、军队科技干部专用性人力资本契约的不完全 ………（142）
二、潜在的道德风险 ……………………………………（144）
第二节　职业低稳定性和低自主性的证据——转业数据的统计分析 ………………………………………（148）
一、转业数据的选择 ……………………………………（148）
二、数据分析 ……………………………………………（149）
第三节　转业要挟类型及其后果 …………………………（153）
一、对军队要挟的分析 …………………………………（153）
二、对军队科技干部要挟的分析 ………………………（154）
第四节　道德风险治理的相关理论 ………………………（157）

一、偷懒及其治理理论 …………………………………………… (158)
二、要挟及其治理理论 …………………………………………… (165)
小　结 …………………………………………………………… (169)
第七章　中国军官职业激励性水平对专用性人力资本投资的影响 …………………………………………………… (170)
第一节　激励的含义 …………………………………………… (170)
第二节　激励作用实现的基本路径 ……………………………… (172)
第三节　参与约束：职业化工资制度的分析 ……………………… (173)
一、参与约束的工资决定 ………………………………………… (173)
二、研究假设 …………………………………………………… (175)
三、数据的选择 ………………………………………………… (176)
四、分析与比较 ………………………………………………… (177)
五、政策启示 …………………………………………………… (179)
第四节　工作激励：军队职业生涯的制度分析 …………………… (180)
一、工作激励的逻辑 …………………………………………… (180)
二、军队科技干部职业生涯的制度分析 …………………………… (186)
三、基于相对表现的成就事业型激励设计 ………………………… (188)
小　结 …………………………………………………………… (193)
第八章　中国军官职业约束性水平对专用性人力资本投资的影响 …………………………………………………… (195)
第一节　科层“放权”中管理者的目标置换 ……………………… (195)
一、科层放权与“剥夺问题” …………………………………… (195)
二、终极委托人虚位与目标置换 ………………………………… (196)
第二节　权力与权利的博弈：要挟约束机制研究 ………………… (197)
一、多层次委托代理关系及其博弈分析 …………………………… (198)
二、混合约束对策——事后清算制 ……………………………… (202)
小　结 …………………………………………………………… (207)
参考文献 ……………………………………………………… (209)
附录 1 ………………………………………………………… (216)
附录 2 ………………………………………………………… (220)
后　　记 ……………………………………………………… (223)

引　　言

一、选题背景

始于20世纪70年代的信息技术革命，决定性地引发了世界范围内的新军事变革。传统机械化战争时代以数量规模为主要特征的军队体制已经不能适应未来信息化、体系化战争的需要。伴随世界性的新军事变革潮流，中国军队也进行了多次调整和改革。大规模裁军、通用保障社会化、军兵种结构优化、高素质人才引进、扩大专业士官比例、文员招聘制度化等，是近几次调整改革的常态化做法。当前，中国军队正进行新一轮编制体制调整改革。理解和预期中国军队今后一个时期的改革走向，为中国军队的体制机制和组织结构调整改革提供智力支持，需要深刻了解信息化时代武器系统与军事人力这两大军事生产要素的功能转变、相互关系及其全新的作用方式。

武器装备，作为战斗力"生产工具"，其本质是人的身体能力的替代和延长。而人的身体能力既包括体力，还包括智力。传统战争（冷兵器、热兵器、机械化）条件下，作为"工具"的武器系统具有相互联系的两大重要特征：一是武器装备本身仅仅只是人体力的替代和延长，基本不能替代人的智力，从作战到指挥，人依然是绝对、完整的智力控制主体。二是武器系统的个体化或平台化。各件（类）武器的性能和作用本质上分离，武器之间的协同作用只能通过人的控制实现，武器系统本身不能形成协同共振的有机整体。所谓平台化装备，也只是移动平台和打击部的内部一体化，如冷兵器时代的战车和战船，机械化战争时代的坦克、装甲车、水面舰艇、作战飞机等，平台之间的外部连接，只能通过人的控制才能有限实现。

以信息技术为核心的新科技革命，使武器系统的特征发生了革命性转变。新军事变革的本质是武器装备的信息化。武器装备的信息化，意指对原本以分散、孤立、个体、平台化方式存在的武器装备实现普遍的信息技术“嵌入”，如各类主战平台的智能化、无人化，各类弹药系统的精确制导化，各类电子信息装备的网络一体化等。这使得武器系统发生了与传统时代同构的两大革命性转变：一是经过彻底的信息化改造或重塑的武器系统，不仅极大地替代和延长了人的体力，而且越来越多地延长和替代了人的智力：指挥员的指挥控制能力物化在“C4ISRK”系统[①]之中，战斗员对武器的操作能力物化在精确制导等信息化武器单元中。人的智慧在战场上越来越多地表现为机器的智慧——人对战场的感知变成了机器的感知，人对信息的处理变成了机器的处理，人对战场态势的判断变成了机器的判断，人对方案的评估变成了机器的评估，人对武器的操控变成了武器的自我操控。二是基于信息技术的普遍“嵌入”，看起来分散的个体或平台化武器装备变成了“体系”。通过 C4ISRK 系统和数据链，海陆空天潜水的所有装备平台连为一体，构型为一个协同共振的体系。单个武器的背后是整个体系。看起来是平台打击，其实是体系对抗。武器系统本身由“纯物系统”迁跃成为“人机系统”。

武器系统的信息化和体系化，使传统的机械化战争逐步演变为信息化、体系化战争。假定组织结构等体制性因素既定，在未来信息化、体系化战争中，战斗力生成的两大基本要素（武器与人）会发生以下颠覆性的功能转变：

1. 武器装备这一战斗力生成要素在直接战场上的作用会越来越“刚性”。作战双方信息技术上的微小差距，在功能结果上也会放大成隔代差异，因此，未来体系化战争大多表现为非对称战争；战场上的胜负可以直接还原为武器系统的逻辑推演，谋略在战役战术层面的作用越来越小，战争的胜负不再是偶然、不确定或难以预测的领域。武器装备的体系化成为战争制胜的“硬道理”。

2. 随着人的智力也越来越多地物化或镶嵌在武器系统之中，人在未来战争中起作用的方式也发生了质的改变。战争智力或与作战有关的人力资本包括两种基本类型：一是指挥员的谋略性智力；二是作战人员的武器操

---

① 美国人研发的通讯联络系统。C4 代表指挥 Command、控制 Control、通信 Communication、计算机 Computer；I 代表情报 Intelligence；S 代表监视 Surveillance；R 代表侦察 Reconnaissance；K 代表杀伤 Kill。

作性智力。信息化时代，这两种人力资本起作用的方式均发生了革命性改变。首先，“战役战术性谋略智慧”的地位退居于“战略性谋略智慧”之后。前者是战争进行过程中的谋略，后者则是战争发生前的谋略。现代军事科学的一个基本共识是：武器装备技术越是先进和复杂，战役战术层面上的谋略将越是简单和原始。这是信息化时代武器装备的体系化和作用“刚性”引致的规律性后果。因此，战争制胜的关键在于事前的战略性筹谋，而不在战争发生之后或“过程”中的战役战术性补救——如果战争发生后已经和敌方武器系统形成了代际差，并且又无任何非对称反制的“杀手锏”，则败局已定，战役战术性谋略失效。其次，“武器操作性智慧”的“研制性前移”与“核化”。现代武器系统在研制阶段的信息化和智能“镶嵌”，一方面使大量逻辑化、通用化的传统人工操作被机器高效而精确地替代，另一方面又使必须由人来完成的剩余操作更加复杂化、专业化或“核心化”。这里需要把握两点：第一，这些操作是大量逻辑化、通用化操作被机器替代之后的“剩余”操作，因而必定是少量的、核化的；第二，这些核化的剩余操作一定是机器不能或难以替代的，因而需要极其复杂、高级、专门、专用性的人工智力。由此看来，传统的以数量和规模见长的军队建设模式已经完全不能适应现代战争的需要，一支精干高效、知识技能高度专门化、人力资本高度专用化的职业化军队，是未来信息化、体系化战争的强制性需求，而不仅仅是基于“成本—收益”考量之后的权宜之计。谁率先走职业化道路，谁就会提前摆脱困境，抢占先机。正如辛迪·威廉姆斯（Cindy Williams 2006）所言：“信息技术已经成为军事力量的倍增器，它使得军队在缩减规模的情况下有可能提高战斗力。军队小型化意味着必须更加关注人员的技术和能力因素。”① 军事人员规模的小型化，是信息化时代提升军队战斗力必需的而非可有可无的条件。

从以上分析和相关背景中，可以谨慎地做出如下结论或推论：

（1）要有效维护国家安全，打赢未来的信息化、体系化战争，必需建立一支高度职业化的军队。

（2）高度职业化军队的基本标识应当是军队组织内部存量人力资本的高度专用性，也即前面描述的高度“核化”的专业技能。

---

① Curits Gilroy and Cindy Williams. 服务国家：西方军队人事政策及改革［M］. 西安政治学院译. 美国麻省理工学院出版社，2006：9.

（3）高度专用的军事人力资本是对通用性人力资本进行增量投资的结果。

（4）人力资本投资是一种外部投资与载体人自主投资共同作用的二元结构。人力资本投资不同于非人力资本投资的关键特征在于，无论外部投资的货币价值多大，无论外部学习和训练条件多好，其真实投资效用的实现还要决定性地依赖学习主体（载体人）基于学习意愿的时间和精力投入。人力资本是一种有机资本，人力资本承载者的自主投资意愿是外部投资能否起作用或作用大小的关键。现实中，“人力资本投资（教育、培训、扫盲等）与产出（知识和技能的产出）之间没有稳定的线性关系：同样的教育和培训投资，可以生产出差异很大的能力结果；低学历的天才，高学历的庸才；成本定价法——按照学历定薪资和待遇，常常漏洞百出。”[①] 因此，人力资本投资效用的实现，关键在于学习主体的自主投资能否得到有效激励。

（5）根据现代契约经济学和交易成本理论，高度军事专用性人力资本投资存在“套牢”与“解套要挟”等风险。首先，对外部投资人（国家和军队）而言，专用性人力资本投资风险来自于人力资本与载体人之间天然的不可分性。人力资本的这一特性，使得对其产权的界定很难实现如普通资本产权那样的“清晰度”，或者说，明确界定和实现人力资本产权的成本很高，因此，“谁投资，谁受益”这一通用性原则很难在人力资本领域完整实现。尽管军事专用性人力资本是国家和军队外部投资的产物，但是，作为一种与承载人须臾不可分离的活的资本，它只能通过承载人的直接使用或劳动发挥效用，其使用效益取决于承载人的真实意愿，而承载人的意愿如何则取决于被激励程度。因此，无论人力资本产权界定的契约安排如何，人力资本直接的使用控制权天然地属于承载人而不属于外部投资人。其次，对于承载人（军人个体）而言，专用性人力资本投资风险来自于专业“套牢”的机会成本、转移成本、要挟和被要挟成本、讨价还价成本等。因此，无论外部投资人还是承载人，无论国家（军队）还是个体军人，其高度军事专用性人力资本投资意愿，均需要稳定的制度激励——一种满足参与约束、激励兼容、报酬后置、待遇公平、长期雇用、未来可期、预期稳定等条件的制度激励。而满足上述条件的制度具有一个普遍共识的标签——“职业化”。

---

① 周其仁．真实世界的经济学［M］．北京：北京大学出版社，2006：32～33.

不难发现，此时我们回到了讨论的起点——军队职业化。我们思考和讨论的其实是两大因子——军人职业化制度与军事专用性人力资本投资——以因果互动为特征的内在关联。其基本逻辑是：在新军事变革条件下，为了有效维护国家安全，必须建立一支高度职业化的军队；实现这一目标，必须进行高度军事专用性人力资本投资，尤其是个体军人的高度军事专用性人力资本自主投资；而稳定有效的自主投资需要职业化制度的长期激励。

当然，这仅仅只是一种宏观叙事——一种未经实证检验的逻辑推断或假设。

中国军队的职业化建设恰好处于过渡转型时期。在几种基本的军人类型中，军官是最满足职业化要求的群体；在军官这一类型中，科技干部这一群体又最具专业内涵。为了简化研究又不失真实可靠性，我们用表征职业化制度的“军官职业化水平”作为自变因子，选择“军队科技干部”这一典型群体的“专用性人力资本自主投资意愿”作为因变因子，试图通过制度和群体抽样以及有限的实证检验，理清军队职业化制度对职业军人专用性人力资本自主投资的影响及其作用机理。

二、研究意义

（一）理论意义

本书研究将立足于国防组织运行中的现实问题，这个现实有着这样的逻辑：军队通用性的工作任务通过社会化保障得以完成，由此，导致了军队高度专用性的任务环境。该环境要求环境中的人必须是人力资本高度专用性的军事劳动者。未来信息化战争中，高技术军兵种对专用性技术保障的需求使军队科技干部的重要性日益凸显。完成高度专用性的任务需要军队科技干部加强军事专用性的人力资本投资。制度在合约经济学中被看成是一种合约安排，军官职业化是一种制度选择，也是一种长期合约安排。这种长期合约安排正符合涉及专用性资产交易的合约关系对交易期限的需要。资产专用性理论的开创者威廉姆森（Oliver E. Williamson，1996）认为，资产专用性条件的存在，导致合约双方的机会主义行为，长期合约应是一种有效的防范策略。军事人力资本交易是一种典型的专用性人力资本交易，军官职业化这种长期合约安排正符合军事专用性人力资本交易的需要。然而，中国现有的军官服役制度的职业化水平如何？它如何影响军队科技干部的人力资本投资行为？是什么原因使得较低学历的科技干部在基本履行职责后选择“混日子”或积极参加地方资质证书考试？军队科技干部是否处于实施“要挟”的优势？军队科技干部是否被“要挟”？面临可能的“被要挟”，军队科技干部有着怎样的行为选择？在现有的制度约束下，军队科技干部专用性人力资本的自主投资是否激励短缺？本书研究拟在大量的数据采集和分析的基础上，运用交易成本理论、不完全合约理论、资产专用性理论、激励理论等，立足于军官职业化的制度安排，聚焦于军队科技干部群体，研究军事专用性人力资本投资问题。无论从多样化的理论视角看，还是从由真实的环境决定的特殊研究对象看，这种研究不仅符合运用管理理论研究现实问题的科学研究发展趋势，而且从该角度获得的新见解，能在一定程度上填补国内军事人力资本专用性投资理论的空白，从而丰富和发展资产专用性理论、人力资本合约理论和激励管理理论。

（二）现实意义

1. 为满足军队信息化建设对知识型人才的需求提供理论支撑。信息化军队需要高素质新型军事人才。军队深化体制编制改革、实施人才战略工程、压缩军队规模、科技兴训等围绕的一个核心问题是质量建军。质量的关键是人才。人之为“才”关键是人的专业知识和技能存量，后者本质上是人力资本投资、尤其是学习主体专用性人力资本自主投资[①]的产物。从这个角度看，军队人才质量建设的核心问题就是军事专用性人力资本自主投资激励问题。高度专用性人力资本来源于对优秀通用性人力资本进行专用性人力资本再投资。问题是，现有制度能否吸引优秀的通用性科研人才进入军队？进入军队后是否具有主动参训的持续热情？科技人才流失的原因何在？如此等等。这些问题成为军事人力资本合约理论应该关注的直接现实问题。本书研究立足于军队对高度专用性的军事人力资本需求的现实，分析军队现有的职业化水平对科技干部高度专用性人力资本自主投资的影响，管窥军事人力资本投资效率低下的表现，揭示军事人力资本投资效率低下的原因。这一研究

---

① 人力资本投资不同于非人力资本投资的关键特征是，无论外部投资的货币价值多大，无论外部学习和训练条件多好，其真实投资效用的实现还要决定性地依赖学习主体自主、自觉的时间和精力投入。人力资本是一种有机资本，人力资本承载者的自主投资意愿是外部投资能否起作用或作用大小的关键。因此，人力资本投资效用的实现，关键在于学习主体的自主投资能否得到有效激励。

对建成一支高素质新型军事人才队伍具有重要的现实指导意义。

2. 为中国军人服役制度改革提供决策参考。军事人力资本合约在中国主要以隐性合约的形式存在，合约隐性存在于军人服役制度当中，即合约的内容，包括期限、价格、权利的分配等等主要条款已经制度化。这些制度化的合约条款决定了中国军官职业化的水平。本研究拟通过统计和分析制度中人对现有制度及其运行的主观评价，评估中国军官职业化的水平；本课题还将对高度职业化的美军服役制度进行分析，以期对中国军官职业化的推进提供具有借鉴意义的方法和路径。这些分析对中国的军人服役制度，特别对军队科技干部的服役制度改革，具有一定的决策参考价值。

三、研究思路

图 0－1 形象地反映了本书的研究思路。

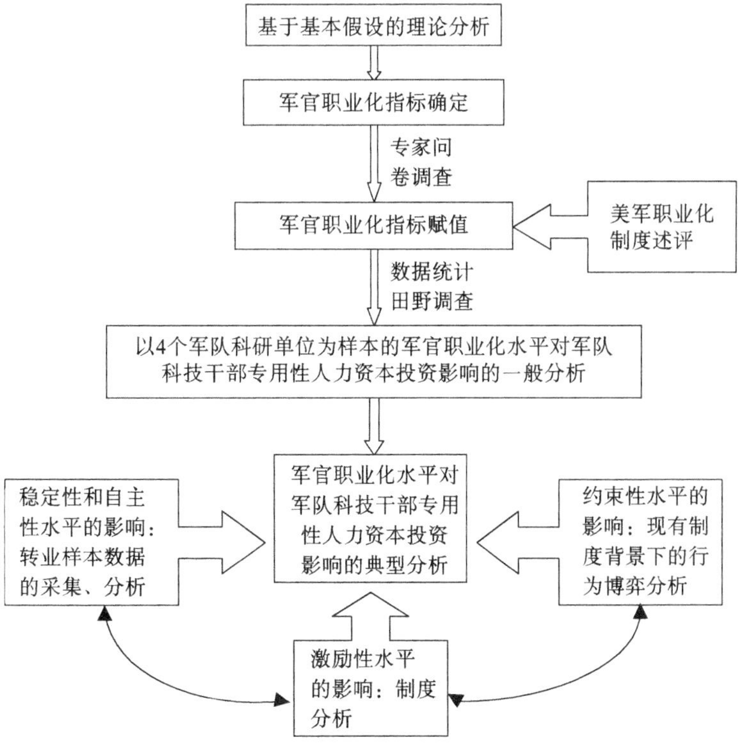

图 0－1　研究思路图

本书研究的是军官职业化水平对军队科技干部军事专用性人力资本投资的影响问题。本书研究首先依赖于这样的前提假设，即军队通用性的保障任务已经完全由社会提供，军队仅仅保留的是专用性保障能力，因此，军队对科技干部以知识和技能为内容的军事人力资本专用性程度的要求会越来越高。高度专用性的军事人力资本的形成，是对军队科技干部进行高度专用性人力资本投资的结果，由此形成了本书研究所指向的制度环境对专用性人力资本投资的影响问题。对军事专用性人力资本投资具有直接影响的制度就是具有长期合约特征的军官职业化制度。

根据在职业领域内是否存在一个充分竞争的外部劳动力需求市场，职业可以分为独立职业和从属职业（公共部门职业）两种基本类型。独立职业的职业化制度在外部劳动力市场自由竞争的条件下得以自发演化，通过市场激励实现社会分工效率；与独立职业相比，从属职业的从业者既需要更多的专用性人力资本投资，又缺乏开放竞争的外部劳动力市场，其职业地位容易受到具有买方垄断优势的公共科层组织的威胁。因此，从属职业的职业化水平与从业者所在的公共科层组织（法院、军队、政府机关等）的制度特征具有直接关联。从职业和职业化的一般含义出发，从分工效率和专用性人力资本投资激励两大视角，我们深入探究了军官这一从属职业理想的职业化制度特征和功能特征以及指标体系。

依据军官职业化的指标体系，我们对 4 个军队科研单位展开了问卷调查，依据问卷统计分析对 4 个单位的职业化水平进行了评估，并分析了 4 个单位的军官职业化水平对专用性人力资本投资的一般影响。

随后，依据军官职业化的指标体系，我们对美军的军官职业化水平进行了比较制度分析。

最后，我们分别从稳定性和自主性、激励性、约束性等方面分析了当前中国军人服役制度的基本特征及其对专用性人力资本投资的影响，建立了转业政策背景下的军事人力资本交易的道德风险行为博弈模型、以工资分析为主的合约参与约束模型、以需求分析为基础的工作自激励模型以及以双层委托代理关系为视角的混合约束博弈模型。

四、研究目的

本书的研究目的是：

1. 建立科学的军官职业化评价指标体系。

2. 进行军官职业化水平对专用性人力资本投资的影响的回归分析。

3. 系统梳理美军职业化制度。

4. 分析学历背景与转业的关系，进而揭示转业制度背景下，军队科技干部人力资本投资的选择和动机。

5. 分析军队工资对不同学历层次的通用性人力资本所有者参与约束的程度，分析现有制度造成的激励障碍。

6. 对现有制度背景下军队管理者与军队科技干部的转业要挟行为进行博弈分析。

本书研究可能的创新之处在于：

1. 将军队科技竞争中的专用性人力资本投资激励与军官职业化问题结合起来，拓展了不完全合约理论与专用性人力资本投资理论的应用分析视野。

2. 在大量数据采集、问卷调查、理论分析的基础上，初步形成军官职业化评价指标体系，并尝试对当前中国军官职业化水平进行比较系统的评估。

3. 通过抽样数据的搜集和整理，发现军队科技干部专用性人力资本投资面临的风险及其应对举措，揭示军官职业化水平对军队科技干部专用性人力资本投资的影响的基本规律。

五、研究方法

（一）历史唯物主义分析方法与西方经济学方法相结合

历史唯物主义方法强调“历史观”和“现实观”，强调特定社会物质生活条件对制度选择和安排的决定作用。本书研究面对的是真实的历史逻辑起点——现代战争、军队社会化保障，解决的是中国特定历史条件下军事人力资本投资的激励问题，强调把握新的历史条件下，军队科技干部群体的新特点以及综合因素对人的激励作用的发挥。历史唯物主义的分析方法将是本书研究之“体”。现代西方经济学以严格的环境、制度和人性假设为前提，用各种数理分析方法求解约束条件下的函数最优化问题，对拟采用的各种国防经济制度进行优劣价值排序，据此对现实中的国防经济制度给出选择或改进建议。现代西方经济学对数学分析工具的充分运用，有效避免了自然语言的歧义和文字推导的环节缺损，具备较强的可信性和可操作性。西方经济学的分析方法将是本书研究之“用”。

（二）实证分析与规范分析相结合的方法

实证分析与规范分析是科学研究的两个重要方面，不可偏废。实证分析是保证研究的科学性而不可缺少的手段，规范分析是研究的目的性价值所在。本书在研究方法上坚持实证分析和规范分析相结合的方法，使研究的工具性价值和目的性价值实现统一。

（三）定性分析与定量分析相结合的方法

定量分析主要通过资料和数据的选取并结合恰当的数学分析方法得以实现，本课题的模型建构将部分运用到这种方法。数学分析方法展示了高度抽象的逻辑推理，为学者们所青睐。但是这种方法的弊端在于：无论数理分析方法有多么复杂，充其量也只能反映理论和假设的逻辑结构及其相互关系，而依据省略掉很多变量的假设而得出的结论在纷繁复杂的现实中的应用性是极其有限的，且单凭数学的推导并不能产生理论观点。如果在建立模型之前，对所研究的问题不做质的研究，对有关假设不做质的分析，对严谨假设条件下作出的结论不做系统深入的“综合文本”分析，那么，这样的数学推论，很可能蜕变为一种超越现实的虚构，一种推理的游戏，一种仅具形式美感而缺乏现实内涵的自娱。鉴于此，综合多种因素而进行定性分析在本书研究中也将受到同等的关注。

六、理论工具

（一）契约经济学

科斯使人们认识到不同于新古典经济学所假定的没有交易成本的世界，否定了新古典经济学完全信息的假定范式。科斯提出了两大定理，正是沿着科斯的两大定理，产生了威廉姆森的交易成本经济学和哈特的产权经济学。这两大支流共同构成契约经济学的主要内容。科斯（Ronald H. Coase，1937）第一定理即企业边界理论认为，企业的边界存在于交易费用等于管理成本的那个点上，这也是市场的边界。交易成本是如何形成的？科斯没有给出令人满意的答案。他靠着灵感提出了问题，给出了一种解释方法，但是对自己抛出的问题没有给出深入解答。由威廉姆森发展起来的交易成本经济学则对交易结构和交易体制的匹配进行了深入的分析，并且揭示了交易成本形成的原因。威廉姆森提出一体化结构和非一体化结构。非一体化结构又可以细分为若干类型的中间性体制组织。所以威廉姆森提出的交易体制有3个，甚至于4个。威廉姆森还提出交易体制选择的一个重要因素，即资产专用性，从而深入讨论了交易成本形成的原因。威廉姆森的交易成本理论认为某类交易结构一定有一种交易体制与其相匹配，所以被冠以完全契约理论。科斯（Ronald H. Coase，1959）第二定理即产权理论认为，某些经济活动具有负外部性，如果初始产权清晰，交易费用很少，就可以通过市场交易解决外部性问题。产权概念后来被哈特等应用于企业产权配置领域，产生了产权经济学。产权经济学指出，企业是一种人力资本所有者和物力资本所有者之间的契约，企业中的各种制度安排就是契约的内容。但是由于获取完全信息的成本是极度高昂的，任何一种契约形式都是不完全的。解决契约不完全的方法是进行合理的权力配置。例如，当出现了没有预料的情况，企业的规章制度没有关于这种情况的应对，那么就应事先规定谁有权决策，这就是剩余控制权。由于产权经济学针对的是契约的不完全问题，它被冠以不完全契约理论。完全契约理论和不完全契约理论的区别在于：完全契约理论认为任何交易都有与之匹配的降低交易成本的治理结构。不完全契约理论却认为无论企业还是市场都存在各自的成本。市场、企业、国家都是契约。企业是人力资本所有者与物力资本所有者之间的契约，企业中的各种制度安排就是契约的内容。但是由于获取完全信息的成本是极度高昂的，任何一种契约形式都是不完全的，解决契约不完全的方法则是进行合理的权利配置。完全契约理论（交易成本经济学）和不完全契约理论（产权经济学）共同构成了现代契约经济学。当代的许多著名经济学家，如贝克尔、霍姆斯特姆、张五常等分别从不同角度分析了契约经济学的有关问题，契约经济学成为现代经济学中成果丰硕且极具发展潜力的重要分支。本书认为完全契约理论与不完全契约理论有着一定的逻辑关系，不完全契约是交易成本的结果。资产专用性是威廉姆森的交易成本理论所关注的维度，而资产专用性问题主要是契约不完全所引起的合约当事人对“套牢”的担忧问题。凭借人力资本高度专用性这个中介，可以将完全契约理论与不完全契约理论综合运用于本课题的研究。本书研究中的军官职业化就是一种契约选择，其逻辑起点是通过制度安排实现军事专用性人力资本契约的稳定性、自主性、激励性和约束性功能。这些功能以节约相应的军事人力资本交易成本为目的，即本书研究分析的最终目的是交易成本视角的契约安排。但在具体的契约安排中，要解决的问题还是因契约的不完全性导致的契约当事人的偷懒和要挟问题。

（二）经济学、法学、管理学理论成果的综合运用

由于受学科分工细化这一时代背景的影响，经典的经济学合约理论具有自身独特的研究范式，即精于严谨假设和逻辑推论的演绎——经济学似乎都离不开这种基本的套路。但是，依笔者看来，在某种程度上，这种研究套路存在“过度数学化”的倾向：在脱离现实的假设前提下，满足于运用数学模型及复杂推论得出一个过度抽象和纯态的结论。代价是理论的现实性和适用性不足。为此，经济学分析需要管理学（注重历史经验和心理分析）和法学（注重规范分析和价值判断）方法的补充和视角的“格式塔”转换①。法学虽注重给予现实社会具体的规范性操作策略，但缺乏问题和对策之间逻辑过程的诠释，多理想主义而忽视成本的考量和环境的约束，因此，法学方法的偏颇可以用经济学和管理学方法予以矫正。管理学和法学的研究领域不同，与经济学的研究视角不同，但是它们关于组织和人的全面分析的综合视野对经济学研究视角的拓宽、增强经济学研究的现实性具有重要的借鉴意义。本书主要运用经济学的分析方法，但在研究的具体假设方面，以及有效激励手段的选择方面参考了管理学对组织中的人的多重需要的研究成果。在本书的规范分析中则运用了法学的一些规则性分析。三类理论和方法的综合运用，旨在使本书的研究达到规范性、现实性和价值性的统一。

① “格式塔”是一个德文词，意思是形式、形状或类型。知觉心理学认为，将客体的各个方面的局部特性列出清单，然后按照清单逐一分析，去了解客体，对于客体的认识总是片面的、局部的。因此，要认识客体，必须通过对特定客体的无数特性所形成的“行为类型”的总体的直觉入手进行分析。人们之所以能认识客体的实际内容，原因在于人们是根据所有其他特性观察每一个特性，即对事物的每一个点的认识都应多视角的切入。这样一种认识事物的方法，心理学家称其为知觉的“格式塔”形式。

第一章　军官职业化与军队科技干部专用性人力资本投资的逻辑关联

第一节　社会化保障的逻辑后果：军队组织内部职能的专用化

军队保障的内容分为两类：一类是专用性的保障，如装备保障等；另一类是通用性的保障，如生活物资、营房物业服务的保障等。主要通过两种方式实现保障：一个是自己生产；另一个是市场采购。这两类保障应该选择怎样的方式，在新中国成立后的将近50年里，都不曾给出过正确的解答，通用性的保障都毫无疑问地留给了军队自己。科斯认为市场采购存在交易成本，如果交易成本太高，就应该选择自己生产。但自己生产又面临管理成本。企业的边界就在交易成本等于管理成本的那个点上，这也是市场的边界。科斯的理论可以解释社会主义计划经济体制下，军队通用性保障通过自己生产得以完成的理由。因为计划经济导致军队所需的通用性物资和服务并不存在一个可供大量选择的有规模的外部供应市场，即军队寻找交易相对人难，采购的价格也因不存在规模经济而享受不到任何好处。在交易成本并不低于甚至高于管理成本的情况下，军队选择通过自己生产来实现通用性保障是情有可原的。科斯的理论也可以解释社会主义市场经济体制下，军队通用性保障通过市场采购得以完成的理由。随着社会主义市场经济的繁荣发展，市场的规模效应不仅带来了价格更低的商品，也带来了更富竞争力的供应方市场，市场的交易成本大大低于军队自己生产的管理成本。此时，在通用性领域选择市场采购则是更有效率的选择。威廉姆森发展了科斯的理论，深入解释了交易成本形成的原因。威廉姆森认为，频率高的交易适合市场交易体制，因为大频率的交易更容易形成市场价格，发现价格信息容易，也能形成市场规模效应。所以从市场上购买比自己生产更便宜。反之，交易频率低，则发现价格信息难，也即交易成本高。什么类型的交易会导致交易频率低（小数目交易）呢？威廉姆森开始关注专用性资产的交易。所谓资产专用性，指的是资产能够被重新配置于其他备选用途并由其使用者重新配置而不牺牲其生产性价值的程度。对应于这个概念，由于武器装备等资产难以挪作他用，因此属于专用性资产。按照交易成本经济学的观点，具备资产专用性的交易是交易体制选择的一个关键性因素或约束条件[①]。威廉姆森、克莱因、克劳福德和阿尔奇安都认为纵向一体化的交易体制适合于资产专用性较强性质的交易，市场体制适合通用性资产交易[②]。在通用汽车公司和费舍车身厂的经典案例中，解决“金属车身”交易问题的方案就是纵向一体化，即通用汽车公司购买了费舍车身厂。实质上就是对涉及强专用性资产的交易选择了自己生产。

中国军队在很多通用性领域实行社会化保障，通用物资、工程、物业服务等采用了市场采购，甚至文员制度也可以被看做是将通用性的工作任务通过市场交易的劳动合同得以完成的一种方式。从交易成本经济学角度看，军队社会化保障无非是市场交易替代自己生产的过程，即在通用性保障方面实现了市场体制取代等级体制。结果是军队只需维持强军事专用性的保障能力。然而，军事专用性保障通过军队自己生产即采用等级体制来完成则是一种节约交易成本的选择。威廉姆森指出：市场关系的不稳定性不适应高度专用性资产交易对持续性和调适性的高要求。选择等级体制（自己生产）就可能避免这些缺陷。随着产品专用性的提高，外部购买的交易费用和自己生产的费用差额趋于缩小，当产品的专

---

① 本杰明·克莱因，罗伯特·克劳福德，阿门·阿尔奇安：纵向一体化、可占用准租与竞争性缔约过程．企业制度与市场组织——交易费用经济学文选［M］．陈郁编．上海：上海人民出版社、上海三联书店，1996：112～150．

② 威廉姆森．生产的纵向一体化：市场失灵的考察．载企业制度与市场组织——交易费用经济学文选［M］．陈郁编．上海：上海人民出版社、上海三联书店，1996：1～21．

用性很高时，该费用差额消失，交易由市场转入企业便不会引起规模经济方面的损失①。军队社会化保障的选择恰好印证了威廉姆森关于资产专用性方面的一般研究成果。

军队通用性领域的外包，意味着军队工作任务专用性的强化。作战部队和军队机关工作任务的军事专用性无须赘述。但以往被我们认为工作任务通用性很强的军事院校和医疗单位，在社会化保障改革过程中也越来越强调自己的军事性。军队院校只有强化自己军事专用性的教学和科研才能在军队立足，医疗单位只有突出自身在战时救护和医疗方面的优势才能不被“社会化”。以效率为标准，军队组织只能因其任务的军事专用性而得到保留。

第二节　军事专用性保障能力的来源：高度专用性的人力资本投资

专用性人力资本可以区分为不同程度区间。假设专用性程度在数值 0 到 1 之间，则通用性人力资本等于 0，高度专用性人力资本等于 1。由于军队的通用性保障正越来越多地外包或社会化，军队任务环境的专用性程度正发生趋向于 1 的变化。这样的变化需要军人拥有更多的军事专用性知识和能力。这意味着其形成所依赖的人力资本投资是高度专用性的投资类型。简而言之，军事专用性的保障能力只能来源于高度专用性的军事人力资本投资。军事人力资本属于专用性人力资本，其概念与专用性资产概念同构。

资产专用性这个概念由威廉姆森首先使用。其基本含义是：资产能够被重新配置于其他备选用途并由其使用者重新配置而不牺牲其生产性价值的程度。资产专用性与“沉淀成本”的概念相似，但前者主要从协约关系的角度提出。具备专用性的资产就是专用性资产。借用贝尔纳·萨拉尼耶描述的专用性投资的三层意思，即可以增加合约关系内的生产力；用于合约关系之外时，价值较低；投资方需要为此花费成本②。我们可将专用性

① ［法］Bernard Salanié. The Economics of Contracts［M］. 费方域、张肖虎、郑育家译. 上海：上海财经大学出版社，2008：7～9.

② ［法］Bernard Salanié. The Economics of Contracts［M］. 费方域、张肖虎、郑育家译. 上海：上海财经大学出版社，2008：7～9.

资产界定为这样一种资产，它是一种经合约中投资方投资用于提高合约关系内的生产力而形成的难以挪作他用的资产。

威廉姆森将专用性资产分为六类：①专用性场地；②专用性实物资产；③专用性人力资产；④品牌资本；⑤奉献性专用资产（专向资产）；⑥暂时性专用资产。秉承威廉姆森的研究，有的学者认为资产专用性包括地理区位的专用性（site specificity）、人力资产的专用性（human asset specificity）、物理资产专用性（physical asset specificity）和名牌商标资产专用性（brand asset specificity）[①]。根据这种在资产专用性上的划分，可以将专用性资产也进行类似的分类。以上这些专用性资产的分类依据主要是资产的物理形态属性。刘世锦对专用性（注意：这里不是特指资产专用性）则进行了新的解读，根据他的观点专用性表现在这些方面：产品的专用性、数量上的专用性（其他单个厂商难以提供如此大量的产品）、时间连续性上的专用性（其他厂商往往无法满足交易连续性的严格要求）、地理位置上的专用性（在一定的地理范围内不存在可替代的交易对象，而与处在其他地理位置的厂商进行交易将大幅度提高运输费用）。这些关于专用性的表述实质上类似于不同性质的自然垄断。该作者也承认自己用专用性来描述这些交易特性的不确定：“用专用性概念表达交易过程的这些特性是否适当还可以讨论，但这些特性使交易关系具有了某种垄断性质却是显而易见的。”[②] 尽管这种用法对专用性进行了泛化的理解，但对资产专用性交易的研究也具有启发性：如果对资产专用性进行更深入的挖掘，专用性资产交易不仅是一种技术上的专用，似乎同时也具有上述的某些特征。

随着资产专用性理论的逐步深入以及人力资本用于解释经济增长之谜后学界对人力资本的关注，资产专用性理论在人力资本研究中有了用武之地。现有很多文献都已经使用人力资本专用性这一名词。人力资本专用性是指代理人的技能依赖于所在组织的产品特性、市场状况、工艺流程以及企业文化等，当代理人离开原委托人后几乎没有价值[③]。

人力资本专用性领域的理论成果也逐渐影响到了军事人力资本的研

① 刘世锦．经济体制效率分析导论——一个理论框架及其对中国国有企业体制改革问题的应用研究［M］．上海：上海三联书店，1993：42.

② 刘世锦．经济体制效率分析导论——一个理论框架及其对中国国有企业体制改革问题的应用研究［M］．上海：上海三联书店，1993：128.

③ 骆品亮、司春林．专用性人力资本投资激励研究［J］．天津：管理科学学报，2001（4）：19～24.

究，过去军事人力资本理论主要关注军事人力资本产权以及如何参与收益分配，现在已有少数学者开始从专用性的角度研究军事人力资本问题，如对专用性军事人力资本予以界定，并分析了军事人力资本专用性产生的原因。例如，王树东认为，专用性军事人力资本是指经军事人力资本投资所形成的特殊技能，具有对国防安全生产和军队环境的依赖性，一旦脱离国防安全生产和军队环境，其所拥有的特殊技能就会贬值乃至丧失。军事人力资本专用性主要产生于三个原因：军事技能的专用性、时间和精力的专用性、团队协作的专用性①。但是这种表述经不起推敲，存在逻辑错误，将专用性产生的原因和专用性的结果表现混淆了。与其说以上三个专用性是军事人力资本专用性产生的原因还不如说是军事人力资本专用性的具体表现，更何况人力资本是指凝聚于人身上的知识和技能等无形的能力。由于军人 24 小时听从指挥，可以说军事人力有时间和精力的专用性，但是不能说存在于军事人力身上的知识和技能有时间和精力的专用性。因为能力和时间、精力都是并列的表达人的存在特性，但它们互相不能表达。

综上所述，在这里，军事人力资本被认为是投资形成的，凝结于军事人力身上的，可以提高国防安全产品的生产力且难以挪作他用的知识和技能等。作为高度专用性人力资本，军事人力资本具有以下特点：

1. 军事人力资本投资以很大的机会成本为代价。在军事任务高度专用性的环境下，军人进行强军事专用性知识和能力的积累，必然会减少通用性知识和能力积累的机会和将来退役时尽快适应非军事工作的优势，即军人对军事人力资本的投资以很大的机会成本为代价。

2. 军事专用性的人力资本是一种特殊的无形资产。因其以知识和技能这种观念形态存在，所以是无形资产；因其直接依附军人人身载体，所以是一种与人身不能分离的主观化的无形资产，这一点又不同于著作、专利、商标等客观化（不直接依附于军人人身载体）的无形资产。理论上，同等条件下，通用性人力资本越丰富（地方引进人才的学历越高），专用性人力资本投资效率就越高；已有的专用性人力资本积累越丰富（军队服役年限越长），专用性人力资本投资效率也越高。但由于人力资

① 王树东．对军事人力资本流失的不完全契约理论分析——关于改革军官服役制度的经济学思考［G］．中国国防经济学 2006［C］．北京：中国财政经济出版社，2007：198～211.

本不同于货币资本和实物资本，它是一种活的资本，因此，人力资本投资与产出不具有线性关系。“活”的资本意味着载体人不同于物和钞票。他活着，首先他是一个价值主体，是一个能够反思自己需求和欲望的利益主体，是一个具有自我意识和丰富主观世界的特殊存在。因此，军事人力资本的形成不仅受资源投入等客观条件的制约，还取决于“人”这个活的主体的能动性。主体的能动性是人力资本投资（教育、培训、扫盲等）与产出（知识、技能）之间没有稳定线性关系的后天原因①。由于与人身天然不能分离，人力资本具有不同于其他有形资本的如下特性：第一，它只能通过载体人的直接使用或劳动（工作）发挥效用；第二，它的使用效益取决于“载体人”的意愿，载体人可以任意地开放或封闭自己的人力资本；第三，载体人的意愿取决于载体人的被激励程度；第四，载体人的被激励程度取决于载体人所载的“人力资本”能否得到等价回报②。

第三节 军队科技干部的风险预期、行为选择及其监督困境

按照交易成本经济学的观点，某些投资（如专用性的人力资本投资）一旦形成某种专门用途的资产就难以改变为其他用途，如果要改变为其他用途肯定会造成较大的经济损失。买方和卖方被牢牢的“套”在这笔交易上。这被称之为“套牢”效应，其实质是：任何一方的退出都同时给双方造成损失。

高度专用性军事人力资本的形成也绝非仅是军队内部的事情。专用性人力资本的形成大都是对通用性人力资本进行专用性投资的结果，这里至少包含两层含义：(1) 高度专用性军事人力资本契约的初始当事人是军队

① 人力资本投资（教育、培训、扫盲等）与产出（知识和技能的产出）之间没有稳定的线性关系，通常表现为同样的教育和培训投资，可以生产出差距很大的能力结果。其原因有二：一是先天的禀赋；二是后天的努力。

② 这里的等价回报不能简单地理解为物质方面的收益，而是投资者权衡短期和长期、物质和非物质的需要后希望得到的一个综合回报。例如，进行某领域的专用性投资，他就希望在投资的领域有机会成就一番事业。

和通用性人力资本所有者。此时，交易的性质属于“大数目”交易，交易的对象是人力资本使用权，即军队面对着大量的人力资本使用权的出售者，通用性人力资本所有者面对着大量的人力资本使用权的购买者。此时的交易是自由竞争的市场交易。（2）通用性人力资本所有者进入军队后，因军事专用性人力资本投资而逐渐转化为专用性程度渐强的军事人力资本所有者，其外部替代性逐渐降低。所以，在后续契约中，人力资本所有者逐渐具有了一种地位优势。同时，军事专用性的人力资本的使用也离不开军事专用性的工作环境——军队。一旦人力资本所有者离开军队，则其工作努力和付出就意味着一种职业风险——现在的积累在将来离开军队时可能价值极低甚至毫无价值。例如，医学院的高材生一旦致力并持续于战时创伤的临床研究、院校科研工作者一旦从事并持续于军事领域的研究，就会面临因“套牢”而产生的前途压力。军事专用性人力资本所有者和军队在后续交易中产生了互相的强依赖，后续交易成了威廉姆森（Oliver E. Williamson，1975）所谓的“小数目”（small number）交易。所谓“小数目”交易是指为数很少的买者与卖者之间的交易，其极端形式是“一对一”的双边垄断交易[①]。这种类型的交易无法形成充分竞争的市场，缺乏有效竞争，交易者之间的依赖性强。如果交易当事人选择交易对手的范围很小，一旦一方选择机会主义行为，对方受到的冲击就会很大。潜在的交易对象越多，越容易避开实施机会主义行为的交易对象而转向与其他人交易。交易人数越少，就越难找到替代方案，一方只能在被“威胁退出契约”的情况下，继续以更不利的合同条件与对方交易。军人对职业生涯的稳定性具有普遍且强烈的需求，如果缺乏稳定性预期，军人就会减少机会成本巨大的专用性人力资本投资，为应对风险而恶补通用性知识和技能，从而导致劳动效率低下。服役期间的通用性人力资本投资行为主要包括：在职期间参加国家组织的各种资格证书考试，到地方大学求学深造，在非军事组织兼职等。

在诸多类型的军人中，军队科技干部的专用性人力资本投资问题尤其值得关注。图 1－1 是当前我军职业型军人的分类图[②]。

---

① 维克拉夫·霍尔索夫斯基．经济体制分析和比较［M］．北京：经济科学出版社，1988：134.

② 这里的职业型军人是指非基于法定兵役义务而自愿进入军队服役的军人。

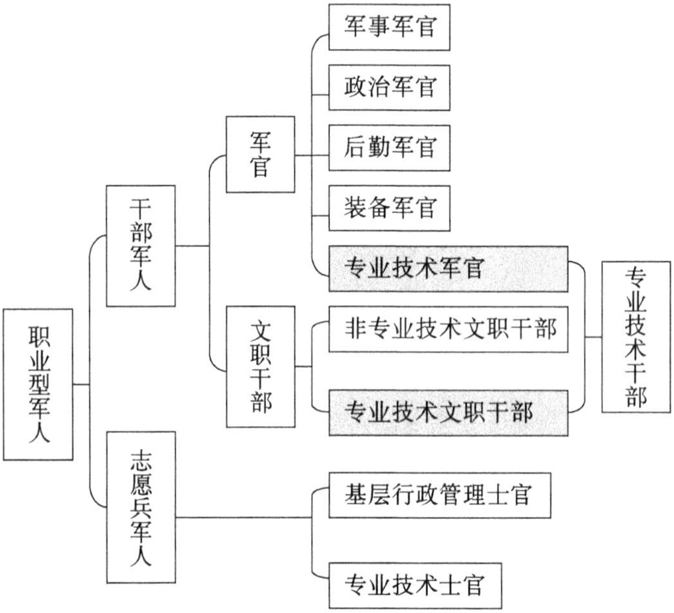

图 1－1　我军职业型军人分类

由图 1－1 可知，在中国职业型军人中，专业技术军人主要包括三大类：专业技术军官、专业技术文职干部和专业技术士官。专业技术干部仅包括专业技术军官和专业技术文职干部。军队科技干部通常是指从事科技知识生产和科学研究的专业技术干部，包括军队内部科研机构的研究人员、军队院校的教研人员以及部队的技术保障人员，尤其是技术含量较高的军兵种部队的技术保障人员等等。军队科技干部的地位及其工作特点决定了其专用性人力资本投资问题尤其值得关注。理由如下：

1. 军队科技干部在军队信息化建设中将发挥基础性支撑作用。以信息技术为核心的科技革命，使传统的机械化战争逐步演变为信息化、体系化战争。通过信息技术的普遍“嵌入”，现代武器系统不仅极大地替代和延长了人的体力，而且越来越多地延长和替代了人的逻辑智力，使看起来分散的个体或平台化武器装备变成了“体系”。如前所述，武器装备的这一革命性变革，使大量简单、通用、逻辑化的人工操作技能被作为“人机系统”的武器装备本身所替代，这意味着“武器操作性智慧”的大量“研制性前移”与剩余操作的“核化”。无论“研制性前移”还是内部的“核化”操作技能，其行为主体或高度专用性人力资本的载体人，主要是掌握装备全寿命管理和武器操作“核化”技能的各类军队科技干部。

2. 他们的工作努力难以观察。原因在于以下三点：第一，他们的成就通常需要一个渐进的长期积累过程，短期内难见成效。第二，从事科学研究和技术研发的科技干部的工作成果可能成功，也可能失败，即结果往往具有不确定性。第三，作为军队专业技术干部的科技人才，他们的专业分工稳定而明确。由于专业知识障碍，委托人（军队各级管理者）和代理人（作为各级被管理者的科技干部）之间信息不对称，其工作努力的领域（专用性的努力还是通用性的努力）难以辨别。第四，工作过程中的努力程度难以监督（出工不出力）。努力结果的长期性、不确定性、专业信息的不对称性和努力程度的难以监督性使得军队科技干部的专用性人力资本投资激励问题凸显。

军事科学研究的专用性与过程的长期性、研究成果的累进性使得军事科学研究的机会成本巨大，因此，军队科技干部通过“干中学”而积累的军事人力资本对军队环境强依赖。另外，军队因受制于人力资本与其载体天然不可分割的特性而对投资成果不能实际控制，这就显示出契约双方各自的风险状况：军队管理者作为军队的代理人可能利用军队科技干部人力资本难以挪作他用的劣势实施机会主义行为；军队科技干部可能利用军队对其进行的人力资本投资的剩余易被其据为己有的劣势实施机会主义行为。这两种状况均属于利用自身占据的有利地位敲诈对方的情形。军队管理者的有利地位在于因实施机会主义导致的人力资本投资低效率所造成的成本全由军队和科技干部来承担；科技干部的有利地位在于人力资本与其不可分离，人力资本的使用离不开人力资本载体的实际努力程度，由其不努力导致的人力资本投资低效率的成本全由军队来承担。到底谁更具有优势地位则取决于各方专用性人力资本投资的比较，如果军队科技干部进行了更多的专用性人力资本投资，则容易陷于劣势，军队管理者就处于优势地位；如果管理者代表军队对军队科技干部进行了较多的专用性人力资本的投资，则军队而不是管理者容易陷于劣势，军队科技干部就处于优势地位。所以为了避免对方处于优势地位，双方就有减少专用性人力资本投资的动机。管理者因不会承担任何风险，其更有动机出于个人利益的需要以要求被管理者退出契约相要挟而实施机会主义行为。

第四节 专用性交易的机会主义行为防范：职业化的选择

根据前面的分析，可以对高度专用性人力资本的交易风险做出如下判断：一方面，已做了较多专用性人力资本投资的军队科技干部容易被军队管理者实施转业要挟。“要挟”在实际工作中往往表现为管理者责令不符合其自身利益（非军队利益）的被管理者——军队科技干部转业使其军事人力资本贬值相威胁来寻求一种势力范围内局面的全面控制。军队科技干部为了规避这种被“要挟”的风险，要么在工作中尽量做到投管理者所好；要么就减少专用性人力资本投资。另一方面，初进入部队只做了较少专用性人力资本投资的高学历军队科技干部容易通过“混日子”对军队实施转业要挟。如果要挟成功，科技干部就会得到提拔或获得更好的待遇，如给予其特殊的住房优待、给予其更多的评功评奖机会。一个称职的管理者会依据军队科技干部的人力资本价值和贡献给出一个倾向于均衡的“价格”。如果要挟不成功，即科技干部所载的人力资本不能得到一个接近于市场价格的均衡价格，科技干部就会利用工作信息的“复杂性”和工作结果的“不确定性”偷懒，最终成功谋求职业转换机会——转业，但科技干部转业对军队来说却不是无成本的。在军队科技干部整体素质已经相对稳定的情况下，较高的流动性说明，军队已做的专用性投资失败。

由于专用性投资风险来源于交易的不稳定性，即有被要求转业的风险；由于转业安排成了交易双方皆可用以实施机会主义行为的契机，稳定的职业化制度更有利于吸纳优秀人才进入军队，激励军队科技干部把军事科学研究和技术应用活动作为一项“事业”来对待。因此，实行军官职业化（长期契约）改革迫在眉睫。

军官职业化这种长期契约与专用性人力资本交易相匹配也符合契约经济学的一般结论。契约经济学认为，不同的产权配置意味着不同的交易体制，典型的交易体制可以分为两大类：市场体制和等级体制。等级体制也被表述为（纵向）一体化的交易体制。因此市场体制又被表述为非一体化交易体制。一体化的交易体制又被学者们细分为向下一体化和向上一体化。哈特（Hart，1995）也对交易体制进行了更为深入的和一般化的研究，他运用模型验证了任何一种产权配置——非一体化、向下一体化和向上一体化的交易体制，作为最优的体制选择的条件。刘世锦专门研究了交易性质与体制形式的选择，认为与中等强度和高强度专用资产相联系的交易体制主要是等级体制组织（hierarchy，又译作科层组织）和纵向中间性体制组织[①]。米歇尔和亚历山大（Michael Essig & Alexander Batran，2005）认为政府采用何种方式提供公共服务，要基于资产专用性和战略重要性两个维度的考虑。当产品的资产专用性和战略重要性比较低时，交易成本低，政府采用购买方式（市场体制）；反之，应采用政府制造，直接提供的方式（科层组织）。当资产专用性和战略重要性介于二者之间时，政府可以采用公私伙伴关系（中间性体制）。贝克尔（1990）认为，长期契约是一种处理专用性资产交易的方案。在威廉姆森最近的著作中，也开始考虑用长期合约来协调独立交易者之间的交易活动[②]。长期合约对于合约中专用性资产的投资者而言，可谓是一种期限保护。在资产专用性水平与长期合约的关系方面，斯特凡娜·索西耶进行了检验性的研究，她主要采用计量经济分析法分析了合约有效期限与资产专用性的相关性及合约的作用，并得出被选择的合约形式是针对特定交易选择的资产专用性水平的结果，即资产专用性水平导致了长期合约，且合约是一个简单的非耗散性的治理。这正应验了威廉姆森的观点。契约经济学的基本结论就是，纵向一体化的交易体制和长期契约适合于资产专用性较强性质的交易[③]。

小　　结

将军官职业化问题与军队科技干部专用性人力资本投资问题联系起来，主要是基于当今中国军队发生的一个重大现实。这个现实就是军队社

① 刘世锦．经济体制效率分析导论——一个理论框架及其对中国国有企业体制改革问题的应用研究［M］．上海：上海三联书店，1993：125～134.

② 威廉姆森．经济组织的逻辑［G］．企业制度与市场组织——交易费用经济学文选［C］．陈郁编．上海：上海人民出版社、上海三联书店，1996：71.

③ 威廉姆森．生产的纵向一体化：市场失灵的考察［G］．企业制度与市场组织——交易费用经济学文选［C］．陈郁编．上海：上海人民出版社、上海三联书店，1996：1～21.

会化保障正在将军队中的通用性工作剥离而仅存军事专用性任务。完成军事专用性任务要求军人必须从事军事专用性很强的人力资本自主投资。军队科技干部一旦入伍，就意味着必须从事强军事性的科研活动。就这一点，编者深有体会，军事科研属于应用性研究和对策性研究，这样的研究很难对通用性基础学科作出贡献，因此，成果难以发表。如果将来转业，这样的研究积累几乎在通用性领域毫无用处，且一旦投入精力和时间，就需要长时间的积累和专注，可想而知，这样的军事人力资本投资机会成本巨大。军人和军队之间的人力资本交易成了威廉姆森所谓的典型的专用性交易。专用性交易需要一个可靠的长期契约来增强交易双方的互信。在军人群体中之所以只关注军队科技干部，是因为科技干部在信息化条件下的战争中举足轻重，且他们工作努力的结果具有长期性和不确定性、工作中所从事的专业具有信息不对称性，从而导致努力过程具有难以监督性。这些因素，使得军队科技干部的专用性人力资本投资激励问题凸显。作为一种长期契约的职业化制度就成了解决军队科技干部专用性人力资本投资激励和风险防范问题的重要制度安排。

第二章　军官职业化的制度特征和制度功能

第一节　职业与职业化问题的研究现状

职业，英语为"Career"，有生涯和事业的含义。德语为"Beruf"，含义为"天职"，有将某项事业或工作作为自己毕生的奋斗目标之意。对于职业的界定有两种基本观点：工作性质论和社会分工论。前者认为职业不同于工作这个概念，职业需要专门的知识积累，能使从业者拥有较高的社会地位。哈德森等人认为，职业是一种具有较高社会地位的知识性工作[①]。萧鸣政认为职业是工作的具体形式之一，是指不同时间、不同组织中，工作要求相似或职责平行（相近、相当）的职位集合。例如，会计、工程师等，虽然各单位的会计与工程师，其具体工作的内容与数量不尽相同，但他们彼此所担负的职责及对他们的任职要求却是相似的[②]，即工作性质相同。哈德森等人对职业的界定过于抽象，使人对其概念可能产生多种解读或揣测。萧鸣政的界定就显得更为具体、清晰。工作性质论强调职业是一种职责规范程度较高的工作。职责规范程度往往反映了这类工作在社会分工背景下的特殊技能和要求。就这一点而言，工作性质论与社会分工论有异曲同工之妙。社会分工论认为，职业是参与社会分工、利用专门的知识

① 汪群、邵癸．职业化视角下人力资源管理的演进历程［J］．长沙：求索，2009（3）：66.

② 萧鸣政．人力资源开发与管理——在公共组织中的应用［M］．北京：北京大学出版社，2005：92.

和技能，创造物质财富、精神财富，获得合理报酬，满足物质生活、精神生活的工作①。社会分工论强调职业基于社会分工的专业性和职业人的成就感。尽管工作性质论意识到了职责规范是职业的重要特征，然而，它刻意强调的职业人的较高社会地位容易使人将职业和社会阶级的划分联系起来，且使人容易产生只有从事脑力劳动的知识性工作才是职业的首要条件的遐想。鉴于此，社会分工论由于更少偏见而更易为笔者所认同。

从社会学角度看，职业化就是社会劳动不断分工细化为不同工作种类，并由此而建立起一系列职业规则的一个过程。职业化（制度）的研究从来没有引起学者们的广泛关注。因此，这方面的直接成果并不多见。已有的研究主要从整个社会分工的视角研究各行业的职业化演进，关注专业分工比较稳定的职业的形成及其标志。这种研究在20世纪中叶颇受西方学者的关注。美国学者哈罗德·L. 威林斯基（Harold L. Wilensky, 1964）在《美国社会学杂志》（American Journal of Sociology）上发表了“每个人的职业化？（The Professionalization of everyone ?）”。威林斯基在这篇文章中详细地检验了职业（专业）模型中的结构。他指出，职业经历了与职业化的各个阶段相当一致的过程（occupations pass through a rather consistent sequence of stages on their way to becoming professions）。在威林斯基的论述中，职业化的演变包含以下属性：（1）全职的创造；（2）职业培训学校的建立；（3）专业协会的形成；（4）职业伦理的形成②。理查德·H. 霍尔（Richard H. Hall, 1968）在其论文“职业化与科层化”（professionalization and bureaucratization）中探讨了职业化与科层化之间的关系，通过对各个行业的调查问卷的整理和分析，他得出：一个组织内的职业规范越详细，职业化程度越高，就越不需要科层化的组织结构③。这说明，正式制度的效率高于科层组织管理的效率。

就军事工作的职业化而言，国外学者不局限于军官的职业化，它已成为包含整个军队建设的概念。国外学者的相关研究主要体现在兵役制方面，并且对进行职业化改革的合理性论证研究较多。兵役制度的职业化指

---

① 程社明：你的船，你的海——职业生涯规划［M］. 北京：新华出版社，2007：29.

② Harold L. Wilensky. The Professionalization of everyone ?［J］. American Journal of Sociology, Vol. LXX, September, 1964：137～158.

③ Richard H. Hall. Professionalization and Bureaucratization［J］. RH Hall – American sociological review, 1968：92～104.

的就是志愿兵役制（募兵制）。由于志愿兵役制下，个体是否参军服役完全由自己决定（自主性），不受外力强制。军方必须用工资和福利激励人们服役。这就意味着，在理性经济人和劳动力市场出清的假定前提下，只有当军人的劳动付出得到完全补偿时，个体才有可能自愿参军。因此，志愿兵役制下，军方的兵员征募活动，与一般的政府机关、企事业单位的人才招聘类似，可以被看成是一种市场行为。由于符合职业的特点，募兵制是一种职业化的兵役制度。1969 年美国成立了“总统全志愿兵役制委员会”，专门研究“如何筹措军事人力”问题，最后的结论是美国当时配备军队的真实成本要比一支同样规模的志愿兵役制军队的成本要高。依据此研究成果，美国于 1973 年废除了征兵制度。

李和麦肯齐（D. Lee and R. Mckenzie，1990）运用经济模型，考察训练人员数量、经验与生产率的关系后认为：达到同样的战备力，志愿兵役制优于征兵制①。

国内学术界的相关研究成果少见，中国学者对军官职业化的研究主要停留于应不应该职业化，普遍认为职业化不仅是信息化军队建设的需要，而且是与社会主义市场经济相适应的制度选择，更是稳定军心，留住人才的重要举措。然而，对于职业化包含哪些基本要素，中国军队职业化面临哪些瓶颈，现有的职业化水平如何等等，缺乏务实的、较为深入的理论分析。王树东（2006）从不完全契约的角度分析了中国现有的军官服役制度，他首先分析了军事人力资本的不完全契约性，认为军事人力资本首先是一系列契约的凝结，军事人力资本契约不仅包括显性契约（合同、规章制度），还包括隐性契约（道德规范、传统）。军事人力资本契约的不完全性至少表现在四个方面的难以详尽界定：一是对军事人力资本投资的内容、数量和质量。二是对军事人力资本的运营效率。三是对军事人力资本契约双方的收益。四是对军事人力资本退出的补偿。由于军事人力资本的专用性而导致军事人力资本投资形成了对契约双方的套牢效应。规避“套牢”风险是军事人力减少专用性资本投资，降低军事人力资本使用效率和军事人力资本流失的原因。文章提出，要解决军事人力资本的流失问题，

① Rideg, M. and R. Smith. UK Military Manpower and Substitutability [J]. Defence Economics 1991 (2): 283 ~ 294.

必须以军官服役的终身契约取代不定期契约，实行军官职业化①。

郭兴奎（2001）等呼吁军官职业化制度势在必行，首先，它是世界各国谋求加强军队质量建设的共同趋势；其次，它使军官退役安置更符合社会主义市场经济的要求；再次，它有利于稳定干部队伍，减少人才流失；最后，它是严格控制军官员额，走精兵之路的有效途径②。

罗敏（2004）提出军官职业化面临着以下亟待解决的问题：（1）常备兵员入口上的非职业化，即在兵员入口上，我军实行的是完全的征兵制；（2）规模不足、来源单一的志愿兵役制，即我军的志愿兵只是一种辅助形式；（3）军官服役制度的职业化性质不完整，即中下级军官岗位缺乏应有的职业稳定性。他认为只有专职领域才谈得上职业化，专职是职业化的对象性前提。职业化的制度前提则是法治③。

覃永贵（2009）等对军官职业化改革的成本和预期收益进行评估比较，推测出军官职业化改革具有经济可行性④。

曹纪刚等（2005）提出了适应信息化战争要求的中国特色军官职业化制度的基本设想：（1）减少军官数量，优化军官结构；（2）改革服役年限和退役制度；（3）变革文职干部制度；（4）营以下军官多数晋升，营以上实行职业化⑤。

在兵役制的职业化研究方面，戴冬阳详细地分析了征兵制和募兵制的成本和收益，提出兵役制的选择依据主要是衡量比较不同战争形态下义务兵役制和志愿兵役制的成本收益。基本结论是，从经济成本角度看，兵员征募制度选择问题实际上就是比较和权衡征兵制的资源配置扭曲成本与募兵制的税收成本。经济学家们认为，存在一个均衡的兵力需求规模，在该规模上，募兵制与征兵制的社会成本相等。当国家安全形势急转直下，军事人力需求规模大于均衡规模时，如果实施募兵制，就需要为支付较高的军人工资而筹集较多的税收，从而产生较高的税收成本，此时，募兵制可

① 王树东．对军事人力资本流失的不完全契约理论分析——关于改革军官服役制度的经济学思考．中国国防经济学 2006［M］．北京：中国财政经济出版社，2007：198～211.

② 郭兴奎、赵勇、邢福有．建立具有中国特色的军官职业化制度势在必行［J］．军事学术，2001（1）：30～32.

③ 罗敏．军人服役制度：特征、现状和职业化改进［G］．中国国防经济年鉴，2004：18.

④ 覃永贵、臧家庆、王敏奇．军官职业化改革的成本收益分析［J］．军事经济学院学报，2009（4）：42～44.

⑤ 曹纪刚、尹跃龙．军队信息化与军官职业化［J］．理论前沿，2005（4）：36～38.

能不再是最佳选择。当军事人力需求规模小于均衡规模，国家应实行职业化的募兵制。其现实启示是，随着军事高技术的发展带来的武器装备对人力的替代作用明显和世界处于相对和平状态，募兵制的优势越来越明显，从而解释了为什么第二次世界大战后，特别是 20 世纪 80 年代以来，职业化的募兵制在世界范围内逐渐兴起的原因①。

总体而言，关于职业化的研究仍然没有归纳出具有普遍意义的职业化（制度）的一般特征。而在军事领域谈到职业化就简单地将之等同于职业的稳定性。当然，职业化最直接的含义是长期地从事某项职业，但是因稳定性而带来的契约的其他问题也是职业化的制度安排必须面对并应加以解决的。职业化的制度安排在拥有最终委托人的私人企业和最终委托人虚位的公共组织中也一定有一些不同的考量。而到目前为止，看似比较成熟的一般职业化的研究却完全没有辨别不同性质的具体组织如私人组织和公共组织，市场组织与科层组织在职业化制度方面的不同。当然就更没有直接指向公共科层组织的职业化演进和制度安排的研究。军官职业化的研究还处在起步阶段，停留于政策分析的表层，进一步的研究方向应是运用现有的组织理论进行深入的分析、揭示军官职业化对于军队长远发展而言的深层次规律以及制度架构。而军官职业化的评价与制度改进问题在信息化战争和中国建设现代化军队的背景下，又显得尤其重要。党的十八届三中全会通过的《中共中央关于全面深化改革若干重大问题的决定》，明确了“以建立军官职业化制度为牵引，逐步形成科学规范的军队干部体系”的改革目标，正是对这种研究的现实意义的证明。况且全面准确地认定军官职业化水平的评价指标也能够为其他公共科层组织的职业化制度改革以及相关研究提供理论支撑和经验支持。

本节将探讨职业和职业化的一般含义，对职业做出基础的分类。探讨竞争充分的自由职业和就业渠道单一的公共部门职业在职业化制度安排上的考量。分析处于公共科层组织中的军官职业化制度安排的价值取向，职业化特征以及职业化水平评价的依据。

---

① 戴冬阳、罗敏、金琳．兵员征募制度选择的政治经济学解读［J］．武汉：军事经济研究，2012（12）：18～22.

第二节 职业的概念和分类

不可否认，任何职业发展成为一个专业性很强的职业都是为了满足社会和个人的需要。首先，职业是为了提高社会生产效率而分工合作的结果。日益细化的分工使得劳动日趋专业化，在专业领域中的竞争促使拥有专业技能得到规范认可的人更具优势，这就促使专业资质认定得到发展并日益正规化。在这种认定规则中，不仅专业技能得到了很大的促进和发展，而且技能的认定和职业经验往往也促成了职业文化或共同价值观的建立，如法官不仅要谙熟各个法律条文，且应遵从法律至上的精神；医生不仅要掌握救死扶伤的医术，且应崇尚治病救人的医德。职业文化和价值观的形成则意味着某个职业展示出了较高的职业水准。其次，对个人而言，职业意味着个人可以将有限的精力用于专门知识和技能的积累，这大大提高了劳动者的工作效率。然而，这种专门性的积累一旦无果而终，则意味着个人有限精力的付出就等于白费，因此，个体做出职业选择是慎重的。一旦选择，他（她）就希望通过自己的努力能有所收获，因此，任何职业都应给个人提供职业生涯发展的蓝图，使从业者憧憬未来。

综上所述，任何一种工作被称之为职业，应具备如下特征：

1. 技能特征——专业资质认定的准入限制。例如法律工作者必须有律师执业资格、教育工作者应取得相应的教师资格、医生应取得医师资格等等。因此，职业转换存在一定难度。

2. 文化特征——存在职业内公认的行业文化和道德准则。不同的行业文化、理念使各种职业相区别。同一职业的从业者虽然都是独立个体，但是他们在价值取向、行为方式和职业道德等方面具有共同性和一致性。从业人员以其独特的团体理念和行为方式区别于其他社会成员并以此形成职业共同体①。

3. 激励特征——职业应使理性从业者将之视为毕生追求。职业意味着

① 周其仁．市场里的企业——一个人力资本与非人力资本的特别合约［J］．北京：经济研究，1996（6）：71～79.

一种独立、长期存在的工作岗位。由于存在职业转换成本，理性从业者在同等条件下或者条件差别不大的情况下会选择长期从业。因此，职业应为从业者提供合理报酬机制，激励从业者将之作为一生奋斗的目标，在不懈的努力中逐步实现从业者的个人价值，在从业者自我价值实现的过程中体现出对职业的忠诚。

如果一种社会工种不具备前述的特征，从业者的工作行为只能被称之为“打工”，而不是“职业”追求。

由此，职业可以被认为是以从业者掌握专业知识和技能为条件，以独特的职场文化为标识，并使从业者为之终生奋斗的工作。

根据是否存在一个有效竞争的外部劳动力市场，职业可以分为独立职业和从属职业。独立职业者可以凭借自己的专业知识和技能在买方充分竞争的市场谋求生路。例如，教师在获取了资格证后，可以独立组织辅导班或兴趣班开展培训活动，也可以在众多教育部门谋求岗位。医生拿到医师资格后，可以开办私人诊所，也可以谋求在大型医院供职。会计师可以独立开办会计师事务所，也可以在企业或政府机关供职。独立职业者依靠其拥有的知识和技能可以自由在市场和公共部门游走，主要依靠从业资质认证对他们实施管理，以及职业文化来自我约束。从属职业则意味着从业者对组织的依赖，也即必须依托特定的社会组织才能实现其职业劳动价值，其可替代的职业选择机会较少。由于从属职业总是与产品和服务的公共性与垄断性相联系，因而大都存在于公共科层组织之中。与独立职业相比，从属职业的从业者在组织规制面前缺少更多的自主性和选择自由，因此，其职业地位常常因组织规制的不同而不同。从属职业的职业化水平总是受所在公共组织管理制度的制约和影响。例如，军人这个职业在任何国家都是从属职业，其职业地位决定性地依赖相应的军人服役制度。探讨从属职业的职业化水平应当从分析从业者所在的公共科层组织的管理制度开始。

第三节　军官职业化的制度特征：基于分工效率和组织效率的分析

职业化，是某项工作逐渐具备职业特征的一个过程。从组织层面看，工作转变为职业，需要一系列的制度安排，这些制度可以称为职业化制度。

职业化是通过制度安排来促进社会分工效率的提高。但只有从业者在职业化制度安排中得到有效激励，有效率的社会分工才具有可实现性。因此，职业化的制度安排首先应充分考虑从业者的激励因素。

一、基于分工效率目标的职业化制度特征

任何人从事某种职业都需要作出审慎选择，因为，他所从事的职业所需的专业知识和技能的投资是不可逆的，他面临人力资本投资的价值贬值风险，即这些知识和技能一旦离开这种职业，其价值就会贬损或丧失。任何职业，其劳动力市场的竞争程度决定了从业者的专业知识和技能的专用性程度。专业知识和技能的买方市场竞争越充分，则该职业领域的人力资本专用性程度越低，如教师、医生。虽然这些职业都是社会分工及专业化的产物，但是它们的专用性程度却很低。专业知识和技能的买方市场垄断程度越高，则该职业领域的人力资本专用性程度越高，如军队科技干部主要从事军事领域的教学和研究活动，诸如基于对国防费的规模和结构、装备市场、国防工业基础等等展开研究而积累的知识由于不存在一个有效竞争的买方市场，即非军事类的普通高等院校、科研机构、企业对这类人力资本毫无兴趣。因此，这类人力资本就具有很强的专用性。在资产专用性交易中，资产投资人被牢牢地“套”在这笔交易上。这被称为“套牢”效应，其实质是：任何一方的退出都会给资产投资人造成损失。克莱因等人（Klein，Crawford，Alchian，1978）认为由资产专用性所引起的交易当事人面临的风险问题，起因于潜在可占用的“准租[①]”。在专用性人力资本交易中，可占用的准租就是指专用性人力资本契约的雇员一方选择继续工作而非离职的最低工资与雇主（专用性物质资产所有者）所能支付给雇员（专用性人力资本所有者）的最高工资之间的一个“楔子[②]”。在契约不完全的情况下，这个“楔子”的大小和归属由雇主和雇员可供选择的市场机会决定，即谁更少地进行专用性人力资本投资，谁可供选择的市场机会就更

① 科斯、哈特、斯蒂格利茨等．契约经济学［M］．北京：经济科学出版社，1999：185.

② 每种职业基于职业特点的不同，“楔子”的大小和分布都不一样。

多，谁拥有的可占用的准租就更多。这个“楔子”给了“要挟”行为可乘之机。威廉姆森把“要挟”问题归结为交易费用、非对称信息和他所称的犯罪和欺骗的事后机会主义行为的结果。他认为，企业中的人力资本具有高度的资产专用性，他们往往拥有某种专有技术、工作技巧或拥有某些特定信息，这些具有专用性资产的人若要退出企业，则会给退出者和企业带来损失（负和博弈）。因此“要挟”的防范必须在最初的契约安排中予以考虑。这就是威廉姆森所说的专用性交易的风险。克莱因认为“要挟”问题只是事后机会主义行为的一种情况①。它是在关系专用性投资的情况下，因契约的不完全而使契约中的一方当事人可以利用契约存在的漏洞占用另一人的准租值而产生②。也就是说，产生“要挟”的一个重要前提是契约的不完全性。由于契约的不完全，因此需要在契约履行过程中重新谈判。假设契约的重新谈判进行得非常顺利，即没有由于讨价还价与信息非对称引起的成本问题，但由于从双方交易中获得的收益分享将依赖于当事人事后讨价还价的力量③，而不是依赖于事前所表明的条款的规定或经济效率如何，当事人就会担心在重新谈判阶段会由于自己处于谈判的弱势而被对手剥夺自己的收益，出于这种担心，他们可能不愿意进行投资。这就引起了“要挟”问题。如果每一个当事人都担心对手在重新谈判阶段会有“要挟”行为的话，那么当事人就可能不进行专用性资产的投资，而只进行通用性资产的投资。当意识到资产专用性特征的交易可能会产生“要挟”的后果，那么契约安排的主要目的就是防范“要挟”，进而激励专用性投资。威廉姆森认为，长期契约应是一个有效的防范策略④。职业化的制度安排就是一种长期的契约安排。

综上所述，职业化的最初理由就是要激励从业者努力进行专用性人力资本投资从而实现社会分工效率。因此，从个人激励的层面看，职业化最直接的含义就是一个行业通过制度安排使从业者从事这种职业不再是短期行为，而是一种旨在未来有所发展的职业选择。这种含义可以应用到任何具体的行业领域。例如，说到军队的职业化，就是在军队服役制度方面选

① 威廉姆森认为机会主义就是为了自己的利益而给出错误信息（Williamson，1975）.

② 易宪容．交易行为与合约选择［M］．北京：经济科学出版社，1998：223～230.

③ 当事人事后讨价还价的力量取决于被“套牢”的程度，被“套”得越牢，谈判的力量就越弱。

④ 威廉姆森．经济组织的逻辑．企业制度与市场组织——交易费用经济学文选［C］．陈郁编．上海：上海人民出版社、上海三联书店，1996：71.

择志愿兵役制而非义务兵役制。在军官服役制度层面，主要指整个军官服役岗位，尤其是中初级军官服役岗位的职业稳定性，以及和平时期与普通职业等值的权利的完整性。

从个人激励的角度看，职业化的制度应具有以下一般特征条件：

1. 契约自由。由于进行专用性人力资本投资是职业的基本要求，当事人必须权衡自己的得益来决定是否参与，因此，职业化的制度安排必须尊重当事人的契约自由。契约自由就是雇佣双方之间的人力资本交易自由，包括契约订立自由，即根据自己的意愿决定是否进行交易而不受他人强制和胁迫；选择契约当事人的自由，即根据自己的意愿选择交易相对人的自由；退出契约的自由，即当事人在承担相应的违约责任条件下终止交易的自由。契约自由是公民宪法性权利——人身自由，在职业领域的具体表现。可见，在奴隶社会，尽管有了社会分工，但不存在职业。

2. 投入与报偿的均衡。任何职业都是社会分工不可缺少的部分，都应该在其劳动价值上得到尊重。在现代社会，不同的人力资本所有者在职业中体现出的劳动价值随着其职业所需的人力资本积累程度的不同而不同。特别在知识型和创新型岗位，人力资本积累的边际报酬具有递增效应。因此，在职业化岗位，不仅劳动应该作为一种重要的生产要素参与收入分配，而且人力资本投入也应获得与其相衬的报酬份额。而对人力资本投入的判断则需要一个清晰、科学的绩效考核标准。

3. 职业的稳定性。一旦进入某种职业，这种专用性交易必须通过长期契约这种形式得到期限保护。一种职业必定有其准入要求，在从事这一职业以前，必须经过相关的职业培训或者具有一定的专业技能。职业技能的专用性程度决定了职业转换成本，技能的专用性越强，职业转换成本就越高。当一种职业的转换成本相对较高时，一方面，理性的从业者往往会选择相对长期地从业；另一方面，业主会采取措施保持从业人员的相对稳定性，减少重复性培训引起的资源浪费。因此，任何职业化岗位都应有符合参与约束和个人发展需要的报酬机制，以维持职业的稳定性。

4. 宪法性权利直接或间接的完整性。宪法性权利是指由一国宪法赋予本国公民在社会生活领域中的最低限度的权利，是公民权利体系的核心与基础。宪法是一个国家的根本大法，因此，宪法性权利是公民享有的不被任何组织和个人剥夺的基本权利。即便某些职业领域中从业者基于工作的需要，宪法性权利会受到限制（例如军人），但是宪法性权利受到限制的公民应得到相应的补偿，实现宪法性权利间接的完整性。

以上这些特征概括了职业化的制度安排应具备的一些共性方面，无论是独立职业还是从属职业都应具备这些基本特征。鉴于此，军官职业化应具备以下一般特征：

第一，不包含强制义务的军事人力资本契约自由。军官在军队服役，可以看做是军人和国家之间签订的一种人力资本契约。契约的性质决定了契约当事人之间平等、自愿、协商的关系实质。即便契约中存在基于国防需要的强制性条款，但是一旦当事人受到报酬的吸引，依据自由意志进入契约，即意味着个人与国家签订了一种自愿受强制性约束的契约。在军事人力资本契约中，这种强制性条款主要体现在退出契约的限制以及宪法性权利的限制上。然而，应注意，如果这些强制性条款在当事人进入契约之初已然知晓，并成为了军人享受特殊报酬的对等义务，那么，在被明确告知入伍后果的情况下，公民依旧选择进入契约，这仍然符合契约自由的要义。

第二，和平时期的自由进入和退出。和平时期，军事职业应是一个向外部劳动力市场开放，广泛吸纳人才的领域，对于军队而言，唯一要做的是针对不同军人类型提出明确的准入条件，只要符合准入条件，就可以参与求职的公平竞争，例如对专业技术型军官提出学历、专业要求，对指挥型军官提出部队经验、学历要求等。准入条件是获取相应职位的刚性规则。在明确的资质限定下，谁获取这个职位，谁就拥有以该职位为基础的权利合法性。此外，和平时期应允许军官在承担违约责任的前提下自愿退出契约，这种和平时期的违约权利以及双方当事人的利益应由类似于劳动合同法关于单方辞职权和提前通知义务等制度予以保障①。

第三，职业范围内的人才自由流动。独立职业拥有一个充分竞争的外部劳动力市场，这也是职业市场规则自发形成的必要条件。主要存在于公共部门的从属职业却不存在这样的外部市场条件。但是，军队组织内部存在一个与外部劳动力市场相对分离的内部劳动力市场，在庞大的军队组织内部，存在人才自由流动的必要性和可能性。军队组织的每个层级中都存在众多分立、并行的机构和单位，所谓职业范围内的人才自由流动就是人才在军事组织内部可以跨总部、跨军兵种自由流动，形成军事职业内部市

① 单方辞职权和提前通知义务是劳动者单方解除劳动合同的制度，劳动者解除劳动合同，应当提前30日以书面形式通知用人单位。这种制度对劳动者辞职没有设立实质性要件，只需要履行提前通知的义务即可。

场，实现军队人才的内部市场化配置。

第四，军事劳动投入与报偿的均衡。对于公民个人而言，军事劳动和其他任何形式的劳动一样，可能是兴趣使然，也可能是一种谋生手段。得到合理的报偿是谋生的必要。军官自身的军事人力资本理应作为一种生产要素参与报酬的分配。在市场经济体制下，只有军事劳动投入与报偿趋向均衡，才能吸引通用性人力资本所有者进入该职业领域。由于军事劳动具有高强度和高风险性，军事人力资本具有高度的专用性，这些特点决定了军事劳动投入和报偿的均衡应是军官职业化的一个重要制度特征。

第五，军官职业的相对稳定性。在科技含量越来越高、装备技术越来越复杂、作战行动越来越合成化的现代战争条件下，基于精细分工的军事人力的专业素质成了战争制胜的关键因素。但是，形成这些专业素质的军事专用性人力资本投资具有不可逆性，因此，理性的军官个体会选择长期服役；军队也应采取措施保持人员的相对稳定性，尽量减少重复性培训导致的资源浪费。军事人力资本的累积性和环境依赖性，要求军官必须拥有一个相对稳定的军旅职业生涯。当然，和其他职业一样，军官职业的稳定性也是相对的。现代军官岗位对从业者的素质要求越来越高，只有在开放和竞争环境下不断地择优淘劣，保持适当的更替和流动，才能维持和提高军队的战斗力，才能有真正的职业稳定性。

第六，职业损失的等值补偿。军官属于国家公民，当然享有宪法所赋予的基本权利。与其他组织不同，由于特殊使命，军官个体的公民权利可能受到限制，例如，在执行某项特殊任务时，可能不允许使用自己的真实姓名；碍于军人身份和国防利益直接相关，所以军人不能经商，这是某种经济权利的丧失。但是，基于特殊身份而予以限制的宪法权利，应该给予相应的补偿，使其权利和义务均衡，达到宪法权利间接的完整。这种补偿通常表现为军人因其特殊身份而享有特别的权利。在中国，军人特有权利存在于军人保险、养老金保障、军人优抚优待和退役安置这四个方面。这些特别权利就是军人从事职业活动的报酬，获取这种报酬以履行军人职责、义务为前提，以限制军人部分公民权利为代价。唯有权利和义务的对称或均衡，军人作为公民的宪法权利才不会因军人的特殊职业而受损。

军官职业化的制度安排不仅应具备所有职业的职业化制度的一般特征，还应具备从属职业所要求的职业化制度的独有特征。因为从属职业不同于独立职业，它所在的组织往往具有唯一性或垄断性。例如，军事组织是在社会分工不断发展后逐渐出现的专门从事国防安全垄断生产的公共组织。自由职业者可以凭借自己的知识和技能在整个劳动力市场中相同或类似行业中自由流动。从属职业却不存在这样的职业市场，从属职业的从业者（法官、军官）所拥有的职业知识和技能的流动能力几乎为零。由于缺乏促成其职业市场规则形成的自由竞争机制，从属职业的地位很容易受到具有买方优势的垄断组织的威胁，因此，从属职业的职业化问题更需重视。而从属职业的职业化制度安排在实现个人效率的同时必须兼顾提高组织效率。

二、基于组织效率的职业化制度特征

为了实现组织效率，组织内部都是通过权威协调的方式组织生产。权威协调靠的是组织内部纵向的科层组织结构。即便再为扁平的组织，它也包含有简单的科层结构。与马克斯·韦伯界定的理想科层不同，现实的科层组织存在诸多的科层病，如委托虚位、目标置换、机构膨胀、形式主义、权力寻租等。在中国语境下带有贬义的“官僚”一词就是对科层病的经典指代。在这样的公共科层组织（法院、军队、政府机关）中，进行职业化改革或制度安排，其目标之一就是提高组织的运行效率。为了实现这个组织目标，职业化的制度安排应追求理想科层制度的建构。

在组织理论中，马克斯·韦伯（Max Weber）的经典科层理论为追求科层组织效率目标的职业化制度安排提供了一种理想框架。韦伯认为，科层是组织内部为了完成大规模行政任务，促进组织合作与控制的必然组织原则。理想的科层制应具备以下特征：（1）把为实现组织的目标所必需的日常工作，作为正式的职责分配到每个工作岗位。（2）所有岗位的组织遵循等级制度原则，每个职员都受到高一级的职员的控制和监督。（3）组织活动是由一些固定不变的抽象规则体系控制，这个体系包括了在各种特定情形中对规则的应用。（4）理想的官员要以严格排除私人感情的精神去处理公务，没有憎恨和热爱，也因此不受感情的影响。（5）在科层组织中就业的人员必须在技术素质上合乎要求，而且不能被随意解雇①。

参考韦伯的观点，一个以建构有效率的组织为目标的军官职业化制度应具备如下特征：

---

① 彼得·布劳，马歇尔·梅耶．现代社会中的科层制［M］，上海：学林出版社，2001：17～19.

1. 分工与专业化。基于现代军事装备技术和谋略的发展，国防安全是高度复杂的团队生产活动。这意味着，国防安全生产只有基于分工的专业化才能使每个组织成员固守在自己的专业化岗位掌握熟练的专业技能，而每个个体的专业化程度直接决定了公共产品的生产效率。科层组织的效率源于组织内部的分工与专业化程度。

2. 权力等级式组织结构。分工与专业化如果缺乏组织协作，就会导致生产的分散和无效，因此，组织内部基本协调方式就是权威和服从，这就使横向的分工最终都对各自纵向的管理者负责。由此，形成一个金字塔结构的权力等级树。

3. 限于工作职能的“权力—服从”关系。军队组织的效率源于组织内部的专业化分工及其细致和复杂程度。不同的分工之间需要协调，协调要耗费成本，分工越细，协调成本越高。因此，节省协调成本的组织设计，会大大提升专业化分工的产出绩效。在一体化的军队科层中，存在两种基本的协调方式：权威命令与正式规则。权威命令是军队组织首要的协调方式，在军队科层中，上级对下级有指挥的权力，下级对上级有服从的义务，由此形成一个金字塔结构的权力等级树。但是，所有权威的背后都有一个理性自利的人格化主体，这意味着，权威命令总是具有基于主观意志的过度控制与自由裁量的趋向，总是存在权威主体滥权谋私的道德风险。因此，根据马克斯·韦伯（Max Weber）关于理想科层的分析，需要将科层权威限定在正式的工作职能范围内，即军队上下级之间的领导与服从关系应仅限于工作范围的事务，上级无权发布与组织目标或正式的职能性任务无关的命令，下级对上级谋取私利或“外部性”利益的指令，没有服从的义务。

4. 正式规则控制。将权威命令限定于工作职能的范围，需要在组织内部培养和确立非人格化的正式规则的权威——有效的权威命令应当以正式规则的授权确认为前提。正式规则控制意味着，在普通情境下，当正式规则与各种潜规则、人格化的上级命令等发生冲突时，应当无条件服从正式规则。公开透明、稳定有效、严格实施的非人格化正式规则，可以有效控制组织内部权力的恣肆与滥用，确保每个成员对组织目标与个人职业生涯有一个稳定的理性预期。

5. 资质限定。非人格化决定了组织成员的协作并非取决于自己的好恶，而是尊重其背后的职位，也即尊重获取这个职位的规则。在职业化的军队，任何岗位都应有其准入资质，即具有与职业需要相匹配的能力和技术要求。准入资质就是获得职位的规则。在明确的资质限定下，谁获取这个职位，谁就拥有合法性。

6. 职业稳定性。既然有了严格的资质准入限定，具备资质者一旦进入组织，就不能被随意解雇。

7. 明确的职业规划与预期。正式稳定的报酬以及确保不被随意解雇只能使进入者放心地进行人力资本投资，但不足以激励人力资本的投资行为，即可能出现偷懒行为。因此，职业稳定性还应包含一个激励机制。这个激励机制就是通过明确的职业发展规划和稳定的预期使从业者愿意努力工作，将之作为长期的奋斗目标。

现实当中，任何职业化组织都不可能完全满足科层的理想要求。所以，在组织演变过程中，因环境、目标、文化背景的不同就产生了各种组织变形。然而，理想的科层制仍然应是军官职业化实现军队科层组织最高效率的完美组织形式。

根据前面的分析，不难得出这样的结论：任何职业的职业化制度都应具有一些共同特征。然而，从属职业的职业化制度又具有兼顾组织效率的更为细化的特点。分析任何从属职业的职业化制度安排，必须分析该职业所在的组织中人力资本交易的特性，以激励个人谋求职业发展为目的，并通过理想科层制的设计推进职业化进程。

第四节　军官职业化制度的功能考量——基于专用性人力资本交易的分析

职业的前提是分工与专业化，职业劳动的效率决定于劳动者的专业素质，也即劳动者的专用性人力资本存量。对于军官这一从属职业的从业者而言，由于专用性人力资本投资的不可逆性，一旦进行投资选择，他将随时面临人力资本投资价值的贬值风险：专用性知识和技能一旦与该从属职业相分离，价值的贬损甚至丧失在所难免。如果每一个当事人都担心被“价值贬损”，组织效率所需的专用性人力资本投资将会大大减少，与组织产出的负外部性相联系的通用性投资则会膨胀泛滥。

因此，一个好的军官职业化制度应当总体上具备军事专用性人力资本投资的有效激励功能。实现这一总体上的功能目标，军官职业化制度还应当具备与之相关的若干次级功能。职业化的军官服役制度如何安排才能有效促进军人进行军事专用性人力资本投资，必须结合军事人力资本交易的基本特征加以分析。

一、专用性人力资本交易的特征

专用性人力资本交易的特征可以分为两大类：一是环境特征；二是当事人特征。

（一）专用性人力资本交易的环境特征

1. 人力资本高度专用性。现代战争对军事战斗力生成方式产生了深远影响。世界许多国家的军队先后实施了通用性任务的保障方式向社会化转变的改革。这种改革强化了军事职业和非军事职业的分工效应，使军事职业的专用性特征更加明显。

2. 资源稀缺性。军事人力资本交易面临的资源稀缺性问题与军事人力资本高度专用性密切相关。高度专用性的军事人力资本不是无限供给的资源，其形成依赖于有限的专用性投资，其使用靠的是军人有限且机会成本很大的工作投入。无论军队和军人如何努力，所获取的专用性军事人力资本总不能完全满足日益提高的军队现代化建设和国防安全的需要。

3. 复杂性和不确定性。军事人力资本交易中，应征入伍者进入军队以后是否努力进行军事专用性人力资本的投资属于私人信息。军队科技干部在社会网络资本和个人先天禀赋的干扰下努力工作的晋升概率具有不确定性。这些环境特征使制定理想的军官服役制度的成本难以估量。

（二）专用性人力资本交易的当事人特征

1. 自利性。指人总是以自身利益的最大化为行动指南，总是具有趋利的行为取向。在这里，利益不是狭隘单一的经济利益，而是与人的多级复合需求相联系的综合利益。这一点使“自利人”与“经济人”区别开来。现实中军人的种种“利他”行为，在“综合利益”的框架下也能得到规范化解释——贝克尔（Garys Becker，1981）等行为经济学家已经可以通过一定的数理转换将“利他人”情形融入自利人假设之中。

2. 机会主义倾向。威廉姆森（O. E. Williamson，1985）认为，人们总有利用信息优势，借助不正当手段谋取自身利益的倾向。机会主义倾向首先缘于人的自利性，即他所采取的各种不正当行为都是为了追求自身利益最大化。但机会主义倾向又不同于自利性。我们对人的自利性没有道德意义上的评判，仅是对人的欲望的追根溯源。机会主义人则是指在特定情境下选择非生产性谋利行为的自利人。威廉姆森曾对这种价值评价幽默了一把：当骗人能增加利润时，交易中的诚实未必可取①。强资产专用性的交易更容易导致交易当事人的机会主义行为。因为专用性资产再转用的代价高昂，能产生可占用的专用性准租②。在此情境的诱惑下，交易当事人倾向采取机会主义行为占用准租。另外，资产专用性导致的投资的不可逆转性更易使交易中被投资当事人处于违背承诺的有利地位，这也是事后机会主义行为。如何防范事后机会主义行为已经成了资产专用性交易要面对的主要问题。

特定的环境与人的具体特征相遇，会产生相应的交易问题，军人服役制度的职业化安排必须在成本约束下把激励军事专用性人力资本投资作为目标。

二、军官职业化的制度功能

交易的特征使得交易当事人对这种涉及专用性投资的交易，在制度安排上有一些最基本的诉求，见表2-1。

表2-1　由军事人力资本交易特征决定的职业化军官服役制度应具备的基本功能

<table>
<tr><th rowspan="2">环境特征</th><th colspan="2">交易当事人特征</th></tr>
<tr><th>自利性</th><th>机会主义倾向</th></tr>
<tr><td>人力资本高度专用性</td><td rowspan="2">自主性
激励性</td><td rowspan="3">稳定性
约束性</td></tr>
<tr><td>资源稀缺性</td></tr>
<tr><td>复杂性和不确定性</td><td></td></tr>
</table>

① 参见 O. E. Williamson. The Economic Institutions of Capitalism [J]. New York: The Free Press: 50～55.

② 可占用准租（appropriable specificity quasi rents）是指当一项资产为某一人所有并租给他人，这项资产的准租值就会超过其残值，即超过另一承租人次优使用的价值。

表 2 - 1 说明，军官职业化制度应具备以下基本功能：

1. 人力资本高度专用性的环境特征与当事人的自利性特征相遇，要求职业化的制度安排应体现自主性功能。例如，军人进行强军事专用性知识和能力的积累，必然会减少通用性知识和能力积累的机会和将来退役时尽快适应非军事工作的优势，即选择高度专用性的军事人力资本投资存在很大的机会成本，人的自利性要求军官服役制度必须尊重契约当事人的自主性，即尊重劳动者选择职业的自由或从事人力资本交易的自由。

2. 资源稀缺性的环境特征与当事人的自利性特征相遇，要求职业化的制度安排应体现激励性功能。自利人会在资源稀缺性约束下权衡投资的风险和收益。在自身利益的驱动下，契约当事人总是选择将有限的资源投向能给自己带来更多利益的领域。因此，专用性人力资本契约应使交易当事人认为将有限的经费和精力用于职业所需的人力资本的专用性投资比用于人力资本通用性投资更有利可图；使从业者不但愿意进入该职业领域，而且愿意按照组织的要求工作。简而言之，就是待遇和发展预期应对从业者具有激励作用。

3. 人力资本高度专用性的环境特征与当事人的机会主义倾向特征相遇，要求职业化的制度安排应体现稳定性功能。人力资本高度专用性的套牢效应，使得交易当事人都有利用自己的优势地位实施机会主义的倾向。机会主义行为主要有两种：要挟和偷懒。要挟往往表现为退出交易的威胁，在军队，就是以转业相要挟。因此，职业化的服役制度应有效防范转业要挟。

4. 复杂性和不确定性的环境特征与当事人的机会主义倾向特征相遇，要求职业化的制度安排应体现约束性功能。稳定性会带来惰性——偷懒。而人力资本投资水平（工作努力程度）、人力资本投资的方向等等信息很难辨别，以及未来的不确定等因素，都会使具有机会主义倾向的当事人有动机、有条件实施道德风险行为。因此，职业化的制度安排应在防止当事人不道德行为方面具有强约束力。简而言之，职业化制度应使当事人受到职业资质和正式职责规范约束。

三、军官职业化的制度功能实现的相互性

为了研究的方便，可以将职业化的制度目标进行结构性的分类，如图 2 - 1 所示，职业化结构包括自主性（AA）、激励性（MA）、稳定性（SA）和约束性（CA）。军官职业化是否能有效激励军队科技干部进行专用性人

力资本投资，关键在于它是否能通过有效的制度安排来治理军事人力资本交易中的道德风险行为。而这种有效的制度安排无不和我们分析的职业化结构相关。而这些结构性的制度安排必然应贯穿于军事人力资本交易的全过程。

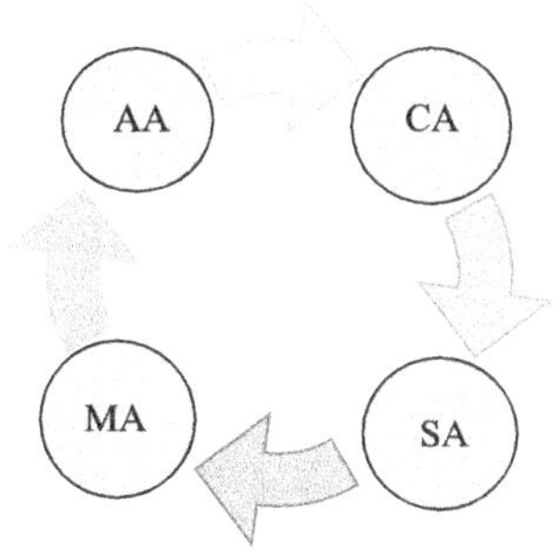

图 2－1 职业化结构的逻辑关系

在交易产生之初，自主性和激励性的制度应发挥重要作用，而交易过程中，交易当事人更看重的是稳定性和约束性。而自始至终，激励性都是贯穿整个交易的制度目标。职业化的军官服役制度的安排应追求这四种目标，但这四种目标并不是僵化、孤立的，它们是逻辑相关的。为了促进人力资本所有者自主性的参与契约，契约必然应具有激励性，为了尽可能地激励科技干部放心地进行专用性人力资本投资，则需要稳定性的制度安排。仅有稳定性则不够，还需要约束性从而产生稳定预期下的适当工作压力。本章对军官的职业激励性和约束性水平的分析及其对策建议将体现四种结构目标逻辑相关的思想。被称为职业化结构的这四种目标不仅是逻辑相关的，在某一具体制度条款中还可能同时实现多重目标，如图 2－2 所示。制度条款的目标重合的面越广，则职业化制度安排的总体效率越高。

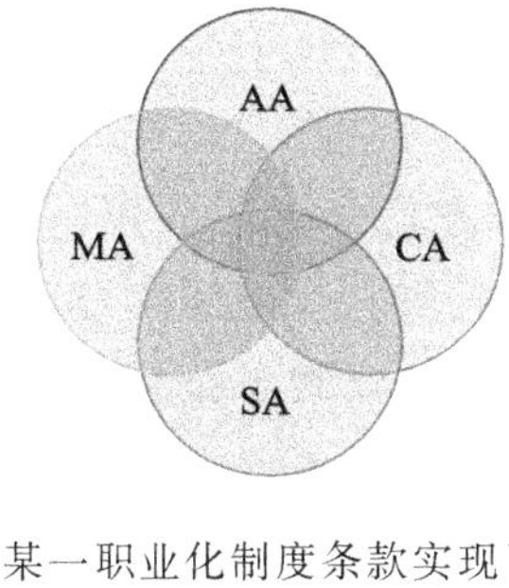

图 2－2 某一职业化制度条款实现了多重目标

（□ 条款的分类目标；■ 某一制度条款同时实现了两种目标；■ 某一制度条款同时实现三种目标；■ 某一制度条款同时实现四种目标）

图 2 - 2 的现实含义是：

1. 现实的制度安排可以实现多重目标，职业化制度安排的规范分析不应拘泥于某一单纯目标的制度条款的设定，而是应考虑其多重目标。

2. 现实的职业化制度安排的效率并非是分类目标实现程度的简单相加，其总体效率往往高于理论上分类目标实现程度相加的总和。总体效率用 AE 表示，那么总体效率的函数表达式为：AE（AA，AA（MA），MA，MA（SA，CA），SA（CA），CA）。

3. 职业化制度的结构（目标）或多或少相互联系、相互影响。职业的稳定性目标不仅能够有利于已有的专用性人力资本投资的价值实现，还有利于激励科技干部放心地进行专用性人力资本投资。对道德风险行为的约束有利于交易当事人建立稳定性的制度预期，并使当事人比没有这种约束情况下更愿意放心的投资，这也是一种激励。总而言之，无论某一条款是实现了稳定目标或是实现了约束目标，最终都能促使激励目标的实现。这也说明，无论是职业的稳定性问题、自主性问题还是约束性问题，最终都是从更广泛的意义上探讨军队科技干部的专用性人力资本的投资激励问题。

第五节　基于军官职业化的功能特征和制度特征的评价指标体系

根据军事专用性人力资本交易的特征，职业化的军官服役制度的安排应具备一些基本功能。这些功能特征为军官职业化的制度安排提供了一个基本结构框架。将职业化水平指标综合值作为目标层，依据职业化制度的基本功能，可以从四个方面考察军官职业化：稳定性指标、自主性指标、激励性指标、约束性指标。将这 4 个指标作为一级指标。

基于泛协同理论，采用适合反映各指标值发展变化的动态模糊评判法并结合层次分析法（AHP），使军官职业化的一般特征和理想科层特征在一级指标结构框架下找到自己的逻辑归属，同时将类似指标合并，形成军官职业化水平评价的二级指标。即稳定性指标包括分工与专业化程度、职业稳定性分布与职业规划与预期；自主性指标包括职业范围内的人才自由流动与和平时期的自由进入和退出；激励性指标包括军事劳动投入与报偿的均衡与职业损失的等值补偿；约束性指标包括正式规则控制与职业资质限定。此外，还有30个因素与二级指标相对应构成了三级指标，他们分别以代号指标1～29命名（见表2-2）。

表2-2　公共科层组织职业化水平评价的指标体系

一级指标	二级指标	指标代号	三级指标
稳定性	分工与专业化程度	指标1	各类岗位的专业化程度
		指标2	岗位资质的技术难度
		指标3	岗位资质的专用性程度
	职业稳定性分布	指标4	中青年的职业稳定性
		指标5	中青年的职业归属感
		指标6	离职的主要年龄段
	职业规划与预期	指标7	人事部门是否有现实可行的人力资源中长期规划
		指标8	个人对自己的职业生涯是否有明确规划和稳定预期
自主性	职业范围内的人才自由流动	指标9	职位性质与职业兴趣的吻合度
		指标10	岗位要求与专业技能优势领域的吻合度
		指标11	中青年员工能否跨单位、跨部门顺畅流动
		指标12	职业满意度
	和平时期的自由进入和退出	指标13	自愿离职数量占总离职数量的比例
		指标14	离职后二次就业的市场化程度
激励性	劳动投入与报偿的均衡	指标15	个体对组织整体产出的贡献能否客观评价或衡量
		指标16	劳动报酬能否公平体现职业劳动强度的差别
		指标17	晋升规则能否公平体现职业劳动性质的差别
		指标18	薪酬机制对于员工选择长期从业的激励强度
	职业损失的等值补偿（适用于特殊职业）	指标19	社会优抚制度能否有效补偿特殊职业（如军人）劳动的特殊风险和损失
		指标20	职业收入满意度与职业成就感
约束性	正式规则控制	指标21	岗位职责是否健全
		指标22	是否具有明确、正式、成文、书面的职位（岗位）说明
		指标23	正式规则的稳定性与调整周期的长短
		指标24	正式规则的权威性与执行的严格程度
		指标25	在正式规则中，职务权力与职务责任的匹配程度

续表

一级指标	二级指标	指标代号	三级指标
约束性	职业资质限定	指标 26	在正式规则中，职务权力与职务资源的匹配程度
		指标 27	上下级的“权力 - 服从”关系有多少延伸至工作职能范围之外
		指标 28	各级各类岗位是否有明确的资质要求
		指标 29	人事变动（招聘、晋升、调动等）是否要经过严格公正的资质考核

小　结

根据是否存在一个有效竞争的外部劳动力需求市场可将职业分为独立职业和从属职业，军事职业因其离开军队这个组织就无法实现其职业价值，而属于从属职业。军官职业化与一般职业化具有共性的一面，即旨在通过一系列的制度安排使从业者得到有效激励，从而追求社会分工效率。从个人激励的角度看，职业化的制度安排应恪守契约自由、投入与报偿均衡、职业稳定性、宪法性权利直接或间接的完整性这样的一些基本原则。这些基本原则具体到军官职业化的制度安排中，则意味着军官职业化应具备这些制度特征：不包含强制义务的军事人力资本契约自由、职业范围内的人才自由流动、和平时期的自由进入和退出、军事劳动投入与报偿的均衡、军官职业的相对稳定性、职业损失的等值补偿。

由于军官职业化问题不能脱离军队组织而孤立地看待，处于科层中不同分工岗位的军官要实现职业化，必定要以整个军队职业化为前提。军队职业化应该以提高国防安全生产效率为目标。因此，这个巨型科层组织的职业化的制度安排还应以马克斯·韦伯的理想科层制为蓝图。一个以建构有效率的组织为目标的军官职业化应具备的制度特征包括：分工与专业化、权力等级式组织结构、限于工作职能的上级权威、正式规则控制、非人格化、资质限定、职业稳定性、职业晋升机制公平。

军事人力资本交易的特征决定了军官服役制度的职业化安排应具备自主性、激励性、稳定性和约束性这些基本功能，这为军官职业化的制度安排提供了一个基本结构框架。在这个结构框架下，军官职业化的一般特征和理想科层特征都可以找到自己的逻辑归属，成为军官职业化结构这种一级指标下的二级指标。这种基于功能结构的指标体系构成了军官职业化水平的评价依据。

第三章　中国军官职业化水平评估

第一节　中国军官职业化水平的局部差异与评估对象和方法的确定

中国军队并没有完全实现依法治军，依法治军仍然是军队建设的基础目标之一。在军队，“依法治军”就是“依军人服役的规章制度进行治理”。由于军官职业化水平取决于军人服役制度的职业化安排。然而，不同的单位对军人服役制度的执行存在很大弹性。弹性执行就会导致各个具体单位表现出不同的职业化水平。

一、规章制度执行弹性的普遍性

军队组织管理中弹性执行规制的现象很普遍。例如，坐班制在中国军队基层科研单位的管理中执行就存在明显差异。坐班制是一种过程管理，有的科研单位只对科技干部的工作结果进行管理，就会放松对过程的管理；有的单位既对结果进行严格管理，如制定出很详细的业绩考核指标，又对过程进行严格管理，严格执行上下班签到。有的科研单位一直有着较为宽松的工作氛围，可是新领导上任就会突然实施严格管理。这些截然相反的现象及其普遍存在主要源于军队成文规制的不完备。

军队成文规制的不完备主要表现为：（1）由于信息成本，任何规制都不可能事无巨细地列举并准确表达所有需要规范的情况。（2）即便规制对处理某类事情有规定（特定权利），语言本身也具有不确定性——因立法者认识上的不确定性而导致的规制语言模糊、歧义，以及与认识确定性无关的有意识的用语含糊。(3) 军队组织纵向层级臃长、横向跨度广阔，各级、各地气候、风俗、惯例各不相同，现实中的军队组织不可避免会受其影响。社会生活的变化可能使规制的实体内容过时；事情发生的具体环境难以预料可能使规制不适应现实需要。(4) 军队管理者主观理解和运用的偏差。(5) 其他诸如政策、意识形态、社会地位、权利（力）结构、利益冲突等社会因素对规制解释的影响。前三项是规制自身的因素，即法律的因素，后两项是非法律的因素。概而言之，法律的因素和非法律的因素共同导致军队规制运行中的不确定性。因法律因素导致的规制的不完备，需要通过执行弹性加以弥补。执行弹性的精髓就在于，未能预料的事情发生，管理者可以酌情弹性执行制度。例如，现役科技干部身份的中国军人应严格实行坐班制，然而坐班制因不适合科研劳动的时空特性而效率较低，如果以成果作为个人绩效考评的基本依据，则没理由实施坐班制。然而非法律因素的介入，又会使军队管理者弹性执行的决策处于被动状态，如上级管理者因为远离组织的具体情境，则面临较少弹性执行规制的情境压力，一般倾向于对规制内容机械理解，强调规制的刚性执行，这种情况下，本级管理者就会收敛弹性：上头一个文件下来，坐班制就开始被临时严格执行，此时，如果违反坐班制度就可能被从重处罚。

二、规章制度执行弹性的效率：基于成本的考量

面对违规行为，是否执行规制以及以何种弹性执行规制，本质上取决于违规损害与规制执行成本之间的权衡。规制，无论严格执行还是弹性执行，总要耗费一定的执行成本；放任违规行为，无论完全放任还是部分放任，总会导致相应的违规损害（从零损害到最大损害）。而管理者对成文规制的弹性执行，恰好构成执行成本与违规损害之间的行为中介：“弹性执行”既是一种“执行”，又是某种程度的“放任”。如果将严格执行视为零弹性，完全放任视为最大弹性，则从严格执行到完全放任的整个区间，便是弹性执行的可能性范围。现实中，由于规制的不完备，任何对规制的执行总是或多或少具有弹性的。关键是选择何种程度的执行弹性。

法经济学界普遍认为选择性执法取决于执法成本的大小。以多大弹性执行军队规制同样取决于执行成本的大小。借用执法成本概念，本章将依据规

制处理违规行为的制度费用称为执行成本，如调查取证、惩罚实施等需要的货币投入和资源消耗等。假定其他条件不变，则执行成本越低，管理者越是倾向于选择零弹性地执行规制。例如，军队科技干部坐班制的执行成本非常低廉——通常的做法是上下班签到。如果仅仅考虑执行成本，管理者应该很容易尽到管理职责。然而现实情况却是，有些军队科研单位的管理者会有意放松科技干部坐班制的执行。显然，执行成本的解释力有限。从经济学角度看，一个制度的实施与不实施相比较而言，给社会带来了更多的损失，这样的制度是无效率的制度。如近几年强化的论文发表前必须进行保密审查的规定，其执行的效果并不尽如人意。一方面，审查仅停留于形式，无法真正预防泄密；另一方面，它严重降低了军队科技干部从事军事专用性课题研究的积极性：为了避免繁琐的报审程序和在非军队刊物上发表论文可能涉密的责任风险，科技干部们只能将更多的精力用于通用性领域的研究。这无疑给军队带来了损失。军队论文发表的管制制度即便执行成本较低，但是严格执行会带来较大的损失（执行损害），所以，军队管理者一般选择具有较大弹性的执行懈怠。这种执行弹性是源于执行损害，即规制（契约）本身不适应情势的变化而不尽合理时，规制的严格实施可能导致的损失。

表 3－1 反映了执行成本、执行损害对管理者执行规制行为的影响。

表 3－1　　执行成本、执行损害对执行行为的影响

	有执行损害	无执行损害
执行成本低	执行懈怠	严格执行
执行成本高	不执行	执行懈怠

综上所述，执行成本是指制度的实施活动本身导致的各种资源的消耗。执行损害是指制度的执行带来的军队收益的减少。这两类因素都根源于规制自身的原因，即法律的因素。面对违规行为，管理者会考虑到以上两种因素而合乎逻辑地表现出一定的执行弹性。

然而，如果军队规章制度是有效率的，即不存在执行损害，违规行为就会直接导致损害后果。如果管理者对于这种违规损害视若无睹，表现出一种放任，弹性执行行为本身又会进一步导致人们对于制度的信任度下降，甚至于人们会根据对形势的乐观判断而对违规行为加以效仿，大家都倾向于不遵守规制，不遵守规制的人可能更加肆无忌惮，如部分人的不严格坐班导致其他人对于坐班制的信任度下降，甚至于对其他制度的遵守也大打折扣。这种违规行为直接导致的损害被称为违规损害。对违规行为弹性管理而导致的负外部性影响被称为弹性执行损害。表 3 -2 反映了军队管理者在执行有效率的规章制度时，对违规损害和弹性执行损害的综合考量。

表 3 -2　违规损害、弹性执行损害对执行行为的影响

	弹性执行损害大	弹性执行损害小
无违规损害	严格执行	执行行为不确定
有违规损害	严格执行	执行行为不确定

综上所述，管理者在权衡违规损害和弹性执行损害两个因素时，起决定性作用的是弹性执行损害的大小。如果弹性执行不会造成很大的负外部性，对违规行为是否严格执行规章制度，就主要取决于管理者的主观因素。但是，如果一种弹性执行行为带来了较大的负外部性，那么无论有无违规损害，管理者都会严格执行规章制度，以追求管理行为的合法性。

三、对弹性执行行为的进一步分析：基于管理者类型的考量

军队组织中，监督执行规制的工作，也即组织的剩余控制权，层层委托给了掌握着核心信息资源的具体管理者。由于理性自利的人性特征，管理者的个人目标不一定和军队的组织目标一致。如果组织的报酬机制是激励兼容的，则管理者会通过自觉追求组织目标来实现个人目标，这样的管理者可称之为忠实管理者，也即管理者追求组织利益的行为是“自我实施”的。反之，即为不忠实管理者。基于目标的不同，本章从两个层面分析军队管理者弹性执行规制的行为：一是忠实管理者的弹性执行行为；二是不忠实管理者的弹性执行行为。

（一）忠实管理者的弹性执行行为

1. 忠实管理者目标的假定。军队希望以最小的交易成本实现国防效用，因此忠实管理者的目标应是国防效用不变前提下的总成本最小化。假设忠实管理者力图通过执行投入的变化和执行方式的变化，使包括执行成本、执行损害、违规损害和弹性执行损害在内的总成本最小化。面对“良法”（有效率的规制）和“恶法”（无效率的规制）以及不同的具体情形，忠实管理者将会有不同的弹性执行的选择。

2. 目标函数模型。

情况一：有效率规制的执行。

当军队规制有效率时，执行损害为零，一旦违规就或多或少的存在违规损害。由此，忠实的管理者面临的目标函数为：

$$\min: C = i + n(i,w) + h(w) \tag{3-1}$$

其中，C 代表总成本；i 代表执行成本；n 代表违规损害；h 代表弹性执行损害；w 代表执行规制的方式（灵活性）。

现在求执行的投入 i 和执行的方式 w 的最优解。

在 W 确定的情况下，假定对执行的投入 i 不存在预算约束，根据公式（3-1），分析 n 和 h 对 i（执行的投入）的偏导，则最优的执行投入由公式（3-2）决定：

$$\frac{\partial c}{\partial i} = \frac{\partial n}{\partial i} + 1 = 0 \tag{3-2}$$

违规损害的增加会导致执行投入加速度增加。执行投入的增加意味着执行成本的增加，由于已经假设了执行损害是零，执行成本实质上就是总成本。

忠实管理者追求的是总成本最小化，当违规损害很大，为了使总成本最小化，就需要找另一条出路，即对执行的方式（不投入、早投入或晚投入）做出灵活性调整，执行方式的变化对违规损害大小有实质性的影响。

根据公式（3-1），在 i 确定的情况下，分析违规损害 n 和弹性执行损害 h 对执行方式 w 的偏导，则最优的执行方式由公式（3-3）决定：

$$\frac{\partial c}{\partial w} = \frac{\partial n}{\partial w} + \frac{\partial h}{\partial w} = 0 \tag{3-3}$$

对 $n(i,w)$ 的分析：违规损害 n 是管理者为执行规制而进行的投入 i 和执行方式 w 的减函数，即 $\frac{\partial n}{\partial i} < 0, \frac{\partial n}{\partial w} < 0$。这意味着，执行投入（执行成本）越多，执行方式越灵活，违规行为越能迅速得到制止，因此，违规损害越小。当违规造成的损害刚开始时，只需要较少的执行投入就能解决问题，这时，可以说执行投入得到的边际报酬（制止了可能的损害）最大；如果在损害持续进行过程中，再来严格执行规制，则随着时间的推移、损害的加深，问题解决的难度将加大，就需要更多的执行投入，这也说明，此时，执行投入的边际收益在递减。换句话说，也就是执行投入的违规边际损害是递增的，即违规损害对执行投入的二阶导数大于零，即 $\frac{\partial^2 n}{\partial i^2} > 0$。

对 h(w)的分析：灵活执行规制与弹性执行损害，即弹性执行规章制度行为对军人群体造成的恶劣影响程度有关，即由于执行规章制度有一定弹性，这种执行行为扰乱了军人群体对规制执行的预期，也与依法治军目标冲突，这就带来了弹性执行损害的增加，即$\frac{\partial h}{\partial w}>0$，而且频繁的使用实际上取消了规制对军人行为的规范作用，可能使损害增加更快，所以又可以写成$\frac{\partial^2 h}{\partial w^2}\geqslant 0$。

综上所述，执行方式的灵活既带来违规损害的减小，即$\frac{\partial n}{\partial w}<0$，又导致弹性执行损害的增加，即$\frac{\partial h}{\partial w}>0$。因此，$w$（执法方式）对总成本大小的最终影响是不确定的。

如果灵活执行规制，如加强执行规制对违规行为造成的损害的减少影响不大或没有什么影响，即公式（3－3）左边第一项$\frac{\partial c}{\partial w}$为零时，而对因执行方式的变化（灵活执行规制）造成相应的弹性执行损害的增加，即弹性执行损害 $h(w)$中总成本 h 对 w 是严格单调递增。那么，公式（3－3）就不成立，则最优的 w 值应是零，即最优的解决方式是按照规制处理。还有另外一种情况，即执行规制方式的变化对违约行为造成的损害具有较大的影响。如果违反规制的行为造成的损害大，执行规制方式的灵活性调整起的作用就很大。对于违规损害越大的违规行为，执行规制就应越灵活，灵活性可以减少违规损害，即$\frac{\partial c}{\partial w}<0$。但是，执行规制的灵活性带来了人们对规制正常执行的信任度下降，因此灵活性又带来受其影响的弹性执行损害的增加。由公式（3－3）可知，忠实的管理者将力图在边际上使执行规制方式的灵活性带来的违规损害的减少与破坏人们对规制正常执行预期带来的弹性执行损害增加相等。这说明，只有当执行规制方式的灵活性（加强或懈怠执行规制）对案件造成的损害减少有效率时，才会运用这种灵活性。因此，针对一些涉及面小、损害程度轻的普通违规行为，应正常执行规制而不要有任何执行方式上的灵活性。

情况二：无效率规制的执行。

当规制有效率时，执行损害为零。当规制已经过时，严格执行带来的将是社会净损失，即执行该过时的规制将导致执行损害增加，且违规行为往往不会造成任何损害。对这类规制，最优的规制执行投入和方式都是零。在现实中，这种执行策略的选择可能是一个渐进的过程，即先表现为规制执行投入或执行的减少，然后逐渐不执行。

情况三：同样的规制在不同情形下的执行。

由于军队出台的成文规制在军队组织中是统一适用的，因此，不同类型的军人群体，不同的地区，违规行为带来的净成本或净收益不同，从而违规损害 $n(i,w)$ 的结果也不同，这种情况导致规制在不同群体、不同地区的执行程度存在重大差异。

（二）不忠实管理者的弹性执行行为

1. 不忠实管理者目标的假定。军队是一个金字塔式的科层式组织，军队不同层级的管理者面临着晋升压力，其执行规制的行为通常受到大环境的影响。如果大环境比较松，则规章制度的执行与否直接和其晋升绩效相关联。如果大环境比较严，为了通过迎合上级的取向谋求晋升，通常会加强执行规章制度。影响晋升的一个重要变量是工作绩效。所以本章假定谋求晋升绩效是各级不忠实管理者的目标。

2. 不忠实管理者对规制的执行。

情况一：违规损害较大，涉及人数多，但弹性执行损害小的案件。

对于这类行为，基层管理者为了不影响自身绩效，开始时都尽量隐瞒不报，极力“内部”解决。只要能息事宁人，在执行的方式上，会显得更加灵活。

情况二：无论损害大小，但弹性执行损害大的案件。

无论违规损害的程度如何，只要违规事件因没有得到及时制止，而使违规事件造成了很大的负外部性影响，例如当事件因信访等原因被上级组织关注的时候，制度的执行就由上级组织介入，因此，目标函数等同于公式（3-1）。

情况三：没有违规损害，弹性执行损害小的案件。

如果违规行为没有造成违规损害，灵活地执行规制对违规损害的影响为零，那么，管理者一开始往往会采取放任态度，大事化小。如果对违规行为的松懈管理也没有造成任何负外部性影响，那么，上级组织就不会过问，最优的执行选择则会根据管理者绩效的考虑而做出不同的管理抉择。因此，这类案件管理者如何执行具有不确定性。

四、军官职业化水平评估对象和方法的确定

总之，规制的执行弹性源于立法的统一性和执法情形多样性的矛盾。一方面，规制的普遍性要求模糊和淡化具体适用情形的差异；另一方面，规制一旦出台就具有了相对稳定性，不能朝令夕改。在状态有限且能够准确预见的确定性世界中，军队规制可以是完美的，规制执行不需要灵活性。然而，由于具体环境不同，未来具有不确定性，因此，普遍的规制与现实的需要之间会出现偏差。此时，规制的进展只有两种选择，一是废除旧规制，二是选择性执行旧规制。两种选择都有成本，当规制改变（契约变更）的成本过高，选择性执行旧规制就成了次优解。由于管理者对规制的执行能够实施有效的影响（不完全的法治），军队总是激励管理者对不同情况做出相机抉择，即通过执行规制的投入和执行方式的变化提高相对稳定的规制的适应性。现阶段，中国军队正在进行现代化军队建设的各项改革，军人服役制度存在很大的不稳定性，例如晋职晋衔制度、任职考评制度、转业安置制度都在不断的作出调整。军人服役制度的不稳定性也进一步凸显了弹性执行的好处。

但是，弹性执行规制意味着事务的处理会更多地发挥人的主观作用，而主观判断更容易受到非法律因素（直觉、偏见、政治形势等）的左右而使得同样性质的成文规则有着不同的执行力度。无论何种原因的弹性执行，都说明，在成文规制不健全，规制执行有差异的情况下，我们很难以成文规制为标准，对中国军队给出一个一致的、总量上的军官职业化水平的评估。正因为，各军种、各军区、各总部及其下属单位的职业化水平都可能具有差异性，因此，我们在分析军官职业化水平对军队科技干部专用性人力资本投资的影响时，可以将不同军队单位的职业化水平作为因变量，将这些单位专用性人力资本投资的结果作为自变量，运用较为科学的方法，找出二者之间的关联。

第二节　问卷设计

通过问卷调查，旨在明确军官职业化的指标赋值以及评估中国军官职

业化水平。对于职业化各项指标的赋值，可以通过发放和统计专家调查问卷的方式，给出一个相对客观的主观判断。对于军官职业化水平的评估则通过向科技干部发放和统计军官职业化水平感知调查问卷得出。

一、专家调查问卷设计

由于军官职业化指标的重要性评价包含所有军官类型对职业化指标的重要性的看法，所以问卷调查所覆盖的军官类型应尽量广泛，问卷调查所覆盖的军官类型包括：专业技术军官、文职干部、指挥军官、参谋军官。通常达到较高级别或较长军龄，才能对职业化问题有一定程度的经验认识，所以调查问卷有效性与否必须参考调查对象的级别和军龄信息。调查问卷应反映调查对象的以下基本信息：（1）级别信息。级别包括：现行政职务等级、现专业技术级别、现专业技术职称、文职级别或军衔。（2）军龄信息。军龄被细分为以下几档：5 年以下、6 ~ 10 年、11 ~ 15 年、16 ~ 20 年、21 ~ 30 年、30 ~ 40 年、40 年以上。

调查问卷中的问题尽量与上文中给出的各指标层一致。但是“约束性”指标中的“正式规则控制”这个二级指标下的三级指标“正式规则的权威性与执行的严格程度”这个指标包含两层含义：一是自上而下的管理是否依正式规则而严格执行；二是管理者的权力是否受到规则约束。由于考虑到通常问卷调查对象容易把握第一层含义，而忽略第二层含义。因此，在调查问卷中，我们将第二层含义，即“在实际操作中，军官的职权范围在多大程度上受正式规则的控制”作为一个三级指标单列出来予以评判。对各指标的评判采取重要性排序法。调查问卷见附件 1。

共发出去问卷 36 份，收回问卷 35 份。其中，接受问卷调查的专业技术军官 26 人，文职干部 4 人，指挥军官 5 人。20 ~ 29 岁 2 人，30 ~ 39 岁 13 人，40 ~ 49 岁 12 人，50 岁以上 8 人。技术 12 ~ 10 级 5 人，技术 9 ~ 8 级 10 人，技术 7 级（副师级）以上 20 人。初级职称 1 人（服役 5 年以下），中级职称 7 人，副高级职称 9 人，高级职称 12 人，无职称 1 人（副师、大校），职称信息不全 5 人（其中，服役 5 年以下、6 ~ 10 年、11 ~ 15 年、16 ~ 20 年、21 ~ 30 年各 1 人）。综合问卷对象的各方面信息，判定，有效问卷 33 份。

二、军官职业化水平感知调查问卷设计

对军官职业化水平的测度，需要找到合适的样本单位。为了增强样本的广泛性和代表性，在样本的选择上，应尽量跨军种，跨总部；由于要聚焦到科技干部这个群体，样本的选择以科研单位为主。我们以四个具有不同隶属关系的军队院校单位为调查对象。由于我们主要关注军官职业化水平对军队科技干部专用性人力资本投资的影响，所以这四个单位的部分专业技术干部参加了军官职业化水平感知问卷调查。问卷需要统计被调查对象的年龄、学历情况、专业技术级别、文职级别或军衔、专业技术职称、军龄等信息，以便考察不同群体对职业化水平感受的差异。在统计类别上包括两大内容：一是在军官职业化指标中选择那些影响努力工作的项目；二是为所在单位2007年前后的职业化水平打分①。调查问卷见附件2。

我们对四个单位展开了问卷调查，包括军委直属综合性大学1所和总后、总参、总装下属的院校各1所，共发出去问卷68份，收回64份，由于部分问卷信息不全或填写者军龄太短的缘故，最终，有效问卷61份。接受问卷调查的科技干部信息如表3－3、表3－4、表3－5、表3－6所示。

表3－3　军委直属院校军官职业化水平感知调查问卷对象的信息统计　单位：人

学历背景 / 技术级别	军队院校			地方院校		
	本科	硕士研究生	博士研究生	本科	硕士研究生	博士研究生
12级						
11级		1				
10级		2	1		1	3
9级		4	5			
8级			1			1
7级			1			
6级						
5级						
4级			1			
总计	21					

① 2006年全军进行了一次大规模的裁军，标志着中国军队职业化改革的起步。2007年前后的职业化水平应该有了明显的变化。因此，问卷应对比2007年前后军官职业化水平的变化。

表 3-4　总后院校军官职业化水平感知调查问卷对象的信息统计　　单位：人

学历背景 / 技术级别	军队院校			地方院校		
	本科	硕士研究生	博士研究生	本科	硕士研究生	博士研究生
12 级						
11 级						
10 级					1	
9 级		2				2
8 级					2	1
7 级			1			1
6 级				1		2
5 级						
4 级						
总计	13					

表 3-5　总参院校军官职业化水平感知调查问卷对象的信息统计　　单位：人

学历背景 / 技术级别	军队院校			地方院校		
	本科	硕士研究生	博士研究生	本科	硕士研究生	博士研究生
12 级					2*	
11 级						
10 级						
9 级		1	1		1	
8 级			2			
7 级		1				1
6 级	1	1			1	
5 级						
4 级						
总计	12					

注：带 * 的代表军龄 7 年以下。7 年以下军龄者不拥有对 2007 年前后的军官职业化水平进行比较评价的信息，因此，是无效问卷。

表 3-6　总装院校军官职业化水平感知调查问卷数据统计　单位：人

学历背景 / 技术级别	军队院校			地方院校		
	本科	硕士研究生	博士研究生	本科	硕士研究生	博士研究生
12 级						
11 级		1				
10 级		2	1			
9 级		1				1
8 级		2	2		1	1
7 级						1
6 级		1		1	1	
5 级				1		
4 级						
总计	17 份					

第三节　基于动态模糊层次分析模型的评估

一、模型方法

（一）建立多层评价指标集和评语集

将军官职业化水平整个评价体系 A 分为 k 个子体系，或者说评价 A 的 k 个指标，记为 $A=(A_1,A_2,\cdots,A_k)$，且应满足 $\bigcup_{i=1}^{k}A_i=A$，$A_i\cap A_j=\varnothing$，$i\neq j$。每个指标 A_i 可以分成 m 个子指标，记为 $A_i=(A_{i1},A_{i2},\cdots,A_{im})$，且应满足 $\bigcup_{h=1}^{m}A_{ih}=A_i$，$A_{il}\cap A_{ir}=\varnothing$，$l\neq r$。其中，每个指标 A_{ih} 分别由 $n(h)$ 个指标 a_t^{ih} $(t=1,2,\cdots,n(h))$ 组成，且应满足 $a_p^{ih}\cap a_q^{ih}=\varnothing$，$p\neq q$，$n=n(1)+n(2)+\cdots+n(m)$，$n$ 表示全部子集的指标个数。

确定评语等级论域 $V=(v_1,v_2,\cdots,v_g)$，即各评价指标集一致，其中 g 为评价种类。评语等级论域是评价人对评价对象做出的各种评价结果所组成的集合。

（二）AHP层次分析确定权向量

在模糊层次综合评价模型中，权向量的准确分配对于模糊评价结果起了关键作用。由于各评价指标在各层次中对评价的影响程度不同，因此要对各评价指标分层分析，得到合理的隶属度，最终确定各指标权重。由若干资深专家各自对评价指标体系中各项指标做出评分，将各指标得分求得平均值，并对同一层次各评价指标关于某一准则的重要性进行两两比较得到判断矩阵，并进行一致性检验，以此衡量各评价指标的相对重要性，归一化后得到评价指标的权向量 W, W_i, W_{ih}。

二、指标评判

（一）单指标评判

对军官职业化程度综合评价过程中，对评价指标进行定量分析。让评价参与人按预先划定的评价标准给各评价指标进行打分，然后对分数划分等级，统计各评价指标 a_t^{ih} 属于等级 v_e 的频数 N_{te}^{ih}，进而求得指标 a_t^{ih} 属于等级 v_e 的隶属度 $r_{te}^{ih} = \frac{N_{te}^{ih}}{n_t}$，其中，$n_t$ 为参与指标 a_t^{ih} 评价的相关人数。

以评价指标集作为纵列，评语集作为横列，按照各评价指标对评价论域的隶属度建立指标层单因素模糊评判矩阵：

$$R_{ih} = (r_{te}^{ih})_{n(h)\times g} \qquad (3-4)$$

公式（3－4）中 $h=1,2,\cdots,m$；$t=1,2,\cdots,n(h)$；$e=1,2,\cdots,g$。

设 A_{ih} 中各评价指标对应的权向量为 $W_{ih} = (w_1^{ih}, w_2^{ih}, \cdots, w_{n(h)}^{ih})$，且满足 $\sum_{j=1}^{n(h)} w_j^{ih} = 1$ 。故评价指标子集 A_{ih} 的评判向量为：

$$D_{ih} = W_{ih} \circ R_{ih} = (d_1^{ih}, d_2^{ih}, \cdots, d_g^{ih});\ i=1,2,\cdots,k;\ h=1,2,\cdots,m \qquad (3-5)$$

公式（3－5）中“∘”代表模糊合成算子 $M(\cdot, \oplus)$，可具体表示为：

$$d_e^{ih} = (w_1^{ih}\cdot r_{1e}^{ih}) \oplus (w_2^{ih}\cdot r_{2e}^{ih}) \oplus \cdots \oplus (w_{n(h)}^{ih}\cdot r_{n(h)e}^{ih}) = \min(1, \sum_{j=1}^{n(h)} w_j^{ih} r_{je}^{ih}) \qquad (3-6)$$

其中 $e=1,2,\cdots,g$。

（二）指标集评判

将每个职业化水平评价指标子集 A_{ih} 作为 A_i 的一个指标，D_{ih} 作为 A_{ih} 的评判向量，指标集 A_i 的权重分配为 $W_i=(w_1^i,w_2^i,\cdots,w_m^i)$，指标集 A_i 到 V 的模糊评判矩阵为：

$R_i=(d_{he}^i)_{m\times g}$，其中 $h=1,2,\cdots,m$；$e=1,2,\cdots,g$　　(3－7)

则第 i 个子体系的军官职业化水平的评判向量为：

$$D_i=W_i\circ R_i=(d_1^i,d_2^i,\cdots,d_g^i) \qquad (3-8)$$

式中“$\circ$”代表模糊合成算子 $M(\cdot,\oplus)$，

$$d_e^i=(w_1^i\cdot d_{1e}^i)\oplus(w_2^i\cdot d_{2e}^i)\oplus\cdots\oplus(w_m^i\cdot d_{me}^i)=\min(1,\sum_{j=1}^{m}w_j^id_{je}^i) \qquad (3-9)$$

其中 $e=1,2,\cdots,g$，表示第 i 个子体系的军官职业化水平评价结果隶属于评价 v_e 的程度。

（三）军官职业化水平综合评判

在对各阶段职业化水平评价的基础上，可以对军官职业化整体水平进行评价。将 A_i 作为 A 的一个评价指标，$D_i=(d_1^i,d_2^i,\cdots,d_g^i)$ 作为其评判向量，可构成 A 到 V 的模糊评判矩阵：

$R=(d_{ie})_{k\times g}$，其中 $i=1,2,\cdots,k$；$e=1,2,\cdots,g$。

设子体系对应权重向量为 $W=(w_1,w_2,\cdots,w_k)$，则军官职业化程度指标综合值 A 的综合评判向量为：

$$D=W\circ R=(d_1,d_2,\cdots,d_g) \qquad (3-10)$$

式中“$\circ$”代表模糊合成算子 $M(g,\oplus)$，

$$d_e=(w_1\cdot gr_{1e})\oplus(w_2\cdot gr_{2e})\oplus\cdots\oplus(w_k\cdot gr_{ke})=\min(1,\sum_{j=1}^{k}w_jr_{je}) \qquad (3-11)$$

其中 $e=1,2,\cdots,g$，表示军官职业化水平综合评价结果隶属于评价 v_e 的程度。最后，分别采用加权平均原则和最大隶属度原则对各子体系的综合评价结果进行处理。

由加权平均原则，有

$$T = \frac{\sum_{e=1}^{g} d_e^2 \cdot e}{\sum_{e=1}^{g} d_e^2} \tag{3-12}$$

其中，T 为将评价定量化处理后的最终结果，代表职业化水平在评语论域 V 中的相对位置。T 越小即职业化水平在评语论域 V 中的相对位置越靠前，职业化水平越高。从而可以对不同单位的职业化水平进行比较。

由最大隶属度原则有

$$B = \max(d_1, d_2, \cdots, d_g) \tag{3-13}$$

得到综合评判 V_k。

下面我们将以某单位为例，运用模型对其职业化程度进行考察。

这里将论域定为 $V = (v_1, v_2, \cdots, v_g)$ =（优，良，中，可，差）。以下仅以某总后院校 2007 年后状况为例阐述军官职业化水平评价过程，其他院校及时间可类似推出。评价过程中的模糊评判矩阵及对应的权向量已由调查问卷采用上述给定方法确定。

进行一级评判：对指标层各指标分别做出综合评判。

模糊评判矩阵 R_{ih} 分别为：

$$R_{11} = \begin{pmatrix} 0.111 & 0.222 & 0.444 & 0.111 & 0.111 \\ 0.167 & 0.167 & 0.250 & 0.250 & 0.167 \\ 0.182 & 0.364 & 0.273 & 0.182 & 0.000 \end{pmatrix}$$

$$R_{12} = \begin{pmatrix} 0.182 & 0.455 & 0.273 & 0.091 & 0.000 \\ 0.100 & 0.500 & 0.200 & 0.100 & 0.100 \\ 0.111 & 0.306 & 0.194 & 0.194 & 0.194 \end{pmatrix}$$

$$R_{13} = \begin{pmatrix} 0.100 & 0.500 & 0.200 & 0.200 & 0.000 \\ 0.308 & 0.231 & 0.462 & 0.000 & 0.000 \end{pmatrix}$$

$$R_{21} = \begin{pmatrix} 0.273 & 0.273 & 0.364 & 0.091 & 0.000 \\ 0.308 & 0.308 & 0.231 & 0.154 & 0.000 \\ 0.125 & 0.125 & 0.500 & 0.250 & 0.000 \\ 0.000 & 0.167 & 0.583 & 0.083 & 0.167 \end{pmatrix}$$

$$R_{22} = \begin{pmatrix} 0.300 & 0.400 & 0.300 & 0.000 & 0.000 \\ 0.000 & 0.400 & 0.300 & 0.300 & 0.000 \end{pmatrix}$$

$$R_{31}=\begin{pmatrix}0.273 & 0.364 & 0.273 & 0.091 & 0.000\\0.308 & 0.462 & 0.154 & 0.077 & 0.000\\0.308 & 0.231 & 0.308 & 0.154 & 0.000\\0.333 & 0.250 & 0.250 & 0.167 & 0.000\end{pmatrix}$$

$$R_{32}=\begin{pmatrix}0.182 & 0.182 & 0.273 & 0.364 & 0.000\\0.213 & 0.399 & 0.220 & 0.084 & 0.084\end{pmatrix}$$

$$R_{41}=\begin{pmatrix}0.125 & 0.250 & 0.125 & 0.500 & 0.000\\0.125 & 0.250 & 0.125 & 0.500 & 0.000\\0.167 & 0.333 & 0.167 & 0.250 & 0.083\\0.182 & 0.455 & 0.182 & 0.182 & 0.000\\0.091 & 0.364 & 0.273 & 0.091 & 0.182\\0.100 & 0.400 & 0.400 & 0.000 & 0.100\\0.364 & 0.273 & 0.182 & 0.091 & 0.091\end{pmatrix}$$

$$R_{42}=\begin{pmatrix}0.273 & 0.455 & 0.273 & 0.000 & 0.000\\0.364 & 0.364 & 0.273 & 0.000 & 0.000\end{pmatrix}$$

权重 W_{ih} 分别为（见表 3－7）：

表 3－7　　各指标层指标权重 W_{ih}

W_{11}	(0.625, 0.238, 0.136)	W_{31}	(0.358, 0.346, 0.123, 0.173)
W_{12}	(0.140, 0.333, 0.528)	W_{32}	(0.333, 0.667)
W_{13}	(0.750, 0.250)	W_{41}	(0.371, 0.164, 0.075, 0.157, 0.157, 0.056, 0.021)
W_{21}	(0.168, 0.558, 0.094, 0.180)	W_{42}	(0.333, 0.667)
W_{22}	(0.333, 0.667)		

由公式(3－5)可得指标层各指标子集 A_{ih} 的评判向量 D_{ih} 分别为：

$D_{11}=W_{11}\circ R_{11}=(0.134, 0.228, 0.374, 0.154, 0.109)$

$D_{12}=W_{12}\circ R_{12}=(0.117, 0.392, 0.207, 0.149, 0.136)$

$D_{13}=W_{13}\circ R_{13}=(0.152, 0.433, 0.266, 0.150, 0)$

$D_{21}=W_{21}\circ R_{21}=(0.230, 0.260, 0.342, 0.140, 0.030)$

$D_{22}=W_{22}\circ R_{22}=(0.100, 0.400, 0.300, 0.200, 0)$

$D_{31}=W_{31}\circ R_{31}=(0.300, 0.362, 0.232, 0.107, 0)$

$D_{32}=W_{32}\circ R_{32}=(0.203, 0.327, 0.238, 0.177, 0.056)$

$D_{41}=W_{41}\circ R_{41}=(0.136, 0.315, 0.177, 0.331, 0.042)$

$D_{42} = W_{42} \circ R_{42} = (0.334, 0.394, 0.273, 0, 0)$

进行二级评判：对次准则层各指标进行综合评判。

模糊评判矩阵 R_i 分别为：

$$R_1 = \begin{pmatrix} 0.134, 0.228, 0.374, 0.154, 0.109 \\ 0.117, 0.392, 0.207, 0.149, 0.136 \\ 0.152, 0.433, 0.266, 0.150, 0 \end{pmatrix}$$

$$R_2 = \begin{pmatrix} 0.230, 0.260, 0.342, 0.140, 0.030 \\ 0.100, 0.400, 0.300, 0.200, 0 \end{pmatrix}$$

$$R_3 = \begin{pmatrix} 0.300, 0.362, 0.232, 0.107, 0 \\ 0.203, 0.327, 0.238, 0.177, 0.056 \end{pmatrix}$$

$$R_4 = \begin{pmatrix} 0.136, 0.315, 0.177, 0.331, 0.042 \\ 0.334, 0.394, 0.273, 0, 0 \end{pmatrix}$$

权向量 W_i 分别为（见表 3－8）：

表 3－8　　各次准则层指标权重 W_i

W_1	(0.540, 0.163, 0.297)	W_3	(0.750, 0.250)
W_2	(0.667, 0.333)	W_4	(0.667, 0.333)

由公式（3－8）可得次准则层各指标子集 A_i 的评判向量 D_i 分别为：

$D_1 = W_1 \circ R_1 = (0.137, 0.316, 0.315, 0.152, 0.081)$

$D_2 = W_2 \circ R_2 = (0.186, 0.306, 0.328, 0.160, 0.020)$

$D_3 = W_3 \circ R_3 = (0.276, 0.353, 0.234, 0.125, 0.014)$

$D_4 = W_4 \circ R_4 = (0.202, 0.342, 0.209, 0.221, 0.028)$

由指标设定可知，以上四个评判向量描述了稳定性指标、自主性指标、激励性指标和约束性指标对于各评语等级的隶属情况，由最大隶属度原则可知，从四个主准则层指标对此单位军官职业化水平评价分别为良、中、良、良。

进行三级评判：对主准则层各指标进行综合评判。

模糊评判矩阵 R 与权向量 W 分别为：

$$R = \begin{pmatrix} 0.137, 0.316, 0.315, 0.152, 0.081 \\ 0.186, 0.306, 0.328, 0.160, 0.020 \\ 0.276, 0.353, 0.234, 0.125, 0.014 \\ 0.202, 0.342, 0.209, 0.221, 0.028 \end{pmatrix}$$

$W=(0.492,0.125,0.306,0.078)$

由公式（3－10）可得主准则层指标集 A 的评判向量 D 为：

$D=W^{\circ}R=(0.191,0.328,0.284,0.150,0.049)$。

最后由公式（3－12）求得评价对象在评语论域中的相对位置：$T=2.386$。

由公式（3－13）求得评价对象的综合评判：$B=\max(0.191,0.328,0.284,0.150,0.049)=0.328$，所以此单位军官职业化水平评价为良。

根据问卷调查结果，对4个军队院校进行军官职业化水平的评价，各评价方案的评价向量如下。从表3－9中可获得各单位相对于各评语等级的隶属情况，例如，在“优”评语等级中，总装院校在2007年后评价最高，总参院校在2007年前最低；在“差”评语等级中，总装院校在2007年前评价最高，军委直属院校在2007年后评价最低（见表3－9）。

表3－9　各单位综合评价向量

单位	2007年前	2007年后
某总参院校	(0.059,0.233,0.345,0.322,0.041)	(0.081,0.324,0.356,0.201,0.038)
某总后院校	(0.115,0.262,0.382,0.194,0.047)	(0.191,0.328,0.284,0.150,0.049)
某军委直属院校	(0.148,0.250,0.318,0.283,0.054)	(0.177,0.320,0.239,0.236,0.029)
某总装院校	(0.126,0.386,0.170,0.250,0.069)	(0.209,0.326,0.317,0.101,0.039)

进一步，可求得各单位在评语论域中的相对位置与综合评判结果，如表3－10所示。由该表可知，总装院校在2007年后军官职业化水平最高，其次为2007年后的总后院校，第三为2007年后军委直属院校。

表3－10　各单位在评语论域的相对位置与综合评价结果

某总参院校				某总后院校			
2007年前		2007年后		2007年前		2007年后	
3.162	中	2.732	中	2.801	中	2.386	良
某军委直属院校				某总装院校			
2007年前		2007年后		2007年前		2007年后	
2.925	中	2.563	良	2.584	良	2.312	良

此外，我们依据最大隶属度原则给出了主准则层四个指标对于各评语等级的隶属情况，有助于分析各单位的军官职业化水平的结构，如表3－11

所示。

表 3－11　　各单位军官职业化结构评价

单位	2007 年前				2007 年后			
	稳定性	自主性	激励性	约束性	稳定性	自主性	激励性	约束性
总参某院校	可	可	中	中	良	中	良	中
总后某院校	中	中	中	良	良	中	良	良
军委某直属院校	中	良	中	可	良	良	良	良
总装某院校	良	良	可	良	良	中	中	良

军官职业化水平评价是一个多指标、多层次的系统，也是一个动态的过程，它要反映的是各单位的军官职业化水平及其组成结构。为使军官职业化水平评价更趋于科学化、合理化、定量化，首先必须建立一套较为合理的评价指标体系。并在此基础上，以动态的观点，结合 AHP 层次分析法与模糊综合评价法，建立军官职业化程度综合评价的模糊层次分析模型，并给出具体的操作步骤。最后进行实例分析。模糊层次分析法的特点是简洁高效，操作性强，为军官职业化评价的实施提供了有效途径。依据对各单位军官职业化水平的综合评价结果，可以了解被评价单位的军官职业化水平，发现各单位在管理与发展过程中的瓶颈或薄弱环节，从而及时做出纠正，为军官职业化的发展指明方向。

小　结

科层组织内的职业化制度通过激励从业者自觉进行专用性人力资本投资，不仅可以实现个人价值，还能提高组织效率，因此，专用性人力资本投资激励应是职业化制度构想的逻辑起点。面对交易的人力资本专用性、资源的稀缺性和复杂性以及不确定性的环境特征，以及自利的、具有机会主义倾向的当事人特征，专用性人力资本交易要求职业化的制度应具备自主性、激励性、稳定性、约束性功能。这些基本诉求构成了评价公共科层组织职业化水平的基本依据，也构成了职业化的基本制度架构。通过对职业化水平评价模型的构建，为从实证角度对某单位职业化水平的评价提供了有效工具。模型同时运用了 AHP 与模糊理论，既保证了定性与定量分析的有机结合，又增强了模型的系统性与合理性。同时以模糊数学为基础，将一些边界不清、不易定量的因素定量化，提高了模型的可行性。运用模型，能够较为准确地评价军官职业化水平，并且可以通过对同一单位不同时段的职业化水平进行对比，分析现阶段我军军官职业化形势，为公共科层组织制度改革以及相关研究提供数据支持。

第四章　中国军官职业化水平对军队科技干部专用性人力资本投资影响的一般分析

对专用性人力资本投资的测度，需要找到合适的依据。人力资本投资在很多研究文献中都是以岗位培训、求学深造等作为测度依据。但是，军事专用性人力资本投资却不能用岗位培训和求学深造作为测度依据。原因在于：第一，岗位培训往往都是根据军队的统一计划进行，所以并不能反映军队科技干部专用性人力资本投资的自主性。第二，学术功底扎实、有着更多科学精神的军队科技干部更倾向于到地方大学攻读硕士、博士。长远地看，这种求学更有利于军队建设。因为它能将更为先进的理念、方法引入到军队的科学研究中。但是，很明显这种求学并不是直接意义上的军事人力资本投资。军队科技干部自觉自愿进行的军事人力资本投资和积累往往体现为“干中学”。“干中学”在军队科技干部群体中的成果表现主要是科学研究成果。而外在可观察的科学研究成果就是公开发表的科研论文。所以，我们以各样本单位正式发表的科研论文为人力资本投资的统计依据。其中，军事类论文的数量变化及其在论文总数的比例变化就是该单位专用性人力资本投资的变化和程度。

第一节 影响军队科技干部专用性人力资本投资的因素分析

军事专用性人力资本因其特有的专用性而带来的套牢效应加深了对稳定“雇佣关系”的需要。威廉姆森认为，为了保持专用性资产投资的积极性，需要一种以纵向一体化为基础的长期契约来取代以供求关系为基础的短期契约，即以企业代替市场。在长期“雇佣关系”下，军队中的委托人（管理者）不担心代理人（军队科技干部）频繁“跳槽”而愿意对其进行军事人力资本投资，代理人也因为消除了被“转业”的后顾之忧而愿意花费时间和精力进行专用性人力资本投资。然而，职业的稳定性并不能确保军队科技干部会积极努力进行军事人力资本投资。根据赫茨伯格的保健—激励双因素理论，那些与工作环境有关的因素大多是保健因素，长期雇佣契约下的雇佣关系和工资的刚性特征，也易于导致员工的偷懒行为。1971年美国经济学家多林格（P. B. Doeringer）和皮奥里（M. J. Piore）在他们合作发表的《内部劳动力市场与人力政策》中就指出长期雇佣契约必须与其他措施相配合才能发挥激励作用，这些措施包括内部晋升和延期报酬。内部晋升制度的理论支撑是锦标赛理论。瓦尔德曼（Waldman，1990）用“非升即走”模型解释了锦标赛理论，即要么员工通过努力提升职位，获得更高一级的报酬，要么达不到晋升要求，被企业解聘。员工为了取得高工资和职位晋升就不会“偷懒”。尽管内部晋升的制度并不像瓦尔德曼的“非升即走”理论那样残酷，但是内部晋升给员工带来了收入水平的大幅提高并能满足员工的尊重需要、成就感需要和自我实现需要，而对员工具有工作激励作用。但是，内部晋升发挥激励作用的前提是员工具有晋升空间，对于“老员工”，内部晋升就会因不具备实施的前提而丧失激励功能。所以，多林格和皮奥里又提出，长期雇佣契约、内部晋升必须辅之以延期报酬制度。延期报酬就是拉齐尔所说的“报酬后置”，即员工进入企业早期，其工资水平低于其边际生产力价值，随着工作时间的增加，其工资水平逐年增长，直至退休前达到最高工资。此时，员工的工资水平高于其劳动的边际生产力价值，一旦员工没有付出企业所要求的努力水平，企业就可以选择辞退员工。由于员工被辞退就无法得到前期被扣留的“忠诚保证金”，这就加大了员工机会主义行为的成本。因此，在延期报酬制度下，每名员工为了能在后期得到返还的“忠诚保证金”，就必须按照企业的要求付出自己的实际努力①。以上的研究成果证明了影响专用性人力资本投资的三个主要因素是雇佣关系是否稳定、晋升期待和报酬机制。其他有关人力资本投资激励因素的研究也大多可以归纳为这三大类。例如，克莱因（Klein, 1978）提出通过给予员工高于市场出清水平的工资，来提高道德风险行为的机会成本，从而激励员工进行专用性人力资本投资。还有一些学者提出了一些更为微观的报酬制度设计，如设立科研奖励基金、革新发明奖、高薪养士、弹性工作时间等。除了弹性工作时间外，其余的都是不同的报酬机制设计。

前面我们详细分析了军官职业化制度的功能特征和制度特征（见本书第二章），提出军官职业化应围绕稳定性进行核心制度安排，并辅之以自主性、激励性、约束性的制度安排。这些制度功能及相应的指标体系基本上已经涵盖了报酬和晋升等内容，唯一没有覆盖的是弹性工作制。所以在假定工作时间不变的前提条件下，将若干个军队科研单位的军官职业化水平作为自变量来研究各个单位军队科技干部的专用性人力资本投资的影响是可行的。

第二节　军官职业化水平对专用性人力资本投资的影响

斯皮尔曼相关系数（Speraman's correlation coefficient for ranked data）是反映两组等级之间相关关系密切程度的一个指标，即在评判活动之中，每一个对评判对象的等级评价构成的多组等级序列与目标数列之间关系密切程度的指标。斯皮尔曼等级相关适用范围广泛，对数据条件的要求没有积差相关系数严格，只要两个变量的观测值是成对的等级评定资料，或者是由连续变量观测资料转化得到的等级资料，不论两个变量的总体分布形态、样本容量的大小如何，都可以用斯皮尔曼等级相关来进行研究。

① 尤琳．内部劳动力市场制度对专用性人力资本投资的激励［J］．商业研究，2012（9）：76～80.

一、军官职业化水平与专用性人力资本投资的斯皮尔曼等级相关分析

本章研究的问题是军官职业化水平与专用性人力资本投资之间的关系，即军官职业化对于专用性人力资本投资是否存在影响。下面就采用斯皮尔曼等级相关进行分析。

为简便起见，对于军事人力资本投资的表现，我们以各单位人员科研成果数量加以衡量，而科研成果由各单位文章公开发表数量表示，公开发表的数量以中国学术文献网络出版总库统计的数据为依据。使用斯皮尔曼等级相关的方法分析军官职业化水平与各单位文章发表数量之间的匹配性问题时，具体做法是：第一，由加权平均原则，对各单位的稳定性、自主性、激励性和约束性分别进行比较并排序；第二，将各单位公开发表的文章分为军事类文章①和非军事类文章，再分别对两类文章及文章总数进行排序；三是根据前面两个步骤的结果计算斯皮尔曼等级相关系数。

各单位职业化指标与文章数量的排序如表 4－1 所示。

表 4－1　　　　职业化指标与文章数量等级排序

学校	时期	稳定性	自主性	激励性	约束性	军事类	非军事类	总量
某总参院校	07 前	7	8	8	7	8	8	8
	07 后	4	7	4	5	7	6	7
某总后院校	07 前	6	6	6	6	3	2	2
	07 后	2	5	1	3	2	1	1
某军委直属院校	07 前	8	3	5	8	5	5	5
	07 后	5	2	2	4	6	4	4
某总装院校	07 前	3	1	7	2	4	7	6
	07 后	1	4	3	1	1	3	3

由公式 $\rho = 1 - \frac{6\sum d_i^2}{n^3 - n}$ 计算得各指标与文章数量的斯皮尔曼相关系数，见表 4－2。

① 如果公开发表的文章标题涉及国防、军队、战争、装备、后勤、动员、指挥等关键词，即被视为军事类文章。

表 4－2　职业化指标与文章数量的斯皮尔曼等级相关系数

	稳定性	自主性	激励性	约束性
军事类	0.8182	0.6606	0.7091	0.7091
非军事类	0.6848	0.5273	0.8545	0.6364
总量	0.697	0.6000	0.8182	0.6727

纵向来看，各指标中激励性与文章数量的相关性最高，其次为稳定性，自主性与文章数量的相关性相对最低，尤其是与非军事类，相关系数只有0.5273。横向来看，军事类文章与激励性指标的相关性相对偏低外，与其他各指标的相关性最高，也就是说受各指标影响相对明显；而非军事类文章除与激励性指标的相关性相对偏高外，与其他各指标的相关性就相对较差一些。

二、斯皮尔曼等级相关系数的显著性检验

对 ρ 进行显著性检验，确定显著性水平 $\alpha = 0.05$，由于 $N \leqslant 30$，所以查询斯皮尔曼等级相关系数显著性临界值表即可，见表 4－3。由表 4－3 可知，$N = 8$ 时，临界值为 0.643，因而除非军事类—自主性、非军事类—约束性和总量—自主性三个系数外，其他均表现为显著相关。可以看到，军事类文章与各指标的相关系数均通过显著性检验，而非军事类文章则有两项没有通过。说明军官职业化水平的高低与军事类科研成果的正相关性还是很明显的，而与非军事类科研成果的正相关性就相对较低。

表 4－3　斯皮尔曼等级相关系数显著性临界值

N	0.05	0.01
4	1.000	
5	0.900	1.000
6	0.829	0.943
7	0.714	0.893
8	0.643	0.833
9	0.600	0.783
10	0.564	0.746
12	0.506	0.712
14	0.456	0.645
16	0.425	0.601

从以上斯皮尔曼相关性分析中，可以得出结论，军官职业化水平的高低是与专用性人力资本投资相关的。职业化水平提高了，军官所需具备的职业素养、责任感、使命感、归属感以及自我管理、自我完善的愿望也就相对提高，因而激励了在专用性人力资本方面的投资。从这四个指标可以发现，不论是对军事类还是非军事类，自主性与文章数量的相关性相对最小，而激励性与文章数量的相关性相对最大。对于军官来说，他们在劳动报酬、晋升规则上体验到的公平感，有利于促进他们进行专用性人力资本投资。此外，职业的稳定性与文章数量的相关性也十分明显，虽然专用人力资本难以模仿，缺乏市场竞争，具有稀缺性，但由于其专业性强，往往存在被套牢，或者转业及复员后自身知识结构难以适应地方工作的风险，因而使得军官缺乏主动对专用性人力资本投资的积极性。因此，稳定性的提高对军官主动进行专用性人力资本投资有明显的激励作用。

小　结

本章运用斯皮尔曼等级相关对军官职业化水平与军队科技干部的专用性人力资本投资的关系进行了显著性检验。人力资本投资以各样本单位正式发表的科研论文为表现。其中，军事类论文的数量变化及其在论文总数的比例变化就是该单位专用性人力资本投资的变化和程度。通过检验，结果是，军事类文章与各指标的相关系数均通过显著性检验，而非军事类文章则有两项没有通过。说明军官职业化水平的高低与军事类科研成果的正相关性明显，而与非军事类科研成果的正相关性相对较低。由此，可以推论，劳动报酬和晋升规则上的公平感以及职业的稳定性都会对军官主动进行专用性人力资本投资具有明显的激励作用。

第五章　美军职业化制度述评

美国的军事科技水平处于世界领先水平，取得这种成就的原因很复杂。有的人认为是美国自由探索的精神足以打破一切思想束缚而产生很多创新性的科研成果；有的人说是美国军事科研生产的市场化竞争带来了优秀的军事科技，而这样的市场化运作则离不开其军民高度融合的大战略。不可否认，这些文化和环境因素都对这个国家的军事科技作出了贡献。但是，有一个起码条件是我们不能忽视的，即军官职业化水平决定着其科技型军官对军事科技的精力投入程度，而军事科技知识水平的提升和持久的军事科技关注才使他们能够提出先进和准确的军事科学技术需求。在美国，军官职业化已经融入到整个军队职业化的制度之中，依据军官职业化评价指标体系，我们通过美国军队职业化的制度安排对美国军官职业化的水平做出详细描述。

第一节　自　主　性

产权经济学家巴泽尔（Barzel，1977）认为人力资本是一种主动性资产（full－fledged property），罗森（Rosen，1985）指出：人力资本的所有权限于体现它的人，周其仁（1997）根据上述两个观点，推导出人力资本产权的三大特征：第一，人力资本天然归属个人；第二，人力资本的产权权利一旦受损，其资产可以立刻贬值或荡然无存（资本残缺）；第三，人力资本总是自发地寻求实现自我的市场①。所以，对拥有人力资本的个人来说，其所处体制的自由、宽松和较少强制，是影响自身人力资本积累、使用、实现价值的重要因素。军队职业化水准很高的美国基本上遵循了人力资本的特点，给予了军队从业者较多的自主性。

一、职业进出的自由

美国军人职业进出的自由根源于其兵役制度。尊重自愿的募兵制度和富有弹性的退役制度使得美国军人在该项职业领域内的进出具有较大的自由度。

（一）具有自由特征的募兵制度

世界上存在两种兵役制度：征兵制和募兵制。征兵制是指公民根据国家法律，在一定年龄范围内必须履行一定期限的兵役义务的制度。征兵制最典型的特征在于服役的强制性，即不管个体是否喜欢，都必须到军队履行兵役义务。募兵制是指以应征者自愿为原则，募集志愿者加入军队体系的一种兵役制度。募兵制与征兵制最大的区别在于不具强制性，它的本质是自由意愿的选择。这意味着，在理性经济人以及劳动力市场出清的假定前提下，只有当军人的劳动付出得到完全补偿时，个体才有可能自愿入伍。因此，募兵制下军方的兵员征募活动，与一般政府机关、企事业单位的人才招聘类似，可以看成是一种市场行为。因此，只有当征召一名军人的边际收益超过边际成本时，军方才会增加军事人力的使用数量，军事人力的需求数量和工资完全通过市场均衡实现，这有利于提高军事人力资源的配置效率。

募兵制具有职业稳定性的优点，有利于军事人力放心地进行军事专用性的技能和知识的学习，从而保持军人的专业化。现代战争是信息化战争，信息化战争的本质是装备的信息化，装备对人力的替代作用明显，要求军队编制体制缩小规模；而装备的高科技化发展带来的核生物武器、卫星武器、电子作战等各种形态的专业化作战方式，都需要军人进行长期的培训和“干中学”，才能成为极为专业的人才，才能将部队综合战斗力和

① 周其仁. 产权与制度变迁［M］. 北京：北京大学出版社，2004：33～35.

战技水平发挥至最大。人员流动大的征兵制越来越无法满足作战训练的需求，募兵制则因其较长时间的服役期限进而保持武装部队的专业化，较好地适应了现代战争的需要。自1990年的波斯湾战争之后，世界各国普遍开始重视职业军人的培养。目前，美国是世界上实行募兵制最成功的国家之一。

（二）美国的募兵制

美国传统上曾沿袭古老英国式的民兵观念实行征兵制，要求每位适役男青年在国家情势需要时承担保家卫国的责任。在长期实行征兵制之后，美国于1973年开始实行募兵制。

1. 募兵制的宪法基础。素来崇尚自由与民主的美国，募兵制具有坚实的宪法基础。美国募兵制的法源依据可追溯于1865年美国联邦宪法增修条文第十三条第一项的“禁止奴隶制度及强迫劳役”：美国境内或属美国管辖区域之内，不准有奴隶制度或强迫劳役之存在，但因犯罪而被判强迫劳役者，不在此限。联邦或州立法机关制定的有悖于此一规定之任何法律均属无效。而且根据1944年及1971年联邦最高法院的解释，此增修条文不仅针对国家，而且也适用于构成奴隶制度或强迫劳役的私人行为。因此，在美国境内，任何强迫或限制公民劳动的组织或个人都属非法。

美国募兵制在这一法理基础之下，对公民不存在强迫入伍要求。尽管美国仍然要求适龄公民必须依法进行兵役登记，将之作为公民的义务，但这只是美国出于安全保障的战略考虑，是应付危机的一种手段而已，丝毫不影响日常募兵的自由与自愿原则。

2. 美国募兵制的实施。美国兵役组织体制分为政府及军队两套运作体制，前者（国家选征兵役局）负责登记，依法对19～24岁的适龄男性青年进行登记；后者（国防部兵役机构）负责募兵，通过各军种的募兵机构招募现役和预备役军人。美军士兵一般来源于高中毕业生，军官来源于四年制的正规大学本科毕业生，一般而言，美军军官来源渠道有以下几种：（1）各军兵种军官院校毕业生。各军兵种军官院校是美军现役军官的主要来源。这些学员在招考时都经过严格的选拔，四年学习过程中要经过大约30%的淘汰。经过各项训练和严格考核毕业的学员，一般被授予学士学位和少尉军衔，充实到各军种新任军官群体中。（2）各军种候补军官学校和军官培训学校毕业生。这类学校主要招收大学毕业生和具有大学二年级以上文化程度的优秀士兵。根据各军种的不同情况，一般经过大约20周的培训，毕业时大多数学员被授予预备役军官少尉军衔，少数优秀学员被授予现役军官少尉军衔。(3) 各军种后备军官训练团毕业生。后备军官训练团是美军三军设在全国高等院校的军官培训机构。根据军种和专业的不同，享受奖学金、月津贴和军队各项福利。经过2～4年时间的学习，毕业后陆军和空军学员被授予预备役少尉军衔；海军学员被授予现役军官少尉军衔。在后备军官训练团中，淘汰率常常高达60%。(4) 直接任命。美军对于医疗、工程技术、宗教、法律和军乐等专业人员，通常是经过必要的军事训练后直接任命为军官。直接任命的军官，按要求至少服役2年以上。此外，美军还在一些高等院校设专项奖学金，培训有关专业人员。在每年新任命的军官中，直接任命的军官约占10%。(5) 其他方式任命。主要包括从士兵中直接提拔军官，以及从预备役和退役军官中征召合适人员服现役等。这种做法多用于战时，在战争条件下，一定级别的指挥军官有权根据需要，直接提拔表现突出的士兵为正式军官。此类人员无须先获取学位，但在进一步晋升时，需要先进入军事院校学习，否则不具备晋升资格。

针对这些来源渠道的军人，美国政府还有相应的征募条件要求，如身高、体重、年龄、学历、专业、健康状况和婚姻状况等条件的要求。其中最重要的是年龄要求。

根据各军种的岗位与职业要求，各军种对入伍的士兵和军官的年龄要求如表5－1所示。从表中可看出，美军募兵的对象以年轻人为主。在自愿的前提下，如何吸引足够的兵源，特别是符合条件的年轻人加入军队，是职业化的军人服役制度成功的关键。

表5－1　美国各军种兵役年龄要求

兵源类型 \ 军种	陆军	海军陆战队	海军	空军	海岸警卫队
现役军人	17～35岁	17～29岁	17～34岁	17～27岁	17～27岁
预备役军人	17～35岁	17～29岁	18～39岁	17～34岁	17～39岁
军校学员	17～22岁	17～22岁	17～22岁	17～22岁	17～22岁

数据来源：http：//todaysmilitary. com.

3. 美军募兵方法。美国拥有成熟的市场经济制度，在法律上又有明确禁止强迫劳役的规定，因此，美国募兵制度的展开遵循市场准则，募兵过程完全是市场行为。美国政府将军人职业等同于劳动力市场上的其他职业，赋予公民自由选择的权利。

为引导公民选择军人职业，美国政府主要通过提升军队薪金与福利待遇，提高军人社会地位来增强职业吸引力，如保证军人基本工资高于劳动力市场平均水平，设置各种福利、津贴、医疗、保险，以及税收优惠等待遇，使军人职业的劳动回报明显高于其他职业；同时，从法律和政策上制定诸多优抚退役军人的规定，使军人整个职业生涯都有丰厚的职业回报、物质保障，真正从职业竞争力角度胜出于劳动力市场上的其他职业（详见“激励性”指标述评）。

同时，为了让适役青年了解军队生活，了解军队职业生涯，更重要的是了解军人福利待遇信息，美国政府和军方通过报纸、杂志、书籍、广播、电视、网站等各种渠道向广大受众人群传递军人职业生涯与生活的信息，美国政府不仅通过各种征兵广告等营销手段，还在各军种网站上明确宣传军人的各项福利待遇、晋升要求与机会、职业培训、充分显示军人职业生涯的挑战性与成就感，并在军种网站上设置各大职业网站的相关链接，提供行业福利待遇数据，将军人的职业待遇与其他职业待遇客观比较，让公民在获取足够充分信息的情况下做出理性选择。

美国大学教育费用的昂贵是世界公认的，根据美国国家教育中心统计，2011～2012年间美国平均大学教育费用如表5－2所示。

表5－2　　美国四年制大学平均年费用（2011～2012）　　单位：美元

学杂费		书籍、用品	房租水电		生活杂项
公立	私立		公立	私立	
20609	23479	1166	9088	10237	2669

数据来源：美国国家教育中心。

为了吸引年轻公民参军服役，美国政府制定了各种以服兵役换取教育费用补贴的教育扶助方案，帮助现役军人和退役军人在服役期的前、中、后各阶段接受继续教育。每年美国政府都会花费数百万美元在军队的教育扶助上，各种方案的军队教育福利补贴额度甚至可达全日制大学费用的100%，如美国《9·11后军人权利法案》（Post－9/11 GI Bill）规定国家为符合条件的军人（包括现役军人和退役军人）支付各州所有公立学校的学费及其他费用，包括学费、生活津贴和书籍及用品补贴等。其他法规如《蒙哥马利军人权利法案》（Montgomery GI Bill）和各种政府退役军人教育资助计划项目，都是从法律和具体政策上针对军队服役人员的军龄和其他条件，给予军人不同的教育费用资助[①]。这在相当程度上吸引了拟接受高等教育的年轻人员参军入伍。

为了吸引和留住军队需要的人才，美国政府在军人激励性奖金中设置了相关的奖励项。如针对医疗保健专业人员，有额外特殊津贴和特别激励津贴补助；为鼓励各军兵种人员安心服役，国防部设有军种服役补贴，各军种按服役年限和相应等级每月领取；为吸引专业人员或特殊人员入伍服役，有入伍奖励和特别入伍奖励，如规定海军核动力专业的入伍人员可获得最高30000美元的入伍奖励；在战时严重缺乏专业医疗人员，相关专业人员的入伍可获最高40万美元的服役奖金。各种详细的激励性奖金规定可参见《美国法典》第37卷第5章[②]。

总之，美国职业化的军人服役制度通过各种有竞争力的薪金报酬、激励性奖金以及各种职业发展和教育培训机会来吸引公民自愿进入军事职业领域，即公民对军事职业的选择是经济人自主的选择。其收益是：第一，有心致力于军事职业生涯的人员将会积极开发、累积军事人力资本，并将自身人力资本的产出发挥到最大，从而使社会能够充分享受专业化分工带来的好处，也有利于军事职业的职业化发展；第二，军事人力的需求数量和工资完全通过市场均衡实现，可以防止过度使用和错误配置军事人力资源的现象，最终有利于建成资本密集型而非人力密集型军队。例如，在征兵制下，军人的工资被人为地压低，就会激励军方过度使用军事人力，用廉价的军事人力资源替代武器装备。

（三）职业退出的自由

美军有着统一的现役军官退役制度。按照《美国法典》退休法条款实行伤残退休、自愿退休和强制性退休三种不同的制度。

伤残退休指因伤残不适于从事军队工作，符合条例法定条件的，可以解除现役而退休。

---

① 美国职业比较网站，http：//www. myfuture. com/.

② 美国法典，http：//uscode. house. gov/browse. xhtml.

自愿退休指军人服役已达到最高年限，出于自由意愿提出退休申请，经批准而退休。

除因身体伤残或裁军需要外，军官退出现役一般要满足如下两个条件之一：一是达到法定服役年限退休。美规定，凡服现役满20年以上的军官可提出申请，经批准后自愿退休。二是达到法定服役最高年龄、军龄、职龄、衔龄而不能继续晋升者，强制退役。美军规定初级军官——中尉29岁、军龄满7年，上尉35岁、军龄满14年，若不能再晋升，则被强制退役；中高级军官——少校42岁、军龄满24年，中校49岁、军龄满28年，上校52岁、军龄满30年，准将52岁、军龄满30年，少将56至60岁、中将60至64岁、上将62至66岁，军龄满35年，若不能再晋升，则被强制退休或命令退休（注：各军兵种具体规定略有不同）①。

美军的退役制度具有较大弹性，可供管理者与被管理者双向选择。强制退休的规定，使军方能严格控制军官结构和军官素质，同时对各级军官形成不“晋”则退的有效激励，保证军队有效的战斗力和旺盛的活力；另一方面，自愿退休的规定也使职业军官能有较大的自由度来选择、发展自己的职业生涯，能将真正立志于军队职业发展的人才留在军队系统，自然“淘汰”无心军营的军人，从军队角度和整个社会角度来看，都有利于提高人力资本的配置效率。

二、职业范围内的自由流动

（一）岗位轮换制度

美军历来重视军官的领导才能培养，规定了严格的军官岗位轮换制度，明确规定各级军官的任职经历，并开设多种任职渠道，促进军官们拥有丰富的任职经历，提高领导才能。

1. 军官任职经历的规定。美军军官在一个岗位上任职，一般为2～3年，最多不超过4年。少尉晋升上尉，必须有在排、连级分队担任主官或副职至少2年，并在营级单位任参谋的经历；少校晋升上校，必须在团、

① 朱建新、郭飞、纪海涛．军官制度比较与改革［M］．北京：军事科学出版社，2006：164～165.

旅级以上作战部队工作 2 ~ 4 年，并分别在战区司令部、总部机关（国防部直属业务部门、参联会、军种部或参谋部）各任职至少一次。凡晋升上校的军官还必须有军校工作的经历。少校以上军官都要有一次或多次海外服役经历。将官的交流与军衔的晋升密切相连，如不能晋升，其岗位也必须变动，一般在同一司令部的工作时间不能超过 4 年，在师以上作战部队任职时间为 2 年。晋升中将衔者，须有担任师级作战部队主官的经历。

对于参谋军官，服役 4 ~ 10 年的上尉要在营级机关任职，服务 11 ~ 17 年的少校，要在旅级机关任职，服役 18 年的中校需要在师、军级机关任职。

2. 多种任职渠道的提供。美军强调，越是有发展前途的军官，其工作的变动越是相对频繁。人事部门在安排他们工作时，通常把重要岗位留给他们，使他们能了解军队各方面情况，熟悉高层决策过程。

美军重视不同指挥岗位的任职经历，把是否担任过连、团、旅的主官作为指挥和参谋军官晋升的必备条件；同时，重视在联合司令部的工作经历或其他军种的任职经历，如晋升准将以上军官，必须有 3 年联合勤务军官的任职经历；在特殊情况下，未达到上述要求者，晋升后首任职务必须为联合勤务军官。

美军也重视作战部队任职经历。从朝鲜战争到伊拉克战争，美军均实施了战时轮换制度。美军上校以上军官大部分参加过越南战争，海湾战争使 1/4 的军官得到了实战锻炼。

美军规定军官都要到海外基地执勤，一般为 1 ~ 2 年；本土 48 个州的部队都必须轮流到阿拉斯加执勤一个月。

美国军队长年派出军官在白宫、国会、国务院、能源部、预算局等与国防事务关系密切的部门工作。这些军官通常是得到军队重用、有发展前途的校级军官，任期最长不超过 3 年。此外，主管制定政策的军官还定期轮换到民间著名学术机构，从事 1 ~ 2 年的研究工作，以使他们开阔视野，增加多方面知识，提高宏观决策和理论思维能力。

美国军官轮换工作由国防部主管人事的副部长负责，各军种部主管人事的助理部长和参谋部主管人事的副参谋长负责本军种军官轮换的政策指导，具体计划和实施由各军种人事中心或人事司令部负责。一般军官工作岗位的轮换提前半年通知，提前 3 个月下达命令。

（二）岗位任职的单轨制与双轨制

除了领导才能，军官往往还被要求有专业才能，这需要军官们经常轮换到本兵种指挥岗位或专业岗位任职。美军军官人事管理系统将军官岗位任职分为单轨制和双轨制两种。走单轨制的军官可以反复在基本兵种专业岗位上任职，走双轨制的指挥军官既可以在基本兵种岗位内任职，也可以在职能领域内任职。总的来说，军官们在服役的前几年，在基本兵种专业上发展，在第7个服役年限时，军官们在职能领域专业上发展。选择单轨制还是双轨制，依据于军官们自己的职业规划与申请。

美军鼓励军官们在指挥岗位上的轮换或专业岗位上的轮换，尤其对于专业岗位，当军官能够转换专业，满足其他缺乏人才的专业岗位，并在此岗位上任职达到3年，或跨军种服役达到3年者，美国军队会酌情给出激励性奖金的奖励。

所以，从军人职业领域的进出，到职业内部岗位的轮换，美国职业军人都具有相当的自主权。以职业人为载体的军事人力资本可以在军队系统内部自由流动，根据自身特点和环境的匹配自动地进行专用性人力资本的积累与使用。

第二节　激　励　性

基于非强迫劳役的法理基础，美国政府的征兵行为是市场行为，即美国政府需要在外部劳动力市场上与其他雇主公平竞争潜在雇员。征募市场化的程度成就军人职业化的程度。一套职业类别与体系的形成、规范与成熟依赖于相关的劳动力市场规则自发形成，因此可以说，美军高度的职业化与高度的市场化是互为条件，相互促进的。

军事劳动是生产国防安全，生产国防安全的劳动所具有的劳动艰苦性和以健康和生命为代价的劳动风险性，明显大于生产私人物品的劳动。从职业角度来看，军人职业相较于其他职业，存在着较大的职业支出，需要进行专门的补偿。

美国政府能够充分认识并承认军事职业劳动的特殊性，在职业报酬与补偿方面设置了完善的薪酬制度，主要分为两个方面：对军事劳动投入进行直接补偿的基本工资，和对军事劳动损失进行等值补偿的一系列津贴、特殊补贴、激励奖金、医疗服务、社会保险，以及完善的退休待遇等。所有这些构成了美国军事职业的竞争力，吸引并激励潜在的或现役的军人服役。本节将论述并分析这些薪酬待遇，阐明美军职业的激励性。

一、军事劳动投入与报偿的均衡

（一）以基本工资表现的劳动补偿

美军的“正规薪饷”包括基本工资与补贴，两者的设计与发放具有相同的特点，本节仅以基本工资为例说明美国军事劳动投入补偿高度职业化的特点。

1. 职业军人基本工资的确定。职业报酬即为劳动力市场的劳动价格，它是职业价值激励的重要内容，与劳动力市场的发达程度息息相关。工资决定理论中的边际生产率工资理论（Hicks，1963）认为，劳动力市场处于竞争条件下时，劳动力作为一种生产要素，其工资等于边际劳动生产率，即劳动需求与劳动供给相一致时的均衡价格。这种外部劳动力市场确定劳动报酬的方式对经济人的职业选择具有激励作用。

然而，军队系统是典型的内部劳动力市场，该市场上雇主单一，劳动力的供给与需求不能产生均衡的价格信号，且军事劳动因不能创造直接经济价值而无法度量边际劳动生产率，军人职业的劳动力价格很难通过市场化机制得以认定。因此，如何将内部劳动力市场与外部劳动力市场相连，使军官职业劳动强度差别能在外部劳动力市场中体现，是衡量一国军队职业化程度高低的重要指标。

拥有成熟市场经济体制的美国一直遵循着市场规律给军事劳动报酬定价。《美国法典》第37卷第3章详细规定了现役军人基本工资、预备役军队基本工资的等级与分配规则、发放标准，以及有关基本工资涨幅等内容，其中基本工资的涨幅明确规定为以市场为导向。

早在1973年实行募兵制以前，美国就已经依据外部劳动力市场价格来确定军人工资水平。1970年美国国会通过《联邦薪金比较法》，规定军官和联邦政府雇员的工资标准与私营企业中从事同类工作的雇员的工资标准每年都要进行对比审查，同步增长。每年国会将军官工资标准同联邦雇员和私营企业雇员的工资标准对比，采用劳工部的雇佣成本指数ECI（employment cost index）确定增资标准，定期公布修订后的军人工资增长额。

ECI指数跟踪记录了全国范围内所有工资上涨的成本，是超越通货膨胀率的雇主人工成本，也是雇员劳动报酬的真实反应，该指标对市场敏感度较高。军人工资增幅与ECI相连，可以真实地接受外部劳动力市场的影响与调节，较均衡地确定军人职业的劳动报酬。

20世纪90年代，美国国会规定每年的军费加薪上限都为私营部门工资增长的50%，大幅度的增长必须要有国会的明确授权。2000财年国防授权法案指示：2000~2006年军费涨薪幅度将自动高于私营部门增资幅度的50%，从2007年开始起，军队工资增长自动等于ECI的增幅，如果有授权或国会追加资金，军队工资涨幅还可能超过这一水平①。

2013年，美国ECI指数增长为1.0%，则美国军人2014年工资在2013年的基础上自然增长1.0%，表5-3为美国国会批准的2014年美国军人基本工资表。

2. 职业军人基本工资的职业竞争力。作为一种职业，美国军人收入与其他行业相比具有优势。首先从绝对数而言，美国军队收入超过美国国民的平均水平。

根据美国人口局2013出版的（Income，Poverty，and Health Insurance Coverage in the United States：2012）统计数据，美国国民2012年家庭人均年收入中位数为51017美元（报告以收入的中位数代表国民家庭人均收入的平均水平），对照此标准，职业军人的年平均收入大大超过这一水平。

美国人口局出版物中的调查数据取自2012年美国50个洲和哥伦比亚特区约120000户家庭样本，覆盖各年龄、性别、人种，包括西班牙裔美国人，涉及家庭人口近50种收入来源。收入数据只统计家庭人口税前现金收入，不包括非现金的价值收益，如接受的补充营养援助计划（SNAP），医疗保险，医疗补助，公共房屋，或雇主提供的附带福利等。同样地，将职业军官的所有福利补贴除开，只以其税前基本工资水平相比，如表5-4所示。美国国民平均收入水平只相当于晋升为中尉1年，军龄满3年的军官基本工资的年收入，而中尉在军官衔职中只位居十级的第二级，远非整体军官收入水平的中位数，因此从平均水平来看，美国军官的收入水平远远大于国民收入平均水平。

① 美国国防部网站，http：//www.defense.gov/.

表 5－3　美国现役军人基本月工资标准表（2014 年 1 月 1 日起生效）

单位：美元

服役年数 / 支付等级	≤2	>2	>3	>4	>6	>8	>10	>12	>14	>16	>18
O－10[1]											
O－9[1]											
O－8[1]	9946.20	10272.00	10488.30	10548.60	10818.60	11269.20	11373.90	11802.00	11924.70	12293.40	12827.10
O－7[1]	8264.40	8648.40	8826.00	8967.30	9222.90	9475.80	9767.70	10059.00	10351.20	11269.20	12043.80
O－6[2]	6125.40	6729.60	7171.20	7171.20	7198.50	7507.20	7547.70	7547.70	7976.70	8735.10	9180.30
O－5	5106.60	5752.50	6150.60	6225.60	6474.30	6622.80	6949.50	7189.50	7499.70	7974.00	8199.30
O－4	4405.80	5100.30	5440.80	5516.40	5832.30	6171.00	6593.10	6921.30	7149.60	7280.70	7356.60
O－3	3873.90	4391.40	4739.70	5167.80	5415.30	5687.10	5862.60	6151.50	6302.40	6302.40	6302.40
O－2	3347.10	3812.10	4390.50	4538.70	4632.30	4632.30	4632.30	4632.30	4632.30	4632.30	4632.30
O－1	2905.20	3024.00	3655.50	3655.50	3655.50	3655.50	3655.50	3655.50	3655.50	3655.50	3655.50
O－3[3]				5167.80	5415.30	5687.10	5862.60	6151.50	6395.40	6535.50	6726.00
O－2[3]				4538.70	4632.30	4779.90	5028.60	5220.90	5364.30	5364.30	5364.30
O－1[3]				3655.50	3903.30	4047.90	4195.20	4340.10	4538.70	4538.70	4538.70
W－5											
W－4	4003.50	4306.50	4429.80	4551.60	4761.00	4968.30	5178.00	5493.90	5770.50	6033.90	6249.30
W－3	3655.80	3808.20	3964.50	4015.80	4179.60	4501.80	4837.20	4995.00	5177.70	5366.10	5704.50
W－2	3234.90	3540.90	3635.40	3699.90	3909.90	4236.00	4397.40	4556.40	4751.10	4902.90	5040.60
W－1	2839.80	3145.20	3227.40	3401.10	3606.60	3909.30	4050.60	4247.70	4442.40	4595.40	4735.80
E－9[4]							4836.90	4946.40	5084.70	5246.70	5411.10
E－8						3959.40	4134.30	4242.90	4372.80	4513.80	4767.60
E－7	2752.50	3004.20	3119.10	3271.50	3390.60	3594.90	3709.80	3914.40	4084.20	4200.30	4323.90
E－6	2380.80	2619.60	2735.10	2847.60	2964.90	3228.60	3331.50	3530.40	3591.30	3635.70	3687.30
E－5	2181.00	2327.40	2440.20	2555.10	2734.50	2922.30	3076.20	3094.80	3094.80	3094.80	3094.80
E－4	1999.50	2101.80	2215.80	2328.00	2427.30	2427.30	2427.30	2427.30	2427.30	2427.30	2427.30
E－3	1805.40	1918.80	2034.90	2034.90	2034.90	2034.90	2034.90	2034.90	2034.90	2034.90	2034.90
E－2	1716.90	1716.90	1716.90	1716.90	1716.90	1716.90	1716.90	1716.90	1716.90	1716.90	1716.90
E－1[5]	1531.50										

续表

支付等级 \ 服役年数	>20	>22	>24	>26	>28	>30	>32	>34	>36	>38	>40
O－10[1]	16072. 20	16150. 50	16486. 80	17071. 50	17071. 50	17925. 30	17925. 30	18821. 10	18821. 10	19762. 50	19762. 50
O－9[1]	14056. 80	14259. 90	14552. 10	15062. 40	15062. 40	15816. 00	15816. 00	16606. 80	16606. 80	17436. 90	17436. 90
O－8[1]	13319. 10	13647. 30	13647. 30	13647. 30	13647. 30	13989. 00	13989. 00	14338. 50	14338. 50	14338. 50	14338. 50
O－7[1]	12043. 80	12043. 80	12043. 80	12105. 60	12105. 60	12347. 70	12347. 70	12347. 70	12347. 70	12347. 70	12347. 70
O－6[2]	9625. 20	9878. 40	10134. 60	10632. 00	10632. 00	10844. 10	10844. 10	10844. 10	10844. 10	10844. 10	10844. 10
O－5	8422. 20	8675. 70	8675. 70	8675. 70	8675. 70	8675. 70	8675. 70	8675. 70	8675. 70	8675. 70	8675. 70
O－4	7356. 60	7356. 60	7356. 60	7356. 60	7356. 60	7356. 60	7356. 60	7356. 60	7356. 60	7356. 60	7356. 60
O－3	6302. 40	6302. 40	6302. 40	6302. 40	6302. 40	6302. 40	6302. 40	6302. 40	6302. 40	6302. 40	6302. 40
O－2	4632. 30	4632. 30	4632. 30	4632. 30	4632. 30	4632. 30	4632. 30	4632. 30	4632. 30	4632. 30	4632. 30
O－1	3655. 50	3655. 50	3655. 50	3655. 50	3655. 50	3655. 50	3655. 50	3655. 50	3655. 50	3655. 50	3655. 50
O－3[3]	6726. 00	6726. 00	6726. 00	6726. 00	6726. 00	6726. 00	6726. 00	6726. 00	6726. 00	6726. 00	6726. 00
O－2[3]	5364. 30	5364. 30	5364. 30	5364. 30	5364. 30	5364. 30	5364. 30	5364. 30	5364. 30	5364. 30	5364. 30
O－1[3]	4538. 70	4538. 70	4538. 70	4538. 70	4538. 70	4538. 70	4538. 70	4538. 70	4538. 70	4538. 70	4538. 70
W－5	7118. 40	7479. 60	7748. 40	8046. 30	8046. 30	8448. 90	8448. 90	8871. 00	8871. 00	9315. 00	9315. 00
W－4	6459. 30	6768. 00	7021. 80	7311. 00	7311. 00	7457. 10	7457. 10	7457. 10	7457. 10	7457. 10	7457. 10
W－3	5933. 10	6069. 90	6215. 40	6413. 10	6413. 10	6413. 10	6413. 10	6413. 10	6413. 10	6413. 10	6413. 10
W－2	5205. 30	5313. 60	5399. 70	5399. 70	5399. 70	5399. 70	5399. 70	5399. 70	5399. 70	5399. 70	5399. 70
W－1	4906. 80	4906. 80	4906. 80	4906. 80	4906. 80	4906. 80	4906. 80	4906. 80	4906. 80	4906. 80	4906. 80
E－9[4]	5673. 60	5895. 60	6129. 30	6486. 90	6486. 90	6810. 90	6810. 90	7151. 70	7151. 70	7509. 60	7509. 60
E－8	4896. 30	5115. 30	5236. 80	5535. 90	5535. 90	5647. 20	5647. 20	5647. 20	5647. 20	5647. 20	5647. 20
E－7	4371. 60	4532. 40	4618. 50	4946. 70	4946. 70	4946. 70	4946. 70	4946. 70	4946. 70	4946. 70	4946. 70
E－6	3687. 30	3687. 30	3687. 30	3687. 30	3687. 30	3687. 30	3687. 30	3687. 30	3687. 30	3687. 30	3687. 30
E－5	3094. 80	3094. 80	3094. 80	3094. 80	3094. 80	3094. 80	3094. 80	3094. 80	3094. 80	3094. 80	3094. 80
E－4	2427. 30	2427. 30	2427. 30	2427. 30	2427. 30	2427. 30	2427. 30	2427. 30	2427. 30	2427. 30	2427. 30
E－3	2034. 90	2034. 90	2034. 90	2034. 90	2034. 90	2034. 90	2034. 90	2034. 90	2034. 90	2034. 90	2034. 90
E－2	1716. 90	1716. 90	1716. 90	1716. 90	1716. 90	1716. 90	1716. 90	1716. 90	1716. 90	1716. 90	1716. 90

说明：

1. O 表示（持有委任状的）军官，O－1 至 O－10 依次表示少尉到上将的各级尉、校级军官；

2. W 表示准尉，W－1 至 W－5 表示各级准尉；

3. E 表示士兵，E－1 至 E－9 依次表示列兵、一等兵、下士、中士、上士、三级士官、二级士官、一级士官、指挥士官。

4. 校学员、海军院校学员和后备军官训练队人员基本工资是 1017.00 美元。

数据来源：http：//www.dfas.mil/.

注：1. O－7 至 O－10 级军官的月基本工资不得超过 15125.10 美元，此为联邦政府第Ⅱ级执行工资的最高限额，O－6 级以下官军的月基本工资不得超过 12266.70 美元，此为联邦政府第Ⅴ级执行工资的最高限额。

2. 当担任参谋长联席会议主席或副主席、海军作战部长、海军陆战队司令、陆军或空军参谋长、统一的或指定的战斗司令部司令时，基本工资为 21147.70 美元。

3. O－13 至 O－33 表示曾作为士兵或准尉服现役 4 年以的军官；

4. 海军军士长、陆军或海军陆战队的军士长或 JCS 的高级士兵顾问首席军士长，基本工资是 7816.20 美元。

5. E－1 级工资适用于 4 个月以上的现役，不到 4 个月现役的 E－1 的基本工资是 1416.30 美元。

表 5 - 4　　2012 年度美国军人与国民收入对比表　　单位：美元

收入类别	中位数	取中间年龄	对应衔职	对应军龄	基本工资年收入	备注
家庭人均年收入	51017		中尉	3 年	51292.80	
各年龄段收入						
15～24 岁	30604	20 岁	二等士兵	2 年	20055.60	指 17 岁参军入伍，未上大学者
25～34 岁	51381	30 岁	上尉	8 年	55375.20	
35～44 岁	63629	40 岁	少校	18 年	85942.80	
45～54 岁	66411	50 岁	中将	28 年	175968.00	
55～64 岁	58626	60 岁	上将	35 年		退役
≥65 岁	33848					退役

数据来源：http：//www.census.gov/.

从美国平均收入的年龄分布状况来看，职业军队收入也是超前的。以 22 岁大学毕业参军入伍军官为标准（表中 20 岁年龄指未上大学当士兵者），将年龄段中的中间年龄，对应相应的军官衔职与军职，与同年龄段国民收入相比。可以看到，国民平均收入中 25 岁至 64 岁三个年龄段的收入水平最高，而与同龄军官的职业收入相比，均处低水平。

从表中还可看出职业军人收入另一相对优势：工资水平只升不降，不受市场周期的波动影响。虽然整体军人基本工资水平与外部劳动力市场挂钩，但挂钩的只是增幅水平，不包括降幅水平，军人工资只升不降，规避了市场风险，与国民其他职业（除国家其他公职部门外）相比具有巨大优势。这种薪酬制度的设计真实体现了军事劳动的特殊性，以及国家对这种劳动投入的报偿与补偿，也为世界绝大多数国家采用。

（二）津贴补偿

津贴与基本工资相似，是为保证基本生活需要而设立，主要为军队生活与住房需要提供现金补贴。美军军队津贴中只有基本生活津贴（basic allowance for subsistence，BAS）和基本住房津贴（basic allowance for housing，BAH）是全部军人都能享受的津贴，其他津贴的获得则只涉及符合要求的军人。

1. 基本生活津贴（BAS）。BAS 是为了补偿服役人员的生活费用。美国有军队提供食宿（或粮食）作为服役人员部分工资的历史渊源，这项津贴的产生便基于此。从 2002 年 1 月 1 开始，BAS 津贴覆盖美军所有官兵，国防部称这项工作是 BAS 改革过渡时期的巅峰之作。2014 年 1 月 1 日 BAS 的官方数据为：军官为每月 246.24 美元，士兵为每月 357.55 美元①。

BAS 津贴金额与基本工资一样定期调整。因为旨在为服役人员提供膳食补贴，所以 BAS 水平与粮食的价格相关，它每年根据美国农业部（USDA）公布的食品成本指数进行调整。

2. 基本住房津贴（BAH）。基本住房津贴（BAH）是针对没有住进政府提供的住房，而自行租房居住的军队住房成本补贴。一般情况下，军人 BAH 金额取决于被任命指派的营区地理位置、本人的薪酬等级，以及是否有家属，对于无家属并居住于部队营房区的服役人员也可以获得部分 BAH。

美军依据军人的不同级别、不同地区实行差别住房津贴，以使服役人员在不同地区都没有租房成本支出，也使得意欲租住低标准住房和租住高标准住房的军官，都不会享受过低或过高的住房津贴，旨在实现公平。美军的住房津贴计算系统比较复杂，需要参考筛选多种数据，包括军人居住当地的房租价数据。

2000 财年以前，美军基本住房津贴中由个人现款支付的平均比例为住房成本的 18.8%。自 2001 年美国防部长宣布当年预算主要用于消除美军基地外住房的个人支付费用，美军住房个人支付比例开始逐年下降，到 2005 财年，美军军人住房开支中个人支付降至零②。2014 年美军基本住房津贴表见表 5－5。

除了基本生活津贴和基本住房津贴外，其他类别津贴还有家庭分居补贴（所有人员标准都为 250 美元每月）、每月家庭生活费津贴（所有人员标准都以不超过 1100 美元每月为限）、服装津贴（针对预备役和民兵）和若干领导岗位津贴（只有部分符合要求的人员享受）。

① 美国军队补偿网，http：//militarypay. defense. gov.

② 美国军队补偿网，http：//militarypay. defense. gov.

表 5－5　　美军基本住房津贴表（2014 年 1 月 1 日）　　单位：美元

Basic Allowance for Housing RC/Transient (January 1, 2014)

人员状态 / 支付等级	部分津贴	已婚无孩者	已婚有孩者	单身者
0－10	50.70	1555.80	1913.70	333.30
0－9	50.70	1555.80	1913.70	333.30
0－8	50.70	1555.80	1913.70	333.30
0－7	50.70	1555.80	1913.70	333.30
0－6	39.60	1426.50	1722.60	276.30
0－5	33.00	1373.70	1660.80	267.00
0－4	26.70	1272.60	1463.70	177.60
0－3*	22.20	1020.60	1211.10	177.60
0－2*	17.70	808.80	1033.50	209.40
0－1*	13.20	693.90	925.20	226.20
03E	22.20	1101.60	1302.00	186.00
02E	17.70	936.60	1174.50	2X.30
01E	13.20	814.50	1085.70	261.00
W－5	25.20	1293.30	1413.60	111.00
W－4	25.20	1148.10	1295.70	136.80
W－3	20.70	965.70	1188.00	206.40
W－2	15.90	856.80	1091.40	218.10
W－1	13.80	718.50	944.70	211.20
E－9	18.60	942.90	1243.20	278.70
E－8	15.30	866.40	1146.90	261.30
E－7	12.00	798.60	1064.40	302.40
E－6	9.90	738.00	983.40	292.20
E－5	8.70	663.60	884.70	248.70
E－4	8.10	577.20	768.90	215.10
E－3	7.80	536.70	715.20	176.10
E－2	7.20	511.50	681.60	235.50
E－1	6.90	511.50	681.60	278.70

数据来源：2014 财年美国军人工资表。

注：0－1 至 0－3 为曾作为士兵或准尉服现役 4 年以下的军官。

二、职业损失的等值补偿

美国政府对军事职业损失进行等值补偿主要表现在五个方面：一是针对不同军事职业劳动的特殊付出通过特种津贴和奖励津贴进行补偿；二是承认军事活动生产国防公共产品的特殊性，通过税收的减免进行职业补偿；三是针对军事劳动的艰苦性通过完善的医疗保障进行补偿；四是针对军事劳动的风险性通过完善的社会保险进行补偿；五是针对军人的整体职业生涯通过完善的退役军人保障措施进行补偿。

（一）特殊津贴与奖励津贴

基本工资及津贴的薪酬根据等级及服务年限而有所不同，具有稳定增长的特点，能够有效激励军人长期服役。但当遇到需要特定人手解决，以及通过基本加薪难以有效解决的问题时，基本工资及津贴的激励的作用无法显现。因此，针对军队不同岗位特点和军事任务特点，美军薪酬体系中专门设计了特种津贴和奖励津贴（special and incentive pay，S & I）。

S&I 是一种灵活的额外支付津贴，可以在关键职业或关键技能领域增加补偿，提高岗位的招聘率和保留率；也可以用来补偿完成繁重或危险工作任务的军人的劳动付出。因此，其具有激励服役人员积累符合国家安全目标的专用性人力资本与重要技能的作用。

《美国法典》第 37 卷第 5 章专门对特种津贴和奖励津贴类别、资格要求和补贴金额作了明确规定，授权支付的 S & I 超过 60 项，具体内容可参见美国国防部财务管理规定①。

1. 艰苦工作补贴（hardship duty pay，HDP）。艰苦工作补贴中的艰苦工作由美国国防部长认定，目前主要执行的是工作地点补贴（HDP－L）和工作任务补贴（HDP－M）。

HDP－L 是对派驻到生活质量低于美国本土的服役人员的驻地补贴，补贴目标以派驻地为准，补贴额度按派驻地点的艰苦程度分为 50 美元、100 美元、150 美元三档，每月支付。

HDP－M 是针对全体官兵执行艰苦任务的补贴。现在的艰苦任务主要

① 美国国防部网站，http：//www. defense. gov/.

指军人接受的由战犯防范/失踪人员办公室（defense prisoner of war/missing personnel office，DPMO）、联系特遣部队（the joint task force – full accounting，JTF – FA）、夏威夷中央鉴别室（the central identification lab – hawaii，CIL – HI）指派的任务，去调查、恢复、解救过去因战争而遗失在遥远偏僻地区（包括但并不仅限于老挝、柬埔寨、越南和朝鲜地区）的美国服役人员残部。法定最高补贴为每月 1500 美元。目前 HDP – M 执行每月 150 美元的补贴标准。

2. 敌意火力补贴和濒危补贴（hostile fire pay/imminent danger pay，HFP/IDP）。敌意火力补贴指在敌方火力或地雷爆炸、在敌方火力附近或地雷爆炸危害区域或其他能导致服役人员受伤、死亡的敌对行动中，对承受人员进行的补贴；濒危补贴指军人在执行任务时濒临危险所获得的补贴。所有领取基本工资的军人均可获得每月 225 美元的 HFP 或 IDP，有些濒危区域可以实行每天 7.50 美元的补贴，只是同一人不得在同一月同时享受这两种补贴。

3. 任务指派奖励补贴（assignment incentive pay，AIP）。任务指派奖励补贴 AIP 是军队服役补偿中的首选方式，往往是支付给承担不寻常的指派任务的人员。对驻扎在伊拉克和科威特战区，愿意延长海外服役的人员，可获得每月 200 美元的艰苦任务补贴和每月 800 美元的任务指派奖励补贴，补贴总额达到每月 1000 美元。对于拥有特殊技能，已在伊拉克和阿富汗服役 12 个月，并愿意延长驻地服务期的人员，可以得到 12 个月期每月 900 美元，6 个月期每月 600 美元，3 个月期每月 300 美元的补贴。拥有关键技术的人员可获得最高达每月 1000 美元的补贴。在其他地区，比如韩国，也有类似任务指派奖励补贴。

美国政府及军兵种部队非常偏好这项奖励来激励军人去完成某些不寻常的任务。目前该项薪酬上限已提高至每月 3000 美元，在这限额以下，各军兵种对激励额度有自由裁量权。一般情况下，任务指派奖励需要征税，但在战斗区域获得的除外。

4. 危险工作补贴（hazardous duty incentive pay，HDIP）。危险工作补贴适用于美国防部认定的各项危险工作及工作环境，在同一时期从事超过一种危险类型的现役军人有权最多获得两种危险工作补贴。危险工作补贴大致包括：

（1）飞行工作补贴。对于频繁危险工作和定期空中飞行的机组成员，可获飞行工作补贴，通常被称为飞行买单，按职级每月补贴 150 ~ 250 美元；对于非机组人员，每月平均补贴150美元。表5-6为目前机组成员危险工作等级补贴表。

表5-6 危险工作激励补贴（机组成员） 单位：美元

支付等级	数额	支付等级	数额	支付等级	数额	支付等级	数额	支付等级	数额
O-10	150	O-5	250	W-5	250	E-9	240	E-4	165
O-9	150	O-4	250	W-4	250	E-8	240	E-3	150
O-8	150	O-3	175	W-3	175	E-7	240	E-2	150
O-7	150	O-2	150	W-2	150	E-6	215	E-1	150
O-6	250	O-1	150	W-1	150	E-5	190		

数据来源：2014财年美国军人工资表。

（2）其他工作补贴。其他危险工作有跳伞、拆迁和排爆、在低压和高压或加速和减速或热应力室接受人体测试、在超出普通危险程度的飞行甲板（驾驶舱）工作、经常或频繁暴露于高毒杀虫剂环境、或因工作而接触有毒燃料、推进剂和曝光化学弹药等工作。从事其他危险工作的服役人员每月都可获得150美元工作补贴，对于跳伞工作中的高海拔低开跳伞（high altitude low opening（HALO）jumps），每月补贴225美元。

5. 职业激励补贴。国防系统包括众多职业分类，为鼓励服役人员从事各项军内职业，国防部制定了多项职业激励补贴。

（1）航空事业激励薪酬（ACIP）。为激励服役人员在整个军事生涯的精力旺盛期长期从事军事飞行工作，国防部制定了飞行年限津贴，津贴范围每月从125~840美元不等，表5-7列出了飞行军官与士兵按飞行年限所获的津贴数额。

表5-7 空军军人职业激励酬薪 单位：美元

飞行职业激励补贴										
飞行服役年限	≤2	>2	>3	>4	>6	>14	>22	>23	>24	>25
数额	125	156	188	206	650	840	585	495	385	250

服役飞机员激励补贴				
飞行服役年限	≤4	>4	>8	>14
数额	150	225	350	400

数据来源：2014财年美国军人工资表。

（2）潜水职业补贴。潜水职业具有一定的危险性，为鼓励服役人员从事这项职业，国防部对应征入伍者规定了每月最高达 340 美元的补贴，对从事潜水职业的军官给予每月最高达 240 美元的补贴。

（3）潜艇职业补贴（SUBPAY）。为提高海军潜艇现役工作的吸引力，潜艇职业补贴范围每月由 75 ~ 835 美元不等。

表 5 - 8 列出了各级海军士兵、准尉军官和现役海军军官按照服役年限分别可获得的职业补贴，其中从表文 O - 7 至 O - 10 级海军军官的潜艇职业补贴均为每月 355 美元。

表 5 - 8　　潜水职业激励酬薪（2011 年 10 月 1 日生效）　　单位：美元

累计服役年数 / 支付等级	≤2	>2	>3	>4	>6	>8	>10	>14	>16	>18
O - 6	595									835
O - 5	595							790	835	
O - 4	365			525	595	705		790		
O - 3	355			510	595	705				
O - 2	305						425			
O - 1	230						425			
W - 5	285	375		425						
W - 4	285	375		425						
W - 3	285	375		425				425		
W - 2	285	375		425				425		
W - 1	285	375		425						
E - 9	425									600
E - 8	415									550
E - 7	405									
E - 6	155	170	175	300	325	375				
E - 5	140	155		250	275					
E - 4	80	95	100	245						
E - 3	80	90	95		90					
E - 2	75	90								
E - 1	75									
O - 7 至 O - 10 级的潜水职业补贴一律为 355 美元。										

数据来源：2014 财年美国军人工资表。

对超过通常指派的工作职责，海军大臣有权设定“超级补贴”——每月不超过1000美元的补贴，来补偿特定指派的潜艇工作。

（4）军种服役补贴。为鼓励各军兵种人员安心服役，国防部设有军种长期服役补贴，各军种按服役年限和相应等级每月发放。

目前，海军及海军陆战队服役月补贴执行的是2001年10月1日生效的标准，从各级士兵到军官额度为50美元~700美元/每月不等；陆军为2002年10月1日生效的标准，从各级士兵到军官额度为50美元~730美元/每月不等；而空军的仍为1998年5月1日的标准，从各级士兵到军官额度为50~520美元/每月不等。

6. 卫生医疗专业补贴。国防系统外的卫生医疗专业属高收入职业，为鼓励军队卫生医疗专业人才的长期服役，国防部制定了较为详细的卫生医疗人员服役津贴与奖励。

（1）浮动的特殊津贴（variable special pay，VSP）。这是针对所有现役医务人员月工资进行的补贴。为鼓励现役的医疗人员继续服役，不论服役人员是否在实习培训，还是在进行专业服役，每年都可以享受到支付范围从1200美元到12000美元不等的津贴，实行每月支付。补贴按照医务军官服役年限和相应级别确定，其中实习生（inter）和O-6级以下军官统一按100美元（医科军官）或250美元（牙科军官）每月补贴，O-6级军官按照服役年限，补额度从416.66美元/每月~1000.00美元/每月（医科军官）、583.33美元/每月~100.00美元/每月（牙科军官）不等。O-6级以上统一按583.33美元每月补贴。

（2）专业认证特别津贴（board certified pay special pay，BSP）。为促进优质的医疗服务，专业认证特别津贴BSP是专门为获得标志专业能力的专业委员会认证的医疗人员、心理学家和非医师的卫生保健提供者、牙科医生提供的津贴，津贴实行每月支付，只要认证有效，津贴就一直持续。表5-9为医疗专业军官（包括医科医生和牙科医生）按服役年限所获的BSP金额。

表5-9　美军医疗专业军官的BSP津贴　　单位：美元

支付等级＼服役年限	10年以下	10≤且<12	12≤且<14	14≤且<18	18年以上
所有级别	208.33	291.66	333.33	416.66	500.00

数据来源：2014财年美国军人工资表。

（3）额外特殊津贴（additional special pay，ASP）。针对牙科医生的额外特殊津贴 ASP 是挽留牙科专业人才的特殊津贴，指已经服役达到 12 个月的牙科医生（针对所有级别牙科军官，包括正在牙科实习或住院医师培训人员），如果能签约持续服役，则获得相应补贴，见表 5-10 所示。若签约低于 3 年，则持续服役期每年可获 10000 美元津贴；签约在 3~10 年，则持续服役期每年可获 12000 美元津贴；签约在 10 年以上，则持续服役期每年可获 15000 美元津贴。非牙科专业的医务军官额外特殊津贴 ASP，指各专业的医务军官，若能在服役 12 个月的基础上，再延长服役 12 个月，就有更多机会进入各自部门 6~7 年的职业窗口期。而在签订延长服役协议的前提下，这延长服役的 12 个月可获得平均额度为 15000 美元的额外津贴。

表 5-10　美军额外特殊津贴 ASP（牙科军官）　单位：美元

服役年限 / 支付等级	3 年以下	10≤且<12	12 年以上
所有级别	10000.00	12000.00	15000.00

数据来源：2014 财年美国军人工资表。

（4）特别激励津贴（incentive special pay，ISP）。为留住足够数量和质量的医疗专业人员，满足部队卫生服务需要，军队可实行特别激励津贴 ISP。特别激励津贴 ISP 主要通过缩小继而关闭军民工资差距来达到挽留军队专业人才的目的。

在平时，为留住服役多年的医疗专业人员，对于服役超过 8 年的专业医疗人员，或已完成医疗教育培训和住院医师培训，属于部队需要挽留的人才，服役人员如果能够再签 4 年服役协议，则签约人员每年可获最高达 7.5 万美元的特别激励津贴，对于牙科医生，则每年可获最高达 5 万美元的特别激励津贴。

对于有资格获得 VSP 津贴的牙科医生（口腔颌面外科），若其能延长服役 12 个月，可获高达 7.5 万美元以年金形式支付的津贴。

在战时，为解决卫生保健专业人员的短缺问题，所有有资格获得 VSP 津贴的医科专业人员，若能延长服役 12 个月，则可获最高达 7.5 万美元以年金形式支付的津贴。

对于以上特殊激励津贴，各军种都有自由裁量权，津贴额度可自行确定。其他若干激励性补贴如入伍奖励、特别入伍奖励、专业能力奖励、持续服役奖励、转岗服役奖励等激励性补贴，以及其他补贴福利可详见《美国法典》第37卷第5章。

（二）税收的减免

税收本是政府征收用来进行公共领域和国防领域的建设，军人职业所付出的劳动属于国防建设的一部分，其劳动报酬天然含有免税基因。对职业军人个人所得税的减免是军队职业报酬的另一项福利。

相对于工资所得需要纳税，美军薪酬中包含的许多津贴是免税的，如针对所有军队的基本生活补贴BAS和基本住房补贴BAH都是免税的。高工资收入却无需以高额税基纳税，是美国军人的一项福利。以已婚拥有一孩、军龄为8年的O－3级军官为例，按照2011年的工资收入标准，该军官的基本月工资为5449.20美元，BAS为223.84美元，BAH为1500美元（平均数），假定无其他激励性奖金与福利待遇，则其家庭年收入总额为86076.48美元，经免税扣除后，其可纳税年收入为55890.40美元，节省年纳税额6895.36美元。

除了收入津贴免税外，军人在战区服役收入也是免税的。针对所有的美军官兵，在战区所获收入全部免除在应计纳税额之外。对于战区官兵来说，仅仅在战区渡过合格的一天，当月工资就可全部免税。除有特殊规定，在战区内获得的各项奖励津贴也免缴所得税。

（三）医疗福利

美国现役军人拥有免费医疗，同时军人家属也享有军队医疗福利。目前美国现役军人医疗由国防部负责实施的三重医疗保健方案（TRICARE）来保障。该系统主要通过国防部下属TRICARE管理中心开发的TRICARE系统进行管理。TRICARE系统统一利用军队卫生系统（military health system，MHS）中陆、海、空三军和海岸警卫队的卫生资源，并以地方医疗服务网络为补充，采取划区联勤保障的方式。在同一区域内，不仅美陆、海、空三军的卫生机构都参加联勤，而且退役军人事务部的卫生机构也参加合作，所以美军的任何一个医疗机构都为现役军人提供不限军种差别的医疗服务。

三重医疗保健方案是一项针对所有军人提供健康保障的计划，以现役军人为主，所有现役人员、预备役人员、退役人员及其家庭成员，以及那些不享受医疗保障的战争遗属，都可以参加该计划，或至少该计划中的一种医疗保健方案。根据2010年的数据显示，TRICARE 系统保障对象中退休人员及其家庭成员比例过半，现役军人家庭成员增长速度最快，从2008财年的234万增长到2010财年的244万。为提高军人及其家属的医疗服务质量，提升其满意度，2009年美军卫生系统开始推行“以患者为中心的医疗之家”（以下简称“医疗之家”）的初级保健模式，至2010年，美军已开设400多家“医疗之家”示范机械，有65万保障对象注册加入了“医疗之家”。“医疗之家”慢慢成为与 TRICARE 系统平行的，为所有军人及其家属提供医疗保健服务的又一套系统，军人的医疗服务保障福利因而提高[①]。

除了 TRICARE 系统，退役军人的医疗保障系统（由 VA 管理）也为现役军人提供若干医疗服务。在某些情况下，如应急或紧急护理时，现役成员可以通过共享协议，得到 VA 医疗中心有限的卫生福利及医疗服务，现役军人也可凭有效 TRICARE 转诊或授权得到 VA 的日常护理。

（四）军人保险

美国军人（包括现役军人和退役军人）保险都由退役军人事务部（Department of Veterans Affairs，简称 VA）管理，VA 的事务主要包括退役军人的健康保险计划和军人的寿险计划。VA 对军人寿险计划的管理分为直接管理和监管两种方式。直接管理的项目由 VA 收取保费，并支付保险赔偿，所有数据都反映在退役军人事务部的年报中；监管项目包括军人团体寿险和退役军人团体寿险，由政府同商业保险公司签订合同，为军人购买的保险。从1965年到现在，退役军人事务部都是从美国的保德信寿险公司购买保单。军人缴纳的保费通过国防部由各部队从军人的工资中扣除，然后再将这笔保费交给退役军人事务部，退役军人事务部转交给保德信寿险公司。保险公司将这部分保费和投资计入保险公司单独的账户，而且同退役军人事务部分开。所需的保险准备金由保德信寿险公司负责保存，退役军人事务部负责监督，并确保其充足。

① The Evaluation of the TRICARE Program: Fiscal Year 2011 Report to Congress [R]. 2011-02-28.

目前美国现役军人保险主要包括团体寿险（servicemembers group life insurance，SGLI）、现役军人创伤保护险（SGLI traumatic injury protection program，TSGLI）、团体残疾寿险扩展（SGLI disability extension），以及现役军人家庭团体寿险（family servicemembers' group life insurance，FSGLI）等。

1. 团体寿险（SGLI）。军人团体人寿保险是1965年美国国会通过立法建立，为现役军人提供低成本上升寿险的福利保障计划，保额以5万元为增量，最大可达到40万美元。美国军人只要参军入伍，即可自动享有该项保险。军人团体寿险SGLI覆盖所有现役军人，包括美国陆军、海军、空军、海军陆战队和海岸警卫队现役成员，美国国家海洋和大气管理局（NOAA）和美国公共健康服务的委托成员（USPHS），美国军事院校学生或海军院校学生会员，后备军官训练团（ROTC）中从事授权培训和实践巡航的海军军校学员和后备国民警卫队成员，以及属于后备动员类（IRR）每年按计划接受后备役训练并至少完成12个周期的志愿者。

军人团体寿险（SGLI）的保费每月自动从被保者基本工资中扣除，表5-11为现行美军SGLI保费标准，为每7美分保1000美元。

表5-11　美军SGLI保费标准（2014年7月1日生效）　单位：美元

保额	保费（每月）
400000	28
350000	24.5
300000	21
250000	17.5
200000	14
150000	10.5
100000	7
50000	3.5

数据来源：美国退役军人事务办公室网页[①]。

2. 团体寿险（SGLI）（残疾）扩展。当军人因服役致残，丧失工作能力，可以申请团体寿险（SGLI）（残疾）扩展保险，该项保险可提供从离

① http://www.va.gov/.

职之日起长达两年免费的覆盖范围，在两年免费延长期结束后，可自动获得退役军人寿险。团体寿险（SGLI）（残疾）扩展不是自动的，必须由本人提出申请，一旦申请被批准，即可享受免费的SGLI（残疾）扩展保险。

获得此项保险，被保人必须确有残疾，以防止退役军人在被高薪聘用的情况下仍享有该项保险，但有以下列条件之一者，无论是否被聘有高薪，均可享受SGLI扩展：

（1）双手的永久丧失；

（2）双脚的永久丧失；

（3）两只眼睛的永久丧失；

（4）一只手和一只脚的永久损失；

（5）一只脚和一只眼睛的永久丧失；

（6）一只手和一只眼睛的永久损失；

（7）双耳的完全失聪；

（8）语言能力的有机损失。

3. 现役军人创伤保护险（TSGLI）。现役军人创伤保护险（TSGLI）于2005年建立，旨在为服役中严重受到创伤的军人及其家属提供短期的经济帮助，减轻其家庭成员在军人康复期的经济负担。创伤的认定与赔付依据相应标准执行，例如美军2014年执行的TSGLI支付清单中规定：对于视力损伤，当总体视觉损失或永久失明已持续至少120天时，对于每只眼睛，投保军人可获赔付50000美元；当总体听力损失或永久丧失时，损伤一只耳朵可获赔25000美元，损伤两只耳朵可获赔100000美元；双下肢完全瘫痪可获赔100000美元等。

创伤保护保险自动覆盖所有军人团体人寿保险（SGLI）的被保险人。按照2014年执行标准，TSGLI保费为固定利率，每月1美元，从军人基本工资中扣除。

4. 现役军人家庭团体寿险（FSGLI）。美国在2001年将军人团体寿险的覆盖范围扩大到军人家庭。入伍时，军人的配偶和子女就自动获得家庭保险，其中军人配偶的保费需要缴纳，而供养的子女则无需缴纳，直接获得10000美元的保额。配偶的保险金额最多为100000美元，其保险金额不能超过军人团体寿险保单的保险保额，例如，如果军人购买50000美元的保额，配偶最多可购买50000美元的保额。

（五）退役福利

美国退役军人是美国重要的群体，对退役人员的服役补偿影响着美国募兵制的实施，完善的退役军人优抚政策显示了军人职业生涯的完整保障和军人的尊严与社会地位，也对潜在职业进入者增加了吸引力。《美国法典》第38卷“退役军人的福利”中规定的美国政府提供给军人的福利，主要有六个方面：一是伤亡的抚恤金；二是军人的医疗；三是军人保险；四是住房保障和丧葬补贴；五是教育；六是给军人再就业提供的一些帮助，这些福利保障内容分布在美国现行的退役军人安抚政策及社会保障体系中。

美国在行政、立法和司法系统中设置了专门的机构来负责处理退役军人的各项事务与诉求。针对退役军人的福利保障，美国政府中与退役军人事务有关的管理机构主要有3个，分别是退役军人事务部VA、劳工部退役军人培训就业局（Veterans Employment and Training Service，VETS）和国防部（Department of Defense，DOD）。

其中VA是仅次于DOD的美国联邦政府第二大部，在全美50个州设立了58个办事处，为所辖区的现役以及退役军人服务。VA设有三个局：退役军人福利管理局（VBA）、退役军人健康管理局（VHA）和国家公墓管理局（NCA），负责退役军人的退役补偿、福利救助、保险服务、教育服务、贷款担保服务、职业康复及就业服务、健康服务，以及丧葬服务，在军人职业领域延续着美国“从摇篮到坟墓”的福利制度。

1. 残疾赔偿金。军人职业需要面对各种训练、紧急救援、战争等场面，不可避免会对军人造成各种病理性伤害。出于对职业损失的补偿，对服役期间造成的职业伤害、牺牲及其后遗症，美国政府对军人及其家属设置了各类退役军人赔偿与抚恤项目。目前美国退役军人所获赔偿的项目主要有残疾赔偿（disability compensation，DC）、依赖与弥补性赔偿（dependency and indemnity compensation，DIC）、特别赔偿（special monthly compensation，SMC）。

（1）残疾赔偿（DC）。残疾赔偿DC是美国政府对因服役而造成残疾的退役人员每月提供的一种免税福利。退役军人根据服役期间造成的各种物理伤害，如慢性膝盖损伤，精神伤害，如创伤后应激障碍（post - traumatic stress disorder，PTSD），向军方提出赔偿申请。经军方认定残疾等级

（以10%残疾为最低限，增幅为10%），国家对退役军人因服役造成或引起的10% ~100%的残疾程度进行赔偿。

美国军方制定的退役军人残疾赔偿标准是针对不同的残疾程度、不同的家庭生活状况进行赔偿。如对于军方认定的10%和20%残疾程度，国家分别提供每月130.94美元和258.83美元（2014年1月1日生效标准）的赔偿，对于30%及以上的残疾程度，则根据退役军人的配偶、子女、赡养父母情况按照不同赔偿标准进行赔偿，如表5－12显示了70% ~100%残疾程度且有被抚养孩子情况的残疾赔偿金标准。根据表中所列标准，以一个有着70%残疾程度（被认定），有配偶和两个幼小需要扶养的孩子，且有需要支付前妻赡养费的退役军人家庭为例，其每月免税的残疾赔偿金为：1505.40+55.00+102.00=1662.40美元。

表5－12　退役军人残疾赔偿金标准（70% ~100%残疾程度且有被扶养孩子）（2014年1月1日生效）

单位：美元

残疾程度 / 生活状态	70%	80%	90%	100%
有配偶及被抚养孩子	1505.40	1745.55	1962.34	3134.32
仅有被抚养孩子	1386.40	1609.55	1809.34	2964.82
有配偶、被扶养孩子及一个需赡养父母	1593.40	1846.55	2076.34	3262.21
有配偶、被扶养孩子及两个需赡养父母	1681.40	1947.55	2190.34	3390.10
有被扶养孩子及一个需赡养父母	1474.40	1710.55	1923.34	3092.71
有被扶养孩子及两个需赡养父母	1562.40	1811.55	2037.34	3220.60
每增加一个18岁以下被扶养孩子的增加额	55.00	63.00	71.00	79.17
每增加一个18岁以上被扶养孩子的增加额	178.00	204.00	229.00	255.78
增加的前妻赡养费	102.00	116.00	131.00	146.16

数据来源：美国退役军人事务办公室网页。

残疾赔偿金主要是用于补偿军人因服役致残，导致病情加重或失去工作机会，但除了被认定为10% ~20%残疾程度外，这一赔偿金不是永久配发的。对于残疾程度为30%或更高的退役军人，当其收到军队退役金或伤残遣散费时，这一赔偿金会相应取消。

（2）依赖与弥补性赔偿（DIC）。依赖与弥补性赔偿DIC即死亡抚恤金，也是一种免税性货币福利，提供给因服役受伤、致病而去世的现役军人或退役军人家属的补偿金。已故退役军人和退役军人没有再婚的配偶、18岁以下的未婚子女和就读于退役军人事务部承认学校的18岁到23岁子女以及低收入的父母，都可以获得死亡赔偿抚恤金。

DIC的给付包括给军人配偶与子女的抚恤金、给军人父母的抚恤金。其中给付配偶与子女的抚恤金根据军人配偶是否再婚，军人子女的个数与年龄，DIC的赔偿标准相应设置有很多档；给付军人父母的抚恤金，也根据军人的父母（不仅包括生物学意义上的父母，也包括养父母和继父母）的生存状态不同（如军人父母是否唯一尚存，是否未婚或再婚，是否独居，或与配偶、或年长父母共同生活等）也设置了不同的赔偿标准。表5－13表示了军人父母获得DIC赔偿的一种情况，即唯一尚存父母与未婚或已婚配偶共同生活时能够获得的DIC赔偿金额，表中左列表示受领者的收入限额，右列为相对应的DIC补贴额。

表5－13　父母DIC赔偿标准

（表格一：唯一尚存父母与未婚或已婚配偶共同生活）

（2013年12月1日生效）

单位：美元

每月收入小于等于	每月补贴	每月收入小于等于	每月补贴	每月收入小于等于	每月补贴
800	611	2500	475	4200	339
900	603	2600	467	4300	331
1000	595	2700	459	4400	323
1100	587	2800	451	4500	315
1200	579	2900	443	4600	307
1300	571	3000	435	4700	299
1400	563	3100	427	4800	291
1500	555	3200	419	4900	283
1600	547	3300	411	5000	275
1700	539	3400	403	5100	267
1800	531	3500	395	5200	259
1900	523	3600	387	5300	251
2000	515	3700	379	5400	243
2100	507	3800	371	5500	235
2200	499	3900	363	5600	227
2300	491	4000	355	5700	219
2400	483	4100	347	5800	211

续表

每月收入小于等于	每月补贴	每月收入小于等于	每月补贴	每月收入小于等于	每月补贴
5900	203	6800	131	7700	59
6000	195	6900	123	7800	51
6100	187	7000	115	7900	43
6200	179	7100	107	8000	35
6300	171	7200	99	8100	27
6400	163	7300	91	8200	19
6500	155	7400	83	8300	11
6600	147	7500	75	8374 to **	5.08
6700	139	7600	67	8375 to **	5

数据来源：美国退役军人事务办公室网页。

注：** 表示如果与配偶居住，则为 19344 美元，若没有与配偶居住，则为 14391 美元。

（3）特别赔偿（SMC）。特别赔偿（SMC）也是一项免税的现金福利，可以支付给退役军人、他们的配偶和尚存的父母。特别赔偿 SMC 每月支付的赔偿金额是较高的，主要用于补偿军人在特定环境或特殊任务情况下的致残，以及导致的特定残疾，如健全单手或单腿的损失等，获得者也是需要申请并由军方认定。SMC 认定标准与支付标准和 DIC 一样，也是在认定军人残疾的基础上，根据军人孩子、配偶、父母生存情况分有多种不同的档级。其中有被抚养小孩的退役军人，被认定为各级残疾的情况下每月可获得的 SMC 赔偿，如表 5 - 14 所示。

除以上三种主要的赔偿项目外，美国政府还设置了其他类型的免税性伤残赔偿项目，一旦能证明军人受伤与服役相关，退役军人便可获得相对应的赔偿款项，譬如：

汽车补贴——对失去手、脚或视力的残疾退役军人提供的补贴，帮助其购买助动交通工具；

服装补贴——为残疾退役军人使用假肢或矫形器（包括轮椅）提供的补贴；

疗养福利——因服役受伤而接受外科手术或需要肢体固定的退役军人设置的 1 ~ 3 个月或更长时间的疗养服务；

住院福利——为因服役受伤住院超过 21 天的军人提供的补贴；

表 5－14　　各级残疾程度的 SMC 赔偿（有被扶养孩子状态）

（2014 年 1 月 1 日生效）

单位：美元

残疾程度 / 生存状态	L	L 1/2	M	M 1/2	N	N 1/2	O/P	R. 1	R. 2	S
有配偶及被抚养孩子	3832. 64	4016. 08	4201. 09	4471. 08	4741. 07	5003. 08	5266. 84	7407. 48	8455. 97	3475. 36
仅有被抚养孩子	3663. 14	3846. 58	4031. 59	4301. 58	4571. 57	4834. 46	5097. 34	7237. 98	8286. 47	3305. 86
有配偶、被扶养孩子及一个需赡养父母	3960. 53	4143. 97	4328. 98	4598. 97	4868. 96	5131. 85	5394. 73	7535. 37	8583. 86	3603. 25
有配偶、被扶养孩子及两个需赡养父母	4088. 42	4271. 86	4456. 87	4726. 86	4996. 85	5259. 74	5522. 62	7663. 26	8711. 75	3731. 14
有被扶养孩子及一个需赡养父母	3791. 03	3974. 47	4159. 48	4429. 47	4699. 46	4962. 35	5225. 23	7365. 87	8414. 36	3433. 75
有被扶养孩子及两个需赡养父母	3918. 92	4102. 36	4287. 37	4557. 36	4827. 35	5090. 24	5353. 12	7493. 76	8542. 25	3561. 64
每增加一个 18 岁以下被扶养孩子的增加额	79. 17	79. 17	79. 17	79. 17	79. 17	79. 17	79. 17	79. 17	79. 17	79. 17
每增加一个 18 岁以上被扶养孩子的增加额	255. 78	255. 78	255. 78	255. 78	255. 78	255. 78	255. 78	255. 78	255. 78	255. 78
增加的前妻赡养费	146. 16	146. 16	146. 16	146. 16	146. 16	146. 14	146. 14	146. 14	146. 14	146. 14

数据来源：美国退役军人事务办公室网页。

牙科保健——无论是退役军人福利管理局（VBA）和退役军人健康管理局（VHA）均为退役军人提供了牙科保健与治疗福利，在某些社会医疗保险有限制的情况下，VA 仍可以为退役军人提供广泛的牙科护理待遇；

出生缺陷补偿——对曾在越南或朝鲜参战的退役军人子女，若存在脊柱裂或其他某些先天缺陷，可获得的补偿，根据孩子残疾的程度，VA 每月支付货币赔偿金，以及医疗和专业康复费用；

个人就业补贴——对于因服役致残，无法得到基本报酬标准的工作（经审查）的退役军人提供的就业补贴。

总之，伤害赔偿的宗旨在于对服役军人的职业伤害进行补偿，只要能证明退役军人的病残与服役相关，都可以依据美国法典要求赔偿，赔偿额度随物价指数每年修正，赔偿条款也会随实际情况而及时地进行调整。

2. 退役金。退役军人事务部负责向退役军人及有资格的家属发放退役金、退休金和各类赔偿金。

（1）退役金：指服现役不满 20 年的军人作退役处理时，可领取的一次性退役费，具体计算方法是以年基本工资的 10% 乘以军龄。

（2）退休金：服现役满 20 年的军官退休后，按军龄衔级领取退休金。军官的养老金或退休金为退役前最后一月的基本工资，或退役前三年基本工资的平均数（称为 high - 3）的 50% 计算，大于 20 年的每超过 1 年递增 2.5%，但最高不超过基本工资的 75%。对 1986 年 8 月 1 日以后入伍的军官（REDUX），由于已经领取了 3 万美元的在职红利，其退休金的计算略有不一样。军官的退休金实行与物价指数 CPI 挂钩的原则，保证退休军官的生活水平基本不下降。

（3）除了退役金和退休金，美国政府还通过 VA 为低收入的参战退役军人提供补偿退休金。补偿退休金是一种免税货币性福利，目的在于保障年老、伤残的退役军人及其家庭的生活水准，申请者的基本要求为：服役期间曾参加过激烈的军事活动达 90 天或 90 天以上，且参加战争至少一天，因正当理由而退役，除此外，还必须满足下列条件之一：

1）65 岁及以上；

2）完全或永久性残废；

3）在疗养院接受专业护理保健的患者；

4）领取社会残障保险；

5）领取保险救济收入。

并且申请者家庭年收入必须低于由国会设定的退役军人退休金金额。譬如一位退役军人的所有年收入加上其配偶的收入总和为10855美元，低于美国国会规定的退役军人年收入限额13855美元的标准（2005年12月1日生效），若退役军人符合上述的各项条件，则可以申请得到VA的补偿退休金3000美元（13855美元-10855美元=3000美元），这3000美元将按月分期支付。

在这个例子中，如果退役军人家庭年度总收入超过13855美元，那么该家庭在这一年就没有资格得到VA的补偿养老金。退役人员可以在家庭年度总收入低于限额的任何时候再重新申请。

3. 教育福利。教育福利是美国现役军人和退役军人都能享受的一项福利，对于现役人员，享受教育福利可以提高军人素质，对于退役人员，则可以便于实现军事职业向国民职业的过渡，提升就业竞争力。美国政府为军人设立的教育福利项目繁多，覆盖各种培训类型、培训领域和培训情况，总的来说，目前美国军人所享有的教育福利主要包括《后9.11军人权利法案》、《蒙哥马利GI法案》（Montgomery GI Bill）、退役军人教育资助计划（veterans educational assistance program，VEAP）等三项，其他众多福利项目多是这三项福利覆盖范围的延伸。

（1）《后9·11军人权利法案》（Post-9/11 GI Bill，简称Post-9/11）。Post-9/11福利覆盖对象是2001年9月10日后参军入伍的人员（下称后9/11人员），包括现役人员、荣誉退役人员，以及符合条件的残疾退役人员，它可提供长达36个月的教育福利，军人可在教育计划启动的15年内分期享受这一福利，这些教育福利主要有：

直接向学校支付的学费（不超过公共高等教育机构所在州的最高学杂费标准）；

每月的房租补贴（现役人员没有）[①]；

每年高达1000美元的书本学杂费补贴；

向居住在偏远乡下地区的特定个体一次性给予的500美元补助。

Post-9/11教育福利可广泛用于函授培训、创业培训、飞行训练、独立和远程学习、高等院校本科和研究生学位的院校学习、牌照的审批报销、职业/技术培训、非大学学位课程、国家检测报销、在职培训等方面，

① 学费与住房补贴与物价挂钩，每年按比例调整。

法案本身包括三个项目，为接受者提供最大的受益可能。

一是黄丝带项目：为 VA 与高等院校之间的针对退役军人教育学费的协议。对于选择上私立学校的人员，若学费高于所在州公立学校学费，只要该学校参加了黄丝带项目，受益人可免费申请学费的增加，最高可得到每学年 20235.02 美元的学费（2014 年 8 月 1 日——2015 年 7 月 31 日标准）；

二是福利转让权利：现役或退役军人可选择将此项教育福利转让给自己的子女、配偶使用；

三是海军军士约翰·戴维·弗莱奖学金，为 2001 年 9 月 10 日之后服役丧生人员的子女和家属设立，可提供学费、住房补贴和书杂费。

（2）《蒙哥马利 GI 法案》（Montgomery GI bill）。《蒙哥马利 GI 法案》是一项由国防部和士兵共同参与、在服役期间筹资、用于退役后就学的资助项目。该法案的具体规定是：凡 1985 年 6 月 30 日以后入伍的美军士兵，除非本人声明不参加，均在服役期的第 1 年内，每月交纳 100 美元，从薪金中直接扣除，12 个月交满 1200 美元，作为之后上大学的助学基金。士兵正常退役后的 10 年内如果进大学深造，进技校或职业学校学习，或者从事函授学习、在职培训和飞行训练等，均可享受连续 36 个月的助学金，即等值于 36 个月的全日制教育资助。

从 2001 年开始，蒙哥马利 GI 法案新添了额外的资助政策，如资助学费可转让——允许被资助人将其服役所得到的教育资助给一个子女或更多的子女来使用；添值（top - up）计划——可以为大学学费总额与军队固定资助学费之间的差额提供额外的付款；加速付款计划——如果被资助者因想获得一份与高新科技相关的工作而进行培训，可提出一次总额为 6000 美元的加速付款申请，不必每个月领取资助；拓展老兵优惠计划——可以使退役老兵的权益与蒙哥马利 GI 法案中新添的一些法案进行对接转换，直接转换为总额达到数万美元的教育资助；等等。

（3）退役军人教育资助计划（veterans educational assistance program, VEAP）。VEAP 是按照“1∶2”的方式提供资助，即退役军人每缴纳 1 美元，退役后可得到 2 美元的教育资助。这项计划所提供的教育培训种类与蒙哥马利 GI 法案所提供的类似，计划的有效期是 10 年，从退役军人离开部队的时候算起。

4. 就业扶持。每年美国都有大量军人退出现役，据美国劳工部门统计，2013 年美国有 16 万现役成员和 11 万后备和国民警卫队成员退出现役。对于退役军人，美国政府首先在法律上保障其就业权。1994 年美国通过《退役军人就业和再就业权利法》，1998 年美国通过《退役军人就业机会法》，在法律条文上明确保障退役军人就业的各项权利，规定退役军人拥有优先就业权。

其次，美国政府依托 VA 具体负责退役军人的就业工作，以就业扶持与自主就业相结合，帮助退役军人接受教育和培训，重新融入平民生活。VA 承担了主要的退役军人再就业工作，为退役军人提供职业康复和过渡时期援助计划（vocational rehabilitation and the transition assistance program，TAP），负责进行退役培训，向退役人员介绍各项福利政策，包括退役教育福利项目与规定、医疗卫生保健服务和方案、申请残疾赔偿金规定和程序、人身保险项目和住房贷款福利的各项信息，以及 VA 所能提供的职业康复和就业信息与咨询服务；同时实施退役军人就业跟踪服务（vocRehab veteran employment tracks），为退役军人提供职业康复辅导员（vocational rehabilitation counselors，VRCs）和就业协调员（employment coordinators，ECS），帮助退役军人制定就业目标和职业康复计划，最终找到有意义的，可持续的发展事业；VA 还开发了名为 Career Scope 的职业评估工具，免费向所有符合条件的退役军人提供职业兴趣和性向评估，指导退役军人应该关注什么样的课程或培训项目从而进入感兴趣的职业领域，帮助军人确定过渡到平民生活的最佳职业发展道路。目前这一工具已在退役军人中广泛地被使用。

除了 VA 的大量工作与服务，美国政府还出台各种规定，要求各退役军人管理机构配合，做好退役军人的职业技能培训，并扩大退役军人的就业渠道。如美国军校在教学中，就注意调整课程设置，加强军事单位和地方院校的协作，鼓励现役军人取得军地通用的职业技能证书；美国劳工部退役军人就业培训局（VETS）通过退役军人国家基金项目向合格的退役军人提供帮助，向残疾、生活贫困、教育程度较低、无家可归以及拥有就业障碍的退役军人提供集中服务，或直接与雇主进行接触，鼓励用人单位雇佣退役军人以及残疾退役军人，为退役军人增加就业机会，帮助退役军人重新就业；美国国防部还与教育部合作设立了“退役军人当教师”的计划，为退役军人再就业提供良好的就业途径；此外，国防部文职系统中历来就有优先招收退役军人的规定，还规定联邦政府雇佣的退役军人遇裁员时，有保留工作的优先权；服役前已经被雇佣的，允许其退役后回到原工作岗位；美国政府还以争取联邦政府合同占优势为条件，鼓励私营企业更多地雇佣退役军人。

5. 医疗福利。退役军人事务部 VA 下属退役军人健康管理局（Veterans Health Administration，VHA），是美国最大最系统的医疗保健系统，由 150 个医疗中心，近 1400 个社区门诊，社区生活中心，老兵中心和军人之家，拥有超过 53000 个独立许可证的医疗保健从业者为每年超过 830 万退役军人提供全面的照顾①。凡服过兵役，正常退役（不荣誉退役除外）的退役军人都可享受 VA 提供的医疗福利和服务。

（1）退役军人健康管理局（VHA）。VHA 与 TRICARE 是两套医疗福利系统，分别为退役人员和现役人员提供医疗保健服务。在退役人员中，退休人员依然归属于 TRICARE 系统，可以继续享受 TRICARE 系统的主要医疗福利，并获得 VA 的某些特定福利；对于因伤残等原因提前退役的人员，则归属于 VHA，主要享受 VHA 提供的医疗福利，以及部分特定的 TRICARE 系统福利。

VHA 医疗机构提供广泛的服务，包括传统的以医院为基础的服务，如手术，重症监护，心理健康，骨科，药房，放射科和理疗，也包括先进的如器官移植和整容手术等服务，服务范围涉及预防保健、健康促进与疾病预防、住院医疗、帮助诊断或治疗的辅助服务、专业护理服务、急救护理、精神保健以及临终关怀和家庭健康护理等其他服务。

VHA 医疗机构能调动全国各个地区的医疗中心和诊所，以地区保障为主，为当地的退役军人构建地区医疗保障系统（healthcare system，HCS），为退役军人提供就近医疗服务。它可以利用超过 800 个的以社区为基础的门诊（community - based outpatient clinics，CBOC），为退役军人提供最常见的门诊服务，包括健康和保健的访问，减少频繁前往大医疗中心的麻烦；VHA 拥有 135 个社区生活中心（community living centers，CLC），CLC 是专业护理机构，通常被称为养老院，为老年痴呆症的退役军人提供生命最后阶段的安慰和照顾；VHA 还拥有 48 个军人之家，为遭受心理、职业、教育或社会问题和疾病的退役军人接受广泛医疗提供安全温馨的环境；同

① 赵晓宇．美军平时医疗保障及其改革研究［D］．中国人民解放军军事医学科学院，2013：5.

时，VHA 在五十个州还管理有 278 个以社区为基础的老兵中心，向退役军人提供个人的、团体的以及家庭的适应咨询服务，帮助他们解决战后创伤性应激障碍以及因战争创伤而引起的影响家庭、工作、学校或其他领域正常生活的其他问题，对于在战争中牺牲的军人家属，退役军人活动中心也向他们提供心理咨询服务。

（2）退役健康注册。VA 设有退役健康注册制度，要求退役军人必须要进行健康注册申请。VA 根据申请对退役军人的资格进行审查、验证、分类，将注册的退役军人分为不同等级的优先群体，以便于合理安排医疗保健资源并尽量满足各个群体的医疗保健需求。

除去符合基本条件的退役人员，VA 给予一些退役人员加强的资格，如：战争的前囚犯（a former prisoner of war）；收到紫心勋章或荣誉勋章人员；被 VA 认定 10% 以上服役伤残人员或灾难性残疾人员；收到 VA 退休金人员；因残疾等各种原因离开军队人员；在战区驻扎过人员；近几年家庭收入低于 VA 认定的最低值者。对不同资格人员，VA 根据不同的军人权利法案，确定其应享有的福利，并为每个退役人员制订个性化的退役军人手册，明确他们所能享受的医疗福利与服务。

除了申请注册，退役军人还需要申报家庭收入，以便 VA 确定其享受医疗服务和治疗费用时应承担的共同付费责任①。2014 年 3 月 24 日以后，VA 可通过国内收入署（IRS）和社会保障局（SSA）获得注册退役军人的收入信息，无需申请者另填表格。经过 VA 审查注册后，退役军人就可以在全国任何地区的退役军人医疗保健机构接受健康护理。

（3）其他医疗保障。除了 VHA 提供的医疗保障服务外，退役军人还可以享受由联邦资金资助的医疗保险，该保险是针对 65 岁以上人群，或 65 岁以下有特定残疾者，或任何年龄段的晚期肾病患者；和州政府为符合法律规定的低收入群体设立的医疗补助，一般而言，有资格获得医疗补助的退役军人也可不支付 VA 保健系统的共同付费项目（copays）。

（4）退役军人的家庭成员福利。VA 通常不对于退役军人的家庭成员提供保障服务，因此 VA 鼓励退役军人保持一定的私人健康保险。但在某些情况下，退役军人的家庭成员有资格获得健康福利。这些福利项目包括

---

① 共同付费（copays）：在享受若干免费医疗服务的基础上，对于退役军人家庭收入超过 VA 收入限额者，必须签署同意共同付费项目（如门诊、住院、延续护理、药物等）的医疗服务，才能成为合格的 VA 医疗服务保障者。

平民健康和退役军人事务部医疗计划（civilian health and medical program of the department of veterans affairs），脊柱裂项目（spina bifida healthcare program），女性越战退役军人的子女项目（children of women vietnam veterans（CWVV）program），国外医学计划（foreign medical program）和家庭照顾服务项目（caregiver program）①，这些福利项目可以为退役军人家庭节省医疗用品及费用。

（5）女性退役军人的卫生保健。对于女性退役军人，每个 VA 医疗中心都有女性退役军人项目经理，负责向女性成员提出与建议与引导，帮助她们接受慢性疾病或生殖健康方面的初级保健到专业服务。

VA 为女性退役军人提供的初级保健医疗服务有基本保健、心理健康保健和军中性伤害的疗愈。针对女性退役军人的基本保健包括健康评估、辅导、预防疾病、营养咨询、体重控制、戒烟，和药物滥用辅导和治疗，以及女性初级保健，如子宫颈癌检查（巴氏涂片）、乳腺癌症检查（乳房 X 光检查）、节育、孕前咨询、人类乳头状瘤病毒（HPV）疫苗注射，更年期支持（激素替代疗法）等；心理健康包括应对事件的评估和援助，如抑郁、焦虑症、家庭暴力、性创伤、婚姻，照顾者或家庭有关的压力和调防后的心理调整或创伤后应激障碍（post - traumatic stress disorder , PTSD）；军中性创伤（military sexual trauma，简称 MST）则是当女性（包括男性）在服役期间遭受重复的性骚扰或性侵犯后，VA 为在 MST 中遭受生理和心理伤害的女性免费提供保密的心理咨询和身体治疗。

VA 为女性退役军人提供的专业医疗服务包括慢性疾病管理和监测，生殖保健，以及各种康复疗法。慢性病包括心脏疾病、糖尿病、癌症、腺症、骨质疏松症、纤维肌瘤，以及性传播疾病（艾滋病和肝炎）等；生殖保健包括孕产妇保健、不孕不育的评估和有限治疗、输卵管结扎、尿失禁（体外受精或人工流产服务依立法要求被禁止）等；康复疗法包括物理治疗、职业治疗、运动治疗，娱乐治疗等。

---

① 家庭照顾服务项目（caregiver program）：根据《2010 年护理者和退役军人总括健康服务法》，VA 通过了综合援助的家庭护理者新方案，为严重受伤的后 9/11 退役人员提供家庭护理。接受服务者必须是在 2001 年 9 月 11 日或以后遭受了严重的伤害——包括脑外伤，精神创伤或其他精神疾病，无力进行个人护理的退役人员。该项目为有资格的后 9/11 退役军人和现役军人提供家庭护理援助，该项目服务包括：提供给被护理者的每月津贴；提供给护理者陪伴退役军人接受治疗的住宿与津贴；卫生护理保险（如果根据卫生计划，护理者尚未有资格进行护理或服务）；心理健康服务和咨询；VA 护理者培训培训；每年不少于 30 天的临时护理。

6. 保险福利。目前，美国退役军人享有的保险福利主要有退役军人团体人寿险（veterans group life insurance，VGLI）、伤残军人服务保险（S－DVI）和退役军人按揭寿险（VMLI）等。

（1）退役军人团体寿险 VGLI。退役军人团体人寿保险计划 VGLI 是美国政府为退役军人设置的最主要的保险，于 1974 年 8 月 1 日正式启动。VGLI 与 SGLI 是前后衔接的，参加军人团体人寿保险计划的军人在退役后经申请即可转入到退役军人团体人寿保险计划中来。如果退役军人在离开部队后的 120 天内提出申请的，无需体检只需缴纳初期保险费即可成功转换；如果超过 120 天的，在一年内只要提供可保性证明并缴纳初期保险费也可成功转为退役军人团体人寿保险。由于退役军人集体人寿保险只提供 5 年期可续订的保险，它只提供暂时的保护，所以鼓励退役军人在 5 年期到来之前将退役军人集体人寿保险转换成永久个人保险，两种保险费的差额由退役军人事务部提供补贴。从 2005 年 9 月 1 日起，退役军人团体人寿保险的最高保额增加到 40 万美元。从 2011 年 10 月 1 日开始，退役军人团体人寿保险的参保人凡不满 60 岁且没有达到最高保额的，可以每 5 年向其保费中增加 25000 美元，但不得超过最高保额。见表 5－15。

表 5－15　美军退役军人团体寿险月支付率（2014 年 7 月 1 日生效）　单位：美元

保额	29 岁以下	30～34 岁	35～39 岁	40～44 岁	45～49 岁	50～54 岁	55～59 岁	60～64 岁	65～69 岁	70～74 岁	75 岁及以上
400000	32.00	40.00	52.00	68.00	88.00	144.00	268.00	432.00	600.00	920.00	1840.00
390000	31.20	39.00	50.70	66.30	85.80	140.40	261.30	421.20	585.00	897.00	1794.00
380000	30.40	38.00	49.40	64.60	83.60	136.80	254.60	410.40	570.00	874.00	1748.00
370000	29.60	37.00	48.10	62.90	81.40	133.20	247.90	399.60	555.00	851.00	1702.00
360000	28.80	36.00	46.80	61.20	79.20	129.60	241.20	388.80	540.00	828.00	1656.00
350000	28.00	35.00	45.50	59.50	77.00	126.00	234.50	378.00	525.00	805.00	1610.00
340000	27.20	34.00	44.20	57.80	74.80	122.40	227.80	367.20	510.00	782.00	1564.00
330000	26.40	33.00	42.90	56.10	72.60	118.80	221.10	356.40	495.00	759.00	1518.00
320000	25.60	32.00	41.60	54.40	70.40	115.20	214.40	345.60	480.00	736.00	1472.00
310000	24.80	31.00	40.30	52.70	68.20	111.60	207.70	334.80	465.00	713.00	1426.00
300000	24.00	30.00	39.00	51.00	66.00	108.00	201.00	324.00	450.00	690.00	1380.00
290000	23.20	29.00	37.70	49.30	63.80	104.40	194.30	313.20	435.00	667.00	1334.00
280000	22.40	28.00	36.40	47.60	61.60	100.80	187.60	302.40	420.00	644.00	1288.00

续表

保额	29 岁以下	30 ~ 34 岁	35 ~ 39 岁	40 ~ 44 岁	45 ~ 49 岁	50 ~ 54 岁	55 ~ 59 岁	60 ~ 64 岁	65 ~ 69 岁	70 ~ 74 岁	75 岁及以上
270000	21.60	27.00	35.10	45.90	59.40	97.20	180.90	291.60	405.00	621.00	1242.00
260000	20.80	26.00	33.80	44.20	57.20	93.60	174.20	280.80	390.00	598.00	1196.00
250000	20.00	25.00	32.50	42.50	55.00	90.00	167.50	270.00	375.00	575.00	1150.00
240000	19.20	24.00	31.20	40.80	52.80	86.40	160.80	259.20	360.00	552.00	1104.00
230000	18.40	23.00	29.90	39.10	50.60	82.80	154.10	248.40	345.00	529.00	1058.00
220000	17.60	22.00	28.60	37.40	48.40	79.20	147.40	237.60	330.00	506.00	1012.00
210000	16.80	21.00	27.30	35.70	46.20	75.60	140.70	226.80	315.00	483.00	966.00
200000	16.00	20.00	26.00	34.00	44.00	72.00	134.00	216.00	300.00	460.00	920.00
190000	15.20	19.00	24.70	32.30	41.80	68.40	127.30	205.20	285.00	437.00	874.00
180000	14.40	18.00	23.40	30.60	39.60	64.80	120.60	194.40	270.00	414.00	828.00
170000	13.60	17.00	22.10	28.90	37.40	61.20	113.90	183.60	255.00	391.00	782.00
160000	12.80	16.00	20.80	27.20	35.20	57.60	107.20	172.80	240.00	368.00	736.00
150000	12.00	15.00	19.50	25.50	33.00	54.00	100.50	162.00	225.00	345.00	690.00
140000	11.20	14.00	18.20	23.80	30.80	50.40	93.80	151.20	210.00	322.00	644.00
130000	10.40	13.00	16.90	22.10	28.60	46.80	87.10	140.40	195.00	299.00	598.00
120000	9.60	12.00	15.60	20.40	26.40	43.20	80.40	129.60	180.00	276.00	552.00
110000	8.80	11.00	14.30	18.70	24.20	39.60	73.70	118.80	165.00	253.00	506.00
100000	8.00	10.00	13.00	17.00	22.00	36.00	67.00	108.00	150.00	230.00	460.00
90000	7.20	9.00	11.70	15.30	19.80	32.40	60.30	97.20	135.00	207.00	414.00
80000	6.40	8.00	10.40	13.60	17.60	28.80	53.60	86.40	120.00	184.00	368.00
70000	5.60	7.00	9.10	11.90	15.40	25.20	46.90	75.60	105.00	161.00	322.00
60000	4.80	6.00	7.80	10.20	13.20	21.60	40.20	64.80	90.00	138.00	276.00
50000	4.00	5.00	6.50	8.50	11.00	18.00	33.50	54.00	75.00	115.00	230.00
40000	3.20	4.00	5.20	6.80	8.80	14.40	26.80	43.20	60.00	92.00	184.00
30000	2.40	3.00	3.90	5.10	6.60	10.80	20.10	32.40	45.00	69.00	138.00
20000	1.60	2.00	2.60	3.40	4.40	7.20	13.40	21.60	30.00	46.00	92.00
10000	0.80	1.00	1.30	1.70	2.20	3.60	6.70	10.80	15.00	23.00	46.00

数据来源：美国退役军人事务办公室网页。

（2）服务伤残军人保险 S - DVI。服务伤残军人保险 S - DVI 为退役军人提供了各种永久性的和定期保险，参保人要求必须是 1951 年 4 月 25 日之后退役（以非不名誉退役者除外），有与服役相关的伤残，且在收到相关残疾证明通知后的两年内进行申请。

S－DVI保险保费取决于投保人的年龄，计划类型（长期或永久），以及保险额度。如果退役军人有着基本的S－DVI保险，并且被认定为全残，则可以豁免保费。

（3）退役军人按揭寿险（VMLI）。退役军人按揭人寿保险（VMLI）是抵押贷款保障保险，可以帮助重度残疾现役军人或退役军人的家属在军人死亡时还清住房抵押贷款。

VMLI只适用于因服役而严重致残的现役军人和退役军人，主要用于被保人员建立、改造特别改装的房屋（specially adapted housing），或按揭购买普通住房。

从2011年10月1日起，这项VMLI保险的最高保额将从原来的9万美元增加到15万美元，到2012年1月1日的时候，最高保额将再次增加到20万美元。从2002年12月6日起，退役军人抵押人寿保险不再有年龄限制。保险将仅支付给抵押贷款公司，这项保险将在抵押偿清，住房售出时自动终止。如果抵押做出售处理的话，用另一所房子做抵押也可以获得退役军人抵押人寿保险。退役军人抵押人寿保险的保险费从退役军人获得的福利补偿金中自动扣除，如果没有领取该补偿金的则直接支付[①]。

7. 房屋贷款。美国政府为本国退役军人在本土直接贷款（the native american direct loan，NADL）购买、建造或改善住房提供低利率贷款。作为一种福利，该项贷款利率仅为4.0%（VA根据市场利率的波动，适时进行调整），无首付，无需私人抵保险，有最高交易费用限制，可提供30年期的固定利率，最高贷款额可达417000美元（对某些高物价地区贷款限额可提高）。

符合条件的贷款人需要支付筹资费用的1.25%作为贷款使用费，但如果贷款人为正在接受VA支付残疾赔偿金，或尚未收到退役金的残疾退役人员，或是残疾军人配偶和死亡军人配偶，可免去贷款使用费。

房屋贷款可重复申请，再次申请时，贷款利率上浮0.50%。

8. 政治福利。美国向退役军人提供物质福利保障的同时，也从精神层面对军人曾经作出的贡献予以肯定。如军人退休时均举行相应的仪式，在

① 凯瑟·波恩（美）. 美国陆军军官手册［M］. 北京：解放军出版社，2003.

退休仪式上，高级军官有机会被授予荣誉证书和勋章。同时，退休军官的名单将被刊登在军报上。通过这些活动，对军人几十年的辛勤工作给予肯定，使他们退休时有一种荣誉感、义务感和责任感。

同时，美国政府还从社会角度给予退役军人服役补偿。如：

立法确定纪念节日：将每年的11月11日（一战停战日）定为退役军人节。在这一天，上到美国总统，下到普通的美国国民都会通过各种方式表达对退役军人的敬意。

通过各种方式纪念战争英雄和老兵贡献：如美国政府拨巨款修建和维护阿灵顿国家公墓、葛底斯堡国家公墓、越战纪念碑、韩战纪念碑等，这些场所中不论纪念碑还是墓碑，都列有将士姓名，并按州及姓名字母顺序排列，方便查找。这些地方成为象征美国军人荣誉、责任和美国精神的场所。2000年，美国国会设立“退役军人历史档案项目”，向历次战争中服役的军人表达敬意，整理他们的亲身战斗经历、故事，以此来保存美国历史的这一篇章。

政府主导寻找战争失踪人员工作：美国国防部专门设有战俘及战斗失踪人员联合调查司令部（Joint POW/MIA Accounting Command ，JPAC），主要负责搜索历次战争中阵亡或失踪美军士兵遗骸。美军承诺“带每个人回家”，所以这项工作自越战开始以来从未停止过，全球范围内的搜索一直都在进行。

从1993年到2005年，美朝在朝鲜境内进行过32次联合挖掘，共挖掘出美军遗骸220多具。为在朝鲜境内挖掘朝鲜战争的美军遗骸，美国已向朝鲜支付了近3000万美元①。迄今为止，JPAC在越南的搜寻工作可能最为成功。1973年，美越双方在越战结束后的《巴黎和平协议》上签字约定：“相互合作寻找战争中失踪的士兵遗骸。”截至2014年年初，JPAC已经从越南战场上找回了约1000名失踪的美国军人②。

对于这些职业激励性保障措施，美国政府通过严明的法律体系及司法求助体系来确保其有效执行。美国军人各项薪金与福利待遇在《美国法典》第37卷、38卷中都有明确规定。《美国法典》第37卷“军职部门的薪金与津贴”部分包括12章内容，对军人的基本薪金、特别薪金和资金、

① 马金鸽．美国退役军人社会保障制度研究及其对我国的启示［D］．武汉：武汉科技大学，2011：10.

② 王书峰．美国退役军人教育资助政策形成与变迁研究［D］．北京大学，2007：118～119.

津贴、特殊补贴，以及报酬计算方法、计算标准、发放时间、拨用与分配等做了详细的规定；第 38 卷“退役军人福利”部分包括 6 章内容，对退役军人的权利与福利待遇，包括对残疾退役军人的康复活动也制定了详细的规定与指导原则，上述这些薪金福利待遇规定都可在这些法律条文中找到出处。这些法律规定会根据实际情况的变化定期修改完善，如赔偿额度随物价指数每年修正，赔偿条款也会随实际情况而及时地调整，并及时在国防网站上公布。经过若干年的积累，有关美国退役军人福利保障的法律体系纷繁复杂，对军人的保障也日趋完善。

除了在法律上对保障条款进行明确规定外，美国政府还设置了一套较为完善的权利救济体系，让退役军人的各项权利受到侵害时，可以通过侵权诉讼等方式获得行政救济和司法救济。所以美国军人高度职业化的背后有着高度法制化的法律体系与司法救助体系。

第三节 稳 定 性

美国军队系统内稳定持续的等级差别工资、严格的军官衔级管理制度，以及规范的军官培养制度都是保证美国职业化军官群体稳定的重要因素，从而使美军人员数量与结构波动幅度很小。

一、激励长期服役的等级差别工资

内部劳动力市场的特点是长期雇佣、内部晋升和等级工资。等级工资制将工资分成若干级别工资段，在每一工资段内又包含了从最低到最高的若干工资等级，是一种工资与工作岗位相挂钩的工资制度。在长期雇佣的预期下，差别工资对雇员具有激励功能：首先，工资等级的差距意味着体制内对不同性质劳动付出的认定，可激励雇员按照体制的要求，通过努力工作或学习积累专用性人力资本，将低端劳动付出向高端劳动付出转化；其次，同一工资段内不同工资等级，是对同一劳动包含不同劳动经验的认定，也可激励雇员长期稳定地在同一岗位上付出劳动，从而有助于人员的稳定。

职业化的本质是社会分工专业化，对不同专业分工劳动的差别认定是衡量职业化水平高低的一个指标。

由表5-3可见，美国军队从士兵、准尉到军官的基本工资体系共分为27级，525档，体现了军队薪酬的精细化管理。

从表3还可看出，军队每一级别的工资都随军龄的延长而增长，军官每一等级同档位的递增率变化不大，但累积增加后，最高级军官（上校）与最低级军官（少尉）之间的工资差距是比较大的。

美国传统价值观注重个人能力的体现，要求职业劳动报酬能对不同能力者的表现予以认定，这种价值倾向也体现在军队基本工资的设计中。早在1789~1799年间，美国国会就通过了一系列专门立法，确立了美军基本工资福利体系，确定了较大的等级工资差距。

以最高级军官与最低级军官的基本工资对比衡量职业军官的等级工资差距，根据表5-3，可算出工资差距系数γ：

$$\gamma=\frac{\text{刚入职上校基本工资}}{\text{刚入职少尉基本工资}}=\frac{16072.20}{2905.20}\approx 5.53$$

根据美军历年工资表数据计算工资差距，可看出从1991年起，美军等级工资差距在14年间始终固定在$\gamma=5.53$。这种稳定的等级工资差距将美国价值观的非正式规则转化成美军职业制度规范的正式规则，保证了国防军职部门内部劳动力市场的连贯性，使军队职业薪酬制度循着规范、严谨、稳定的路径演化，增强了职业军人对晋升目标的可置信力，对军人的长期服役起着正向激励作用。

二、明确而稳定的军官衔级制度

美国军队建有严格的军官衔级制度，对军队的职务等级、技术等级以军衔高低进行区分，并通过军衔来确定军官的身份地位，体现国家给予军官的荣誉。

与世界通行做法相同，美国军官军衔等级划分为将官、校官、尉官三等，共有11个级别。其中将官分为：五星上将、上将、中将、少将、准将5级；校官分为：上校、中校、少校3级；尉官分为：上尉、中尉、少尉3级。陆军、海军、空军、海军陆战队还设有准尉军官。准尉军官是介于军官军衔与士兵军衔之间的一个等级，指拥有高度专业化技能的军官。准尉只能在其专业领域内发展，不能晋升为少尉以上军衔，按照单一序列晋升。陆军和海军陆战队准尉分5级，海军和空军准尉分4级①。

美国军官总数由美国国会根据部队总规模决定，各级军官人数也以编制军衔的形式加以限定，不得随意突破；各级军官的比例由国防部以条例的形式加以规定，必须严格执行。因而，美军军官队伍结构相对稳定，各级军官比例人数相对固定。美国现役军官各级人数及比例见表5－16及图5－1所示。

表5－16　　美国现役军官各级人数及比例（2012年）

军种 衔级	陆军（人）	军官比例	海军（人）	军官比例	空军（人）	军官比例	海军陆战队（人）	军官比例	备注
0－10	11	0.013%	11	0.021%	14	0.022%	4	0.020%	
0－9	51	0.062%	39	0.603%	44	0.068%	21	0.107%	
0－8	120	0.145%	65	1.005%	99	0.152%	32	0.163%	
0－7	133	0.161%	119	1.841%	147	0.226%	34	0.173%	
0－6	4373	5.298%	3273	6.383%	3580	5.506%	687	3.490%	
0－5	9985	12.097%	6708	13.083%	10039	15.440%	1923	9.769%	
0－4	17405	21.087%	10602	20.678%	14548	22.375%	3906	19.844%	
0－3	28331	34.325%	17359	33.856%	22170	34.097%	6909	35.100%	
0－2	13004	15.755%	6632	12.935%	7472	11.492%	3657	18.579%	
0－1	9125	11.056%	6465	12.609%	6907	10.623%	2511	12.757%	
合计	82538		51273		65020		19684		218515

数据来源：美国国防部DMDC数据。

注：

1. 准尉军官晋升为单一系列，不在表中统计范围；

2. 比例数为整理计算。

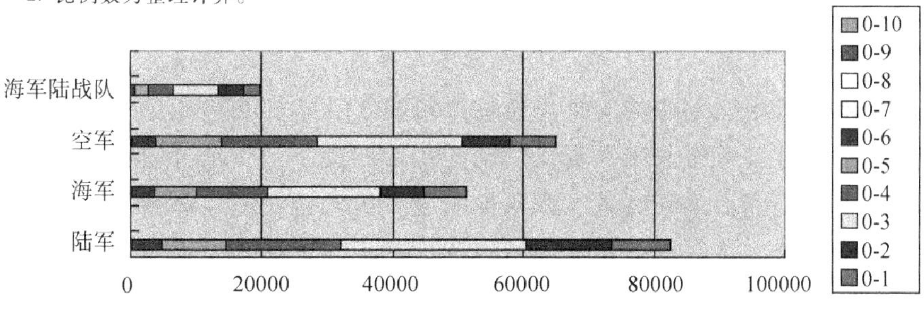

图5－1　美国军种各级军官人数比例

① 美国法典，http：//uscode.house.gov/browse.xhtml.

从表 5－16 可看出，横向比较美国各军种军官人数，军官比例大致相当：尉级各级军官比例约为 10.623% ～35.1% 左右，校官各级比例约为 19.844% ～6.383%，而将官各级比例仅为 1.841% ～0.013% 左右；纵向比较各级军官比例，美军军官结构呈现“类金字塔”型。以陆军军官为例，尉官占陆军总人数的 61.136%，校官占到 38.482%，将官占到 0.381%。少尉军官和中尉军官的相对人数显得较低，使得相对人员数据分布呈现“类金字塔”型，原因在于少尉、中尉的晋升要快于上尉的晋升。

对尉级军官来说，服役任务主要是通过院校训练与教育、担任连队指挥官或初级参谋等过程，来理解和管理各军种的日常活动，为鼓励军官们迅速成长，从少尉到上尉的晋升衔龄往往只需 1.5 ～2 年左右，因而尉官晋升速度较快；到校官阶段，军官们往往已经确定在军内的职业类别，并要经历各种任职。为达到军官充分任职的目的，这一阶段的晋升衔龄标准提高到 3 年以上，同时晋升考核中体现出更高的责任意识和领导能力要求。由于校级军官升职速度低于尉官，使得存量状态的校官占到军队的绝大部分比重。

作为精英中的精英，将官是美国军官体系中的“塔尖”。对于五星上将，美国国会规定，此军衔只在战时授予。美国第一次授予五星上将军衔是在 1919 年，最后一次是 1951 年。自 1981 年最后一名五星上将去世以后，美国将官中至今无五星上将。在美国历史上，被授予五星上将军衔的高级指挥官总共只有 10 名，且只有陆、海、空军有五星上将，海军陆战队的军衔中没有这一衔级。对于晋升四星上将与准将衔级，《美国法典》对各军种现役将官的比例人数作了严格规定，各军种未经批准不得随意超编超配将级军官。由于工作任务需要增加现役将官的，一律要在法定的编制总数内调剂解决；将官的晋升程序，通常要经过总统提名，国会或参议院审定，各军兵种的将官通常是“退”“晋”相当，因此各军种将官比例水平固定。

美军军官衔级结构的安排是通过严格的晋升条件和确定的晋升比例得以实现。在这种等级分明，责任明确的军衔制度下，少数具有卓越领导能力和责任承担能力的精英进入军队最高层，成为整个职业体系的中低层军官进取的典范。军队价值观、军队传统、军队准则等都是通过正式的法律规范体现出来。美国军队职业素养——领导力形成的重要制度安排成为美军职业化成功的原因之一。

三、规范合理的职业培养与发展制度

(一) 美国军官职业生涯模式

与美国军衔制度相对应，美国军官的职业生涯也是按照尉官到校官，再到将官的模式展开，大多数的美国军官会经历尉官到校官的职业经历。美国军官服役期开始于未任职期的兵种选择。一旦被任命，军官就被指派到一个基本兵种，服役就此开始，军官需要参加其所在兵种的基础课程教育和训练。所有军官都需要把最初的8年用于取得所在兵种任职的资格。

美军各军兵种军官不管通过哪种渠道加入军队，都要经过各类军官学校和预备军官学校的教育和训练。如美国陆军主要接受美国陆军军官学校、学员司令部下属的后备军官训练团（总部设在弗吉尼亚州的门罗堡）以及设在佐治亚州本宁堡的候补军官学校的教育和训练；海军陆战队主要接受海军的后备军官训练团、预备军官学校、安纳波利斯海军军官学校等的教育和训练；空军则由位于科罗拉多州的著名的美国空军学院负责教育和训练。军官在这些训练机构的每种经历为其在各自军种服役奠定了重要的基础。

1. 尉官阶段。凡从军官院校毕业，学员均被授予少尉军衔（地方院校毕业学员同）。从少尉到少校的服役期包含两个阶段：中尉和上尉。在这个职业阶段，指挥能力培养是领导才能培养的重要方面，因此，尤其要求作战任职的尉官要到部队领导岗位上任职。对于军官而言，无论以后进入军内何种职能领域和职业类别，在尉官任职期间取得的兵种任职资格对于其职业军人生涯都是非常重要的。

中尉阶段通常服役期为4年，军官在此阶段接受军兵种基本课程教育。兵种军官基础课程使军官为第一次任职做好准备，并为他们在单兵、小级、班和排的训练与领导方面提供指导方法；此外，基础课程还能让军官详细了解兵种各种连队的装备、战术、编制和行政情况。其中，作战任职的中尉军官还会力求担任排长职务，或者获得连或营级部队参谋任职的机会，为将来成功实施第一级别（连）的指挥打下基础。

上尉阶段通常约是军官服役期的第4年到第11年。被选升为上尉之后，军官通常都要参加上尉职业课程的学习，这是在担任连指挥职务期间军官参加的第二个主要的兵种院校教育。课程综合了先前的兵种军官高级课程和合成军兵种参谋学校教授的内容，一般包括兵种特别技术与战术训练和参谋业务训练两个阶段。除上尉职业课程外，对于在基本兵种内有突出表现的军官，可以被挑选出来参加兵种之间的交叉训练；还有一些军官可能因其所在职能领域的要求而被选中参加地方高级课程教育以获得硕士学位，或者参加有产业界参与的训练。除了院校教育学习外，军官开始选择进入军内职能领域。

2. 校官阶段。校官的服役期包括少校、中校和上校三个阶段，对于选择继续服役的军官而言，在校官阶段有许多选择来决定其在军兵种剩余服役期的任职和院校教育。无论是什么兵种、职能领域或指定职业类别，校官培养都以实施和支援战役及战略层次的作战为目的。

少校阶段通常从军官服役期的第 11 年一直到第 17 年，此阶段包括在指挥与参谋学院的学习。指挥与参谋学院训练并教育军官理解并应用战术、战役和战略各层次的作战理论。一些军官会被选送到其他军种的军种学院参加一些相关课程的学习，有些军官还可以要求参加地方的高级课程学习，以取得哲学博士学位。对于作战指定职业类别中任职的军官应该努力获得在营、旅和师级部队担任主要决策者的经历，为成功实施营指挥打下基础；其他指定职业类别的军官都要努力在职能领域内寻找任职经历。

中校阶段大约从军官服役期的第 17 年一直到第 22 年。此阶段包括营指挥职务的集中选拔、在指定职业类别中的任用及到一所高级军种学院或同等院校中学习。高级军事学院担负着为培养军官在国防部谋取最高职位而实施的最后一项重大教育计划。这些学院包括：陆军军事学院、武装部队工业学院、国家军事学院、其他军种学院以及实施代职训练的政府机构和学术机构。在此阶段，军官的任职可能会包括担任营指挥职务。所有军官都应在每个指定职业类别的职位上获取战略和战役经验，同时要继续寻求各种机会对军官团进行指导。作为军官发展不可或缺的一部分，一些军官将有机会到联合指挥的岗位上任职。而有些军官则作为通用军官，在本兵种或职能领域以外的兵种/职能领域任职。

上校阶段通常从军官服役期的第 22 年一直到第 30 年。在此阶段，军官担任军队高级领导的总顾问、策划人和分析人员。他们继续在每一指定职业类别的任职中学习战略和战役经验，并准备和指导更多的低级校官晋升为高级校官。

（二）美军职业发展的合理选择

美军的职业军人培养制度在规范中透着人性化。无论服役兵种的选择，还是职业领域和专业类别的选择，以及参加军队及地方课程学习，美军都在基于部队的需要，以及对军官作战任职和经历进行评估和考核的基础上，赋予军官充分的自由选择权，能够使每名军人有机会决定自己在军队服役的发展道路。军人最终的职业发展道路是根据军队的需要、军官的资格和军官的意向综合决定。

1. 军种的选择。作为军队职业化的招募方式，美国军人在作出入伍决定时，就有权利决定进入何种军种服役。服役初期，军官需要参加所在兵种的基础课程学习，并接受相应的兵种训练。服役一段时间（各军种规定不一），军官可提出申请调换到其他兵种。如陆军规定，军官在第 4 年到第 7 年间可提出申请调到特种部队，前提是必须要完成规定的特种部队训练之后才可能调动。

2. 职业领域的选择。军官在服役到中尉阶段时，通常在服役的第 5 年到第 6 年之间，军官便要进入相应军兵种的某一职能领域，这是除指挥领导职能外，军官开始进入的专业职能领域。美国各军种都有相应的专业职能领域，以美国陆军为例，军队职能领域分为四类：作战、作战支援、机构支援和信息作战，在这四个分类下又有若干职业类别，如下表 5－17 所示。各军兵种会根据部队的需要，结合军官的意向、军队与院校教育情况及作战经历，为军官指定职能领域。如果某些军官具备特殊技能或是重要职能领域认可的硕士学位，可以早于同期军官进入职能领域。在服役的第 10 年，当军官开始准备晋升少校时，在少校晋升委员会的指导下，军官可提出自己优先考虑的兵种或职能领域意向，待选升为少校后，军官便可进入所选兵种的一个职业类别或职能领域。

表 5－17　　陆军职能领域

作战	机构支援	信息作战	作战支援
基础兵种	人力资源管理	信息系统工程	外国地区军官
心理战/民事	审计	信息作战	采购
多功能后勤	美国陆军军官学校教员	战略情报	
	作战运筹/系统分析	太空作战	
	部队管理	公共事务	
	核武器研究与作战	信息系统管理	
	战略规划与政策	模拟作战	

资源来源：《美国陆军军官手册》。

3. 培训深造机会。除了军队院校的学习，军官还有进入地方学术机构学习的机会，并在指定领域获得硕士和博士学位。这种机会往往需要军官申请，并经所在部队选拔。选拔的依据是军官的兵种或职能领域技能，入学水平则以军官大学本科时的表现和研究生考试或研究生管理入学的考试成绩来衡量。

无论是进入军内某个职能领域，或出于个人发展考虑参加地方课程学习，军官都有相当的自由选择权。对于一些兵种和专业来说，地方高等院校的深造是专业发展的一个正常（甚至是必需）部分，对其他兵种和专业来说则非必需，军官往往要根本自身的职业发展方向与军队的动态变化（如扩员或裁员等），在离开“主流”任职与接受研究生教育之间权衡利弊。美军军官培养制度在这方面给予了军官们充分的自由，完全尊重军官的自愿选择。这为军人们的职业化发展奠定坚实的基础：所有军内职业发展和专用性人力资本的积累皆给出军人个体自由选择的机会，意愿的自由必然带来人力资本的合理配置，专用性人力资本的增长和使用必然也是合理高效的。

四、稳定而低水平的职业退役率

美军有着统一的现役军官退役制度，军官退役是双向选择的结果（见本章第一节论述），当军人有着进出军队系统的自由时，从退役率的指标上可以看出军人对职业的忠诚感，从而可以观察到军队系统的稳定性。

下面我们将从截面数据和序时数据来具体考查美军现役军官退役情况。

以美军2012年现役军官退役数据为例，如表5－18所示，美军四大兵种现役军官退役比例为1.905%～3.690%，从总量上可看出退役军官比例较低，且各军种之间的比例相差不大。

表5－18　　美军现役军官退役情况一览表（2012年）

军种	现役总人数（人）	退役人数（人）	退役比例	备注
陆军	82538	1572	1.905%	
海军	51273	1812	3.534%	
海军陆战队	19684	541	2.748%	
空军	65020	2399	3.690%	

数据说明：经美国国防部DMDC数据和《（美国）2013财年国防人力需要报告》整理得出。

进一步考查各军种退役军官结构，如表 5－19、表 5－20、表 5－21、表 5－22 所示，四张表分别统计了 2012 年度美国陆军、海军、海军陆战队和空军的现役军官退役情况。

表 5－19 美国陆军现役各级军官退役人数一览表（2012 年）

服役年数＼衔级	0－10	0－9	0－8	0－7	0－6	0－5	0－4	0－3	0－2	0－1	合计
30＋	4	11	7	22	119	9	1	0	0	0	173
29	0	0	1	7	48	0	0	0	0	0	56
28	0	0	0	11	48	8	0	0	0	0	67
27	0	0	0	4	49	14	0	0	0	0	67
26	0	0	0	0	86	24	0	0	0	0	110
25	0	0	0	0	53	30	0	0	0	0	83
24	0	0	0	0	35	42	3	0	0	0	80
23	0	0	0	0	25	55	1	0	0	0	81
22	0	0	0	0	13	120	1	0	0	0	134
21	0	0	0	0	14	137	3	0	0	0	154
20	0	0	0	0	13	332	9	0	0	0	354
19	0	0	0	0	0	100	3	0	0	0	103
18	0	0	0	0	0	38	7	0	0	0	45
17	0	0	0	0	0	12	3	0	0	0	15
16	0	0	0	0	0	9	5	0	0	0	14
15	0	0	0	0	0	0	7	0	0	0	7
14	0	0	0	0	0	0	6	0	0	0	6
13	0	0	0	0	0	0	6	0	0	0	6
12	0	0	0	0	0	0	6	0	0	0	6
11	0	0	0	0	0	0	5	0	0	0	5
10	0	0	0	0	0	0	5	0	0	0	5
9	0	0	0	0	0	0	1	0	0	0	1
8	0	0	0	0	0	0	0	0	0	0	0
7	0	0	0	0	0	0	0	0	0	0	0
6	0	0	0	0	0	0	0	0	0	0	0
5	0	0	0	0	0	0	0	0	0	0	0
4	0	0	0	0	0	0	0	0	0	0	0
3	0	0	0	0	0	0	0	0	0	0	0
2	0	0	0	0	0	0	0	0	0	0	0
1	0	0	0	0	0	0	0	0	0	0	0
0	0	0	0	0	0	0	0	0	0	0	0
备注											1572

数据来源：美国国防部 DMDC 数据。

表 5-20　美国海军现役各级军官退役人数一览表（2012 年）

服役年数＼衔级	0-10	0-9	0-8	0-7	0-6	0-5	0-4	0-3	0-2	0-1	合计
30+	2	5	8	9	159	2	0	0	0	0	185
29	0	0	0	0	50	7	0	0	0	0	57
28	0	0	0	0	37	19	0	0	0	0	56
27	0	0	0	0	54	10	0	0	0	0	64
26	0	0	0	0	68	4	0	0	0	0	72
25	0	0	0	0	47	39	0	0	0	0	86
24	0	0	0	0	22	41	0	0	0	0	63
23	0	0	0	0	10	48	0	0	0	0	58
22	0	0	0	0	22	101	0	0	0	0	123
21	0	0	0	0	11	111	0	0	0	0	122
20	0	0	0	0	0	82	137	0	0	0	219
19	0	0	0	0	0	44	19	0	0	0	63
18	0	0	0	0	0	18	14	0	0	0	32
17	0	0	0	0	0	7	26	0	0	0	33
16	0	0	0	0	0	1	62	0	0	0	63
15	0	0	0	0	0	1	32	0	0	0	33
14	0	0	0	0	0	0	74	0	0	0	74
13	0	0	0	0	0	0	86	0	0	0	86
12	0	0	0	0	0	0	54	0	0	0	54
11	0	0	0	0	0	0	12	141	0	0	153
10	0	0	0	0	0	0	2	84	0	0	86
9	0	0	0	0	0	0	0	6	0	0	6
8	0	0	0	0	0	0	0	1	0	0	1
7	0	0	0	0	0	0	0	3	0	0	3
6	0	0	0	0	0	0	0	10	0	0	10
5	0	0	0	0	0	0	0	6	0	0	6
4	0	0	0	0	0	0	0	1	1	1	3
3	0	0	0	0	0	0	0	0	0	1	1
2	0	0	0	0	0	0	0	0	0	0	0
1	0	0	0	0	0	0	0	0	0	0	0
0	0	0	0	0	0	0	0	0	0	0	0
备注											1812

数据来源：美国国防部 DMDC 数据。

表 5-21　美国海军陆战队各级军官退役人数一览表（2012 年）

衔级 / 服役年数	0-10	0-9	0-8	0-7	0-6	0-5	0-4	0-3	0-2	0-1	合计
30+	2	4	3	0	25	25	2	0	0	0	61
29	0	0	0	0	9	10	4	0	0	0	23
28	0	0	0	0	10	8	3	2	0	0	23
27	0	0	0	0	9	12	1	1	0	0	23
26	0	0	0	0	5	7	10	3	0	0	25
25	0	0	0	0	6	8	5	0	0	0	19
24	0	0	0	0	11	7	4	1	0	0	23
23	0	0	0	0	0	21	5	1	0	0	27
22	0	0	0	0	0	45	8	2	0	0	55
21	0	0	0	0	0	38	16	6	0	0	60
20	0	0	0	0	2	77	110	13	0	0	202
19	0	0	0	0	0	0	0	0	0	0	0
18	0	0	0	0	0	0	0	0	0	0	0
17	0	0	0	0	0	0	0	0	0	0	0
16	0	0	0	0	0	0	0	0	0	0	0
15	0	0	0	0	0	0	0	0	0	0	0
14	0	0	0	0	0	0	0	0	0	0	0
13	0	0	0	0	0	0	0	0	0	0	0
12	0	0	0	0	0	0	0	0	0	0	0
11	0	0	0	0	0	0	0	0	0	0	0
10	0	0	0	0	0	0	0	0	0	0	0
9	0	0	0	0	0	0	0	0	0	0	0
8	0	0	0	0	0	0	0	0	0	0	0
7	0	0	0	0	0	0	0	0	0	0	0
6	0	0	0	0	0	0	0	0	0	0	0
5	0	0	0	0	0	0	0	0	0	0	0
4	0	0	0	0	0	0	0	0	0	0	0
3	0	0	0	0	0	0	0	0	0	0	0
2	0	0	0	0	0	0	0	0	0	0	0
1	0	0	0	0	0	0	0	0	0	0	0
0	0	0	0	0	0	0	0	0	0	0	0
备注											541

数据来源：美国国防部 DMDC 数据。

表 5－22　　美国空军各级军官退役人数一览表（2012 年）

服役年数＼衔级	0－10	0－9	0－8	0－7	0－6	0－5	0－4	0－3	0－2	0－1	合计
30＋	0	14	19	3	70	0	0	0	0	0	106
29	0	0	0	3	39	0	0	0	0	0	42
28	0	0	0	2	47	31	0	0	0	0	80
27	0	0	0	1	59	16	0	0	0	0	76
26	0	0	0	0	89	29	0	0	0	0	118
25	0	0	0	0	79	49	0	0	0	0	128
24	0	0	0	0	43	46	47	0	0	0	136
23	0	0	0	0	24	61	17	0	0	0	102
22	0	0	0	0	21	111	22	0	0	0	154
21	0	0	0	0	19	127	28	0	0	0	174
20	0	0	0	0	21	339	289	18	0	0	667
19	0	0	0	0	1	61	80	4	0	0	146
18	0	0	0	0	1	22	12	1	0	0	36
17	0	0	0	0	0	9	17	1	0	0	27
16	0	0	0	0	0	9	36	2	0	0	47
15	0	0	0	0	0	3	32	4	0	0	39
14	0	0	0	0	0	3	27	1	0	0	31
13	0	0	0	0	0	3	38	4	0	0	45
12	0	0	0	0	0	1	40	4	0	0	45
11	0	0	0	0	0	0	40	6	0	0	46
10	0	0	0	0	0	0	50	26	0	0	76
9	0	0	0	0	0	0	6	6	0	0	12
8	0	0	0	0	0	0	5	21	0	0	26
7	0	0	0	0	0	0	0	8	0	0	8
6	0	0	0	0	0	0	2	8	0	0	10
5	0	0	0	0	0	0	0	6	0	0	6
4	0	0	0	0	0	0	0	5	0	0	5
3	0	0	0	0	0	0	0	1	2	0	3
2	0	0	0	0	0	0	0	1	4	0	5
1	0	0	0	0	0	0	0	0	1	1	2
0	0	0	0	0	0	0	0	0	0	1	1
备注											2399

数据来源：美国国防部 DMDC 数据。

从表5－19至表5－22可以看到，2012年美国各军种的退役军官基本集中在校官。陆军退役军官集中于中校与上校，服役年数在20年左右及以上，海军退役军官集中与少校、中校与上校，服役年数覆盖有10年、14年，20年及以上；海军陆战队退役军官集中在少校和中校，服役年数在20年及以上；空军退役军官集中在少校和中校，服役年数19年及以上。

对于职业军人而言，在职业成长过程中，校官正处于一个转换阶段：经过尉官的学习与训练，军官们已取得兵种任职资格，并获得军内相应职业体验，开始尝试转换或已经转换任职领域。处于这个军人职业生涯的转折点，校官凭借自己的军事职业经历，会考虑：着眼现在，自己的职业兴趣是否能持续，展望将来，晋升的把握有多大，是否选择继续在军内发展，还是寻求军队外的职业空间。美军职业培养体系提供了职业双向选择的自由，实行强制退役与自愿退役相结合，既建立并维持了军队系统的需求标准，也给职业军人提供了自主选择的机会，从制度上贯彻了职业军人领导力培养模式——让职业军人首先能为自己的人生做决定，首先领导自己，才能真正具备领导他人的能力。

正是这种灵活的职业培养进出机制，军队系统的人力资本才能自由流动，专用性人力资本才能自主积累，美军军人的职业化水平得以真正彰显。尽管退役人员集中在校官，但实际退役人员的总量并不大。

表5－23列出从2008年到2012年间，美军各级军官的比例，可看到人数变化幅度非常小，也即从纵向年度来看，美国现役军官存量起伏不大，整体军官结构基本保持不变。可以说，除去美国军队系统严格的军衔晋升制度限制外，退役人员较少，退役率低是主要原因。美军合理而宽松的职业军人培养与进出制度形成了这种相对稳定的军官结构，而且这种结构比之通过行政命令来严格控制的军官结构要更具专业性、职业性与稳定性（见图5－2）。

表5－23　　　　美国近五年现役军官结构表

衔级	2008年度		2009年度		2010年度		2011年度		2012年度	
	人数	比例	人数	比例	人数	比例	人数	比例	人数	比例
0－10	37	0.018%	40	0.019%	39	0.018%	41	0.019%	40	0.018%
0－9	143	0.070%	150	0.072%	150	0.070%	153	0.070%	155	0.071%
0－8	275	0.134%	292	0.139%	310	0.144%	317	0.145%	316	0.145%
0－7	465	0.226%	475	0.227%	482	0.224%	459	0.211%	433	0.198%

续表

衔级	2008 年度		2009 年度		2010 年度		2011 年度		2012 年度	
	人数	比例	人数	比例	人数	比例	人数	比例	人数	比例
0 - 6	11645	5.667%	11961	5.709%	12160	5.660%	12133	5.569%	11913	5.452%
0 - 5	28087	13.669%	28396	13.554%	28773	13.392%	28816	13.226%	28655	13.114%
0 - 4	43444	21.142%	43893	20.951%	45295	21.081%	46230	21.218%	46461	21.262%
0 - 3	71010	34.557%	72539	34.624%	74997	34.906%	76538	35.129%	74769	34.217%
0 - 2	23934	11.648%	24895	11.883%	25523	11.879%	27044	12.413%	30765	14.079%
0 - 1	26444	12.869%	26863	12.822%	27128	12.626%	26146	12.000%	25008	11.445%
合计	205484		209504		214857		218515		218515	

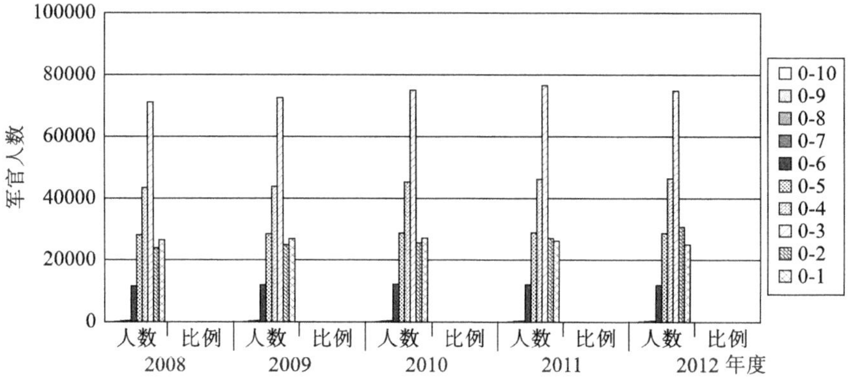

图 5 - 2　美国现役各级军官近五年比例情况

第四节　约　束　性

制度经济学指出了人的有限理性与投机倾向，使新古典经济学中的“经济人”假设更贴近于现实。以“经济人”为载体的人力资本只有在适当激励措施的调动下，才会“总是自发地寻求实现自我的市场”（周其仁，2004）。但人的机会主义倾向是不能忽视的，激励与约束手段是完整制度设计中不可缺少的正反两面，激励引导人力资本自我积累，优化使用，约束可抑制行为人身上的投机倾向，阻止不必要的外部性产生。同时，一个组织也需要将组织目标通过约束性的条款向组织中的行为人传达，引导行为人将实现个人目标与组织目标尽可能地靠拢，最终走向双赢。

美国政府与军队通过有竞争力的薪金与福利待遇将潜在人才吸引至军事职业领域，目的在于建设一支专业化、职业化的武装力量，为达到这个目标，美国政府与军队设置了一系列的军官岗位资质认定、考核、奖惩、晋升等具有约束效力的制度，从而引导、塑造美国军人成为卓越的职业化军人。

一、军官上岗的资质性

美军军官的类型划分得非常明确，按照军官担负的职责，美国有两种不同类型的军官：一类是从事军事指挥活动的军官，如担负指挥、训练职责的军官；另一类是拥有技术专长的军官，如工程师、医师、军法官、牧师、人事等军官。《美国法典》第 8067 条，明确了空军专业技术军官的选拔问题，规定了履行各专业技术职务必须的资格和衔资，如规定：美国空军的医疗职责应由符合空军部长要求、取得军医资格，且被任命为空军军医的尉官以上的军官履行；空军的军法官职责应由符合空军部长要求、取得法官资格、且被任命为空军法官的、尉官以上的军官履行。

随着航天技术的发展，人造卫星被广泛运用于军事通信、导航、定位、侦察和气象，美军的军事行动极大地依赖太空卫星提供的情报侦察、武器制导、导弹预警和气象信息等，同时，卫星通信也成为美军网络中心战的重要环节，因而逐渐地在美国空军中产生出一种新型的负责太空作战任务的职业军官，《美国法典》第 8084 条，专门明确了太空领域职业军官的类别问题，肯定太空军官在美国空军中的地位①。

美军各军种都根据部门特点，对入职本系统的专业技术军官规定了相应的岗位资格及选拔制度，这些制度强调了专业技术军官的任职资格和社会地位，为职业准入设置了一道门槛，从而从制度上确保了美国专业技术军官的整体素质。

二、军官的考核

（一）美军军官素质要求

由于美军认为责任意识，以及对一个国家的责任感，是成为优秀领导

① 张治平．域外法讯·美国空军［M］．北京：国防大学出版社，2006：73～75.

者的基础，因此，美国职业军人的核心价值观强调“责任、荣誉、国家”。美国《军官荣誉准则》中指出：“军官首先是一个领导者。”因此美军对所有军官的领导者素质培养相当重视。与士兵被要求服从命令不同，军官被要求遵守命令，并要履行相应的领导责任。这意味着军官们有时要打破常规，或对其进行变通，甚至不执行那些不符合军队最高利益的指令、规章与命令。这是军官被赋予的最大责任，与之相应的风险便是：当某一位军官在例外情况下做出了打破常规的判断，他的主官有权决定是否行使自己对他进行起诉的权利。这种道德权威与相应的更大责任之间的权衡、抉择的风险责任正是军官的薪水高于军士的主要原因。

美国制定了一系列的法律、规章、准则、制度，来明确和规范各级军官应承担的任务和责任，如《美国法典》、《准尉总则》以及各军兵种条例、手册等。通过军官培养系统中的院校教育与训练、任职与使用（包括作战任职）等过程来促进所有军官领导者的培养。美国军队要求军官阶层要成为严格意义上的精英领导集团，在这一集团中，要求只有那些最专业、最具有领导能力的人才能通过筛选得以晋升。

领导精神的塑造体现在军官培养的每个阶段。如在尉官阶段，美国军队要求军官通过培训后能够具备领导和指挥连队的能力，在战术和技术上做好担任营作训军官或主任参谋的准备，并特别强调尉官在日常生活的言行中要持续遵守并树立军人价值观，为士兵做好表率。在校官阶段，要求少校能够担任营作训军官或主任参谋的职责，为实施营指挥做好准备，同时要为尉官树立领导榜样；对于中校要求其能够成功实施营指挥并（或）在战略和战役上为实施旅指挥做好准备，并成为少校及以下的军官遵守军队价值观的典范；对于上校，除要求其具备能够为高级领导担当总顾问、策划人和分析人员的指挥能力外，还要求其能够具备指导更多低级校官晋升为高级校官的领导能力。美国军队通过一系列的军官手册和军队准则为军官提供行为指导，并在军官晋升评定中专门设置领导素质的考核内容，以激励每一级军官身先士卒地遵循军队核心价值观，尽量赢得部属的认同与忠诚，从而形成相应的指挥与领导能力。

（二）美军军官考核内容

美国军队规定了明确的军官考核制度，通过美国“军官人事管理系统”中的“军官考核系统”，对军官的表现和潜力进行评估，进行任职考核、院校考核和军种部考核。具体考核内容，其中责任意识与领导能力的考核是军官晋升考核中的重点内容。美国陆军军官考核表如表5－24所示。

表5－24　美国陆军军官考核报告表

第一项：行政情况				
1. 姓名	2. 社会保险编号	3. 军衔	4. 现军衔晋升日期：年 月 日	5. 兵种
6. 军事专业	7. 部队、机构、邮政编码或陆军邮局、主要司令部			8. 呈报理由
9. 规定期限：从 年 月 日到 年 月 日			10. 考核月数	11. 未定级代号
12. 附件编号	13. 被考核军官副本：下发给______呈报给______日期______			
14. 军邮信箱地址	15. 司令部代号		16. 军邮信箱代号	

第二项：认可签署（被考核军官的署名证明，该军官已通过了军官考核报告第1至第7项的考核，行政资料正确无误）					
1. 考核员姓名	社会保险编号	军衔	职务	签名	日期
2. 中级考核员姓名	社会保险编号	军衔	职务	签名	日期
3. 高级考核员姓名	社会保险编号	军衔	职务	签名	日期
高级考核员单位		兵种	高级考核员电话		电子信箱
		4. 这是一份提交报告，要做评论吗？□ 评论附后。□是，□否		5. 被考核军官签名	日期

第三项：任职情况	
1. 主要职务	2. 职位编号
3. 主要任职与履行职责情况。参考陆军部第67－9－1号表第4项所列内容。	

续表

第四项：业绩表现鉴定，专业化情况（由考核员填写）					
素质（领导者的气质：领导行为的价值观、品质和技能的综合素质）					
一、陆军价值观（必须对所有“否”做出说明，使用第五项 B 所列内容）	是	否		是	否
1. 荣誉：陆军公开宣称的价值标准			5. 尊重：提倡尊严、关心、公正与公平		
2. 正直：道德高尚、言行一致			6. 无私奉献：陆军的利益高于一切		
3. 勇气：表现勇敢的精神和行为			7. 职责：履行专业、法律和道德的义务		
4. 忠诚：真正忠诚于美国宪法、陆军、所属部队和士兵					

二、领导者品质/技能/行为。(首先，选择“是”或“否”。其次，选出六个最能反映被考核军官形象的特点：一项品质、两项技能/能力/和三项行为。所有“否”的选项在第五项 B 中做出说明

B1. 品质：（选1）基本品质和特点	1 精神：是 否 积极进取、意志坚定、有主动精神和严格的纪律性	2 身体：是 否 保持适当的体能标准和军人姿态	3 感情：是 否 表现出自控力；在压力下保持冷静
B2. 技能（能力）：（选2）技能培养是自我发展的一部分，行动的前提	1 理论：是 否 准确的判断，批判性/创造性的思想，是非分明的推理	2 人际：是 否 展示与人交往的技巧：指导、教授、忠告、激励和授意	3 技术：是 否 具有完成所有任务和职能的必要特长
	4 战术：精通所要求的专业知识、判断和作战 是 否		
B3. 行为（领导）：（选3）领导者的主要行为：影响、行动和提高			
影响：通过不断改进行动实现目标的方法	1 交流：是 否 对个人/集体展现良好的口头、书面和听力技巧	2 决策：是 否 运用准确的判断、合乎逻辑的推理，并明智地利用资源	3 激励：是 否 鼓舞、激励并指导其他人圆满完成任务
行动人：短期任务的完成	4 计划：是 否 制定详尽可行的计划，计划应适当、可接受，并具有可行性	5 实施：是 否 展示熟练的战术，条例任务标准，关心人员/资源	6 评价：是 否 利用事后报告和考核手段促进不断提高
提高：陆军中人员和部队的长期提高	7 培养：是 否 投入足够的时间和精力，培养下属人员成为领导者	8 创造：是 否 花费时间和资源提高团队、集体和单位建设，培养良好的道德风范	9 学习：是 否 寻求自我提高和部队发展，培养想象力，适应力和领导改进能力。

三、陆军体能测验： 日期： 身高： 体重：

续表

四、初级军官培养：中尉、少尉和一级准尉的考核员必填。
陆军部第 67－9－1a 号表所列关于培养任务和定期后续讨论是否实施？　是　否　不适用
姓名　　社会保险编号　　规定期限
第五项：业绩表现与发展潜力评估（由考核员填写）
1. 被考核军官在考核期内的业绩表现及晋升潜力 □表现优秀/必须晋升　□表现满意/可晋升　□表现不满意/不能晋升　□其他（说明）
2. 对业绩表现和晋升潜力的某些特定方面的评价（参考陆军部第 67－9 号表第 3 项和陆军部第 67－9－1 表第 4 项中 a. b. c 三节。
3. 确定在从上尉到中校的陆军竞争项目中，该军官具有的对陆军有意义的特定专业技能和特长，还需指出将来可继续服役的可能职业类别。
第六项：中级考核员考核意见
（填写主观评价）
第七项：高级考核员考核意见
1. 对被考核军官可能晋升更高级衔的考核 □最胜任　□完全胜任　□不能晋升　□其他（下面予以说明） 我作为高级考核员对________军官在这一级衔进行考核 是否一并收到完整的陆军部第 67－9－1 号表和本报告，在我的考核和审查中是否考虑了这些内容？　是　否

2. 与接受高级考核员考核的同级军官相比的发展潜力。 □　上等 □　中等 □　下等/留用 □　下等/不留用	3. 对业绩表现/发展潜力的评价。 4. 列出在从上尉到中校的竞争项目中，该军官最适合的 3 个任职。还需指出将来可继续服役的可能职业类别。

资料来源：《美国陆军军官手册》。

从表 5－24 可以看出，美军军官考核的内容包括任职情况、领导者气质与能力、业绩表现与发展潜力评估等，其中发展潜力考核的主要目的有两个：一是审查被考核的军官担任何种工作最合适；二是审查被考核的军官是否有胜任高一级职务的能力，并提出晋升建议。在这些考核指标中，领导者气质与能力是核心内容，它决定了军官在本任职岗位的业绩表现，也决定了军官是否具有发展潜力，从而使晋升与其拥有的领导力相对应。

在军官考核中，如果初级军官不适应军队环境，第一次考核后即被淘汰；其他级别军官也只有两次机会，如果第一次考核不合格，只一次“补考”机会，“补考”不及格就立即被淘汰。所以军官考核制度既是一种约束，也是一种激励，促使军官职业生涯中要时刻依据军队系统的要求来规划自我的发展。

三、军官的晋升与任免

美国军官晋升分为正常晋升与临时晋升。临时晋升即提前晋升，一般只在战时或特殊情况下采用，如某一职务突然空缺，年度审选的人员用完，就可采用临时晋升的方式遴选对象，并予以晋升。美军军官晋升大多为正常晋升。

（一）美军军官晋升条件

美军军官晋升主要考虑三个因素：一是上一级衔职是否空缺；二是军官个人考核成绩是否合格；三是各衔级军龄限制。

军官的晋升采取选升制，晋升主要体现在职位上，只有在上一级职务空缺时方可晋升，缺一补一，晋职与晋衔同步进行，以职位提升带动晋升。美军军官的职务和军衔的晋升一般是同步进行的，但通常以职务为主，不升职就不能晋衔，也就是说晋衔必须升职，即职衔同步。美军制定了《国防军官人事管理法》，对军官晋升比例、晋升军龄、衔龄、年龄等作出了严格的规定，使军官的晋升和退役有了法律依据。比如晋升比例、尉官较高，校官较低，将官最低。升职晋衔的军龄、年龄、衔龄都有严格的上下限之分。在退役方面也有一些硬杠杠，按照法定退役或强制性退役。由于上述条件规定得明确、严格，保证了军官任免计划的有效性、可行性。

军官考核的目的是为了将优秀军官安排到责任重大的工作岗位，并为军官晋升、延期服役、调动工作等提供依据。评定的主要根据是军官应具备的条件、军官个人素质及入伍以来在各个工作岗位上的表现和工作能力。

对于晋升所需衔龄和军龄，美军《国防军官人事管理法》规定：少尉升中尉衔龄18个月，军龄2年；中尉升上尉衔龄3年，军龄4年；上尉升少校衔龄3年，军龄11年；少校升中校衔龄3年，军龄18年；中校升上校衔龄3年，军龄22年；上校升准将衔龄1年，军龄24年；准将升少将衔龄1年，军龄26年；少将升中将衔龄1年，军龄27年；中将升上将衔龄1年，军龄29年。在一般情况下，陆军80%的上尉可晋升至少校，70%的少校可晋升至中校，50%的中校可晋升至上校。上校和准将在取得晋升资格前至少需任现级别职务一年，晋升少将、中将或上将需服役满35年或在现级别任职满5年（具备其中一条即可）。晋升中将和上将需经参议院确认。

（二）晋升审选程序

美军军官的晋升由各军种具体负责，每年集中进行一次军官晋升审选，择优晋升一批，同时也对不适合在军队或现职岗位工作的予以淘汰免职，从而有效地保证了军官队伍的生机与活力。

对于少尉军官，无需通过审选委员会，达到军龄或任职年限即可晋升军衔或职务。但从中尉晋升上尉，直至上校晋升少将，都要经审选委员会严格审选，有晋升比例限制。上校以上军官，基本是根据缺位和可能缺位，有针对性地进行选拔，一次往往从几名候选人中选出一个人填补一个缺位。

凡需审选委员会审选的军官，必须首先进入晋升审选范围，没有列入审选范围的军官不能获得晋升提名。列入审选范围的军官主要有三类：一类为正常审选范围军官，即符合年资标准首次列入审选者，晋升者将主要从这一范围内选出。另一类为提前审选范围军官，即本年度年资低于审选范围的规定，但因其表现优秀，提前一两年列入审选范围，其晋升率大致为晋升军官总数的10%。如果落选，不计审选次数（落选次数是退役的条件）。第三类为落选审选范围军官，即上一次晋升落选，再次进入审选者，其平均晋升率大致为晋升军官总数的20%。由于其人数较少，大多数可获得晋升机会。

关于审选范围，美军规定，少校以上军官晋升的审选要在整个军种范围内统一进行，并实行评分制度，这样可以保证在不同岗位的军官仅凭素质高于他人，就能被选拔到上一级岗位上来。审选委员会力求在最大范围内选拔最优秀的人才。比如，如果有了一个上校缺额，人力资源司令部将选拔条件在美军网上公布，无论所缺员额属于哪个军兵种，全军中校或上校军官都可以报名竞争，自我推荐，各级组织也可以按程序向上推荐优秀人才。然后人力资源司令部将个人的材料转交审选委员会进行比较评估，对符合晋升条件的军官进行分组，按资历和实绩等情况综合排序，谁排第一谁就当选。

四、军官的奖惩

军官奖惩是对军官行为的褒奖或惩罚，是维持军队秩序的必要措施，也是军官生长的重要环节。美军行政和法律上对军官的奖惩给予了明确的认定，并规定了相应的运行机制。

美军的奖励项目分为四类：第一类是颁发奖章、勋章和纪念章，这是对军人行为的精神鼓励；第二类是提前晋升，一般而言，少数集体获奖单位的主官和有突出贡献者可提前晋衔、晋级，提前晋升的比例在10%左右；第三类是奖金，即对军人的某些行为给予激励性奖金的待遇（参见激励性指标的奖励津贴）；第四类是休假和其他鼓励形式。

美国治军主要依据各种法典和条例，在法规体系构成上，有《军事审判统一法典》、《美国法典》，还有各种条令，如《陆军法规》、《海军管理条例》、空军的《军事法庭手册》、《海岸警备队惩戒法》等，在各种法规条令之外，还规定允许各军种部长根据本军种的情况制定一些特殊条款约束部队。

除此之外，美国军人只有满足相应条件才能享受某些福利待遇，如果因未满足这些条件而不能享受相应的福利待遇，也意味着一种惩罚。如美国退役分为荣誉退役、一般退役和非荣誉退役，有很多退役福利待遇会因退役人员的非荣誉退役而被取消，如退役人员医疗保障条件规定：退役军人医疗保健系统的基本参加资格必须是曾经在陆军、海军、空军部队里以不名誉退役之外的退役类型退役或者离开的服役人员，若是非荣誉退役，则退役人员无权享有退役医疗保障。

小　结

一个组织机构的运转及其功能的发展离不开组织内部人力资本的运作，人力资本是否被激励，被充分调动起来，决定组织目标实现效率的高低。调动人力资本更重要、更普遍、更持久的办法应该是交换①。张维迎也指出，市场经济的基本逻辑是：利己先利人②。本章便是从这个角度来观察美国军官职业化制度，可以看到，这套制度是建立在美国较为成熟的市场经济基础之上，军队职业化的高低受制于市场化程度的高低。

本章从自主性、激励性、约束性和稳定性四个指标来描述美国军队职业化状态。自主性是与自由市场经济体制相匹配，调动人力资本积极性最基本的要求。美国职业军队体系给予了人力资本较为充分的自由，即职业进出的自由和职业领域内部的自由流动。这是在尊重人性的基础上对人力资本的职业尊重，使得人力资本在自由选择的过程中，让美国军队的人力资本资源达到优化配置；

激励性是在尊重人性追求自身价值最大化的客观现实基础上，组织系统应做出的制度选择。激励性的制度安排是无所不在的，从职业价值内化到人力资本自身价值追求，到外在物质激励，都是激励性制度的组成部分。本章仅从军人职业劳动的报酬与补偿角度，介绍了美国军人职业劳动报酬与各项津贴与福利，从职业角度，一窥美国军人职业领域的市场回报与社会保障程度。

约束性是基于制度经济学提出人的“有限理性”和“投机倾向”假设而对制度安排提出的必要功能。任何组织都可看作是虚拟的“经济人”，组织与个人之间都需要进行约束，如美国完善的法律体系与司法求助体系就是这样的制度安排。本章只从组织对个人的契约约束角度，介绍了美国军人职业体系对人力资本的职业培养与职业要求，对与组织和个人都有约束力的法律条文没有过多介绍。

---

① 周其仁．真实世界的经济学［M］．北京：北京大学出版社，2006：14～15.

② 张维迎．市场的逻辑［M］．上海：上海人民出版社，2010：1～2.

稳定性指标是对市场经济中交易双方交易状态的描述。当人力资本能够自由流动，各种激励制度与各项法律约束条文比较健全时，人力资本便会呈现动态的稳定状态，这也是市场均衡的一种形式。本章从稳定的等级差别工资、军官衔级制度和规范的军队职业培养与发展制度角度介绍了美军在稳定职业军人方面的制度安排，这些都可看作是激励与约束制度安排的延伸，本章最后以真实的职业退役率数据呈现了美国职业军官的稳定职业状态。

第六章　中国军官职业稳定性与自主性水平对专用性人力资本投资的影响

——对军队干部转业政策的典型分析

每年下达硬性的转业指标是我军人事管理的一项基本政策。与组织中员工的竞争淘汰机制不同，转业政策具有强制性和被动性。强制性在于，一旦某单位下达转业指标，如果没人主动提出转业，即便该单位所有军人都很优秀，组织也会因为必须完成转业指标而做出“痛苦”抉择，而年龄较低者往往会成为各级党委优先考虑的对象。被动性在于，如果某单位该年度没有被分配转业指标，对于组织而言，即便有人业绩很差，组织也不能要求其退役；对于个人而言，即便提出转业也不能如愿以偿。这种硬性的转业指标政策说明我军军官，特别是中初级军官的职业稳定性以及职业的自主性还处于一个较低水平。本章将结合军队干部转业政策分析军官的职业稳定性与自主性水平及其对军事专用性人力资本投资的影响。

第一节　军事人力资本交易中的道德风险：基于契约不完全的分析

一、军队科技干部专用性人力资本契约的不完全

不完全契约理论使经济学对现实的解释力不断增强。军队科技干部专用性人力资本契约同样也无法摆脱不完全契约的宿命。

契约的不完全性的根源在于谈判和签订契约的若干障碍[①]。障碍之复杂有时使得签订一份破除这些障碍而获得的契约的收益得不偿失，即穷尽并解决这些障碍是人的有限理性所不能及的。

军队科技干部专用性人力资本交易的主要障碍就是交易双方——军队科技干部与军队涉及专用性人力资本投资的收益权清晰确定的困难。具体表现为：

1. 军队科技干部的工作努力难以准确度量，使得其专用性人力资本投资收益缺乏确定依据。军事人力资本的增长往往发生于“干中学”，例如将精力用于军事领域研究的同时，科技干部的军事人力资本在不断积累和增加。因此，军人的军事人力资本投资主要表现为工作努力，投资的收益就是报酬（工资或者其他成就回报）。报酬的确定有两种依据：依据一，根据军事人力资本创造的财富量向军人支付报酬。例如，计件工资制就是以成果为依据进行计酬的典型类型。工作成果往往以工作努力为必要条件，所以计件工资制有其合理性。但是某些类型的工作，努力并不是成果的充分条件。这种逻辑在科研工作中表现的更为突出——科研工作的努力成果具有或然性。原因在于：一方面，科研工作努力的成果受到诸多不确定因素的干扰。其中关键的因素有两个：先天禀赋、社会网络资本[②]。这两者与工作努力和工作成果之间的关系可以表达为：假定投入同样的工作

① 贾敬华．不完备合同的经济分析［M］．北京：人民出版社，2006：9～23.

② 社会网络资本是指能够进行互惠交易的社会关系。

努力，科技干部先天禀赋越高、社会网络资本越丰富，则能取得更好、更多、更快的成果。假定成果一样，科技干部先天禀赋越低、社会网络资本越稀少，则付出的工作努力就越多。例如，在军事院校中，个人的科研成果的多少往往与其行政职务的高低具有线性关系。在一些业绩竞争中，一个部门主官一年完成十几项课题已经屡见不鲜。对于一个常年忙于各种行政会议和应酬的主官来说，这样的业绩量是经不起追问的。这种现象其实说明了社会网络资本发挥着重要作用。先天禀赋、社会网络资本在科研成果中的重要作用使科研工作成果不能成为科研工作努力的唯一判断标准。另一方面，科研工作努力具有较高的成果风险。并不是付出了特定的努力就一定会取得对应的成果，即没有成果并不能说明没有付出努力。如果不能以结果来观测工作努力程度，则只能以过程观测来替代，也即依据二，根据军事人力资本的投入量（工作努力）向军人支付报酬。然而，军事人力资本的投入量的衡量是很困难的，理由在于：其一，军队科技干部工作努力与否很难观察，努力的水平常常受到一些其他因素的干扰，如情绪、健康、爱好等。如果身体状况不好，即便一天工作 9 小时，也可能努力的水平很低。所以，只能适用于简单劳动和重复劳动的计时工资制并不适用于创新性很强的科研工作这种复杂性劳动。其二，科技干部军事人力资本的投入表现为专用性的努力。但科技干部的专用性努力与通用性努力很难区分。科技干部在工作时间努力从事的是工作职责内的科研，还是从事其他科研，外人甚至同行都很难加以区分，即努力工作也并不代表科技干部在进行符合军事专用性人力资本交易要求的专用性努力。

由于工作努力的难以度量，军队对内部劳动力市场的价格管理则采取严格的计划管理——固定工资制。这就进一步导致，以工资为主要形式的军队的人力资本价格并不能反映初始进入军队的通用性人力资本所有者的外部市场的供求变化情况，也不能反映作为专用性人力资本所有者的内部市场的供求变化，即军队科技干部的人力资本的价格缺乏自发形成的市场机制。这种人力资本价格的自觉性或滞后性对通用性人力资本所有者缺乏参与约束效果，其极端后果是：第一，军队征召形势随经济状况波动，即当经济下滑，社会人力资本市场供大于求时，会出现参军入伍热的盲目乐观局面；当经济景气，社会人力资本市场供小于求时，又会出现征召难的悲观局面。第二，军队征召高素质人才难而一般人力拥堵。

2. 军队的军事人力资本投资收益难以确定且缺乏风险规避措施。投资者之所以投资是为了获得投资收益。但收益并不是一种确定无疑的投资回报，特别是对人力资本而言。正如前文所述，人力资本不同于货币资本和实物资本，它是“主观化”的资产，是一种活的资产。因此，人力资本投资与产出不具有线性关系。军事人力资本的形成不仅受资源投入等客观条件的制约，还取决于“人”这个活的主体的能动性。因此，可以说，军队对科技干部的人力资本投资缺乏收益的确定性，即存在投资风险。另外，人力资本投资还缺乏规避风险的有效补救办法。如果投资者对物质资本进行投资，规避风险可以通过处置因投资而形成的物资资本的所有权得以实现。然而，人力资本“天然”由其载体占有①，军事人力资本也不例外。军队虽是军事人力资本的投资者，但却不能拥有投资形成的军事人力资本的所有权，因而不能通过转让所有权的方式规避投资风险。

以上这些障碍是科技干部专用性人力资本契约不完全性的具体表现，军队科技干部专用性人力资本契约的不完全性可以概括为以下几点：第一，军事人力资本交易的标的物模糊，即军人的专用性人力资本的投资努力——工作努力难以观察。第二，作为军事人力资本交易主要内容的人力资本的价格难以合理确定，即军人的工资不能及时反映军队科技干部的通用性人力资本的外部市场的供求变化以及军队科技干部的专用性人力资本的内部市场的供求变化。第三，军事人力资本契约双方的投资收益难以清晰确定地写入契约。

二、潜在的道德风险

所谓道德风险是指“从事经济活动的人在最大限度地增进自身效用时做出的不利于他人的行动”②。道德风险最初是保险术语，从字面上看，是指某些保险可能导致承保人的不道德行为，如财产保险的承保人听任财产被损坏，人身保险的承保人故意致被保险人死亡等。在保险领域采用的道德风险这一术语，被经济学用来解释当事人在交易中为追求自身效用最大化而隐藏行为的不道德行为③。从违背契约本意的角度看，道德风险与违

① 杨亚强．人力资本投资的激励性体制探讨［J］．甘肃：发展，2007（1）：72～73.

② 新帕尔格雷夫经济学大辞典．北京：经济科学出版社，1996：289～589.

③ 参见 Laffont. J. J, Marrtimarot. D. 激励理论：委托—代理模型［M］．北京：中国人民大学出版社，2002：52～84.

约行为很相似。但契约中产生道德风险必须有两个基本条件：一是契约不完全——缺乏约定、有漏洞可钻；二是契约当事人有机会主义倾向——机会主义行为具有故意隐瞒、难以观察的特征。对应地看，违约行为则是对明确约定的违反，且行为是可观察的。如军人偷懒属于契约履行的道德风险，而迟到早退、拒绝履行职责就属于违约行为。道德风险的两个基本条件使其与违约行为界限分明。

军事人力资本契约当事人的道德风险也产生于契约的不完全。当事人利用契约的漏洞将实施哪些不道德的行为应结合军事人力资本契约不完全的具体表现进行分析。但这里的不道德行为恰恰对一个自利人和机会主义人而言是最道德、最自然的选择。因此后文对军人道德风险问题的分析并不具有谴责的价值倾向，而只是希望通过分析找出问题所在。

1. 契约标的模糊与道德风险。军队科技干部的专用性人力资本投资或工作努力难以观察的根源在于人力资本难以量化。即人力资本作为投资的结果难以明确界定，人力资本作为投入的要素难以客观衡量。军事人力资本的模糊性使契约的监督执行非常困难，监督执行的困难将对军队科技干部的工作努力产生负面激励效果。公式（6-1）是军人的工作激励约束式。e 是军人的专用性人力资本投入或工作投入。军人通过努力工作进行专用性人力资本的积累（投资的结果）和使用（投入的要素），军队则支付军人一定的报酬作为对待给付。这种报酬的支付方式通常是固定报酬 F（fixed）+可变报酬 V（variable），由于军人工资的各项构成都是依据级别资历而定期调整，不能充分体现个人的工作努力或工作成效，所以军人工资属于固定报酬的类型。这种工资类型已经使工作努力失去意义。更何况军人在自身利益最大化的驱动下会努力谋求收益 I（工资）与保留效用 $\bar{U}$ 即参与契约的直接成本（投入的精力、维持工作能力的基本生活消费等）之间的差额的最大化。因此军人更会倾向于减少工作努力。如果契约的监督执行非常困难，则军人尽可能地减少工作努力就是理性的。

$$e \in \underset{e}{\operatorname{argmax}} \ (I - \bar{U}) \tag{6-1}$$

另外，军队科技干部还面临着未来可能被解除军事人力资本契约关系的风险，如担心被要挟转业。在军事人力资本契约标的模糊的条件下，为了防范风险，科技干部就倾向于减少专用性的工作努力，而挤出更多的精力和时间进行通用性人力资本投资。

军事人力资本契约标的模糊所导致的契约当事人的道德风险是：军队

科技干部将尽可能地利用契约漏洞和监督执行的困难减少工作努力，即随机的偷懒。

2. 军事人力资本价格形成的市场机制缺乏与道德风险。军事人力资本价格缺乏形成的市场机制表明，军队科技干部的工资与人力资本的市场价格相比总有溢价或歧视。如果科技干部的工资（I）高于通用性人力资本的市场价格（$\bar{u}$），即 $I-\bar{u}\geqslant 0$，他采取的工作策略仍然要受到公式（6－1）的约束，即随机偷懒以谋求利润最大化。如果军人的工资低于通用性人力资本的市场价格，则对通用性人力资本所有者不具有入伍的参与约束。因为参与约束由公式（6－2）决定。

$$I-\bar{u}\geqslant 0 \qquad (6-2)$$

但关键是，已经在部队服役的军队科技干部会实时关注市场价格与自己所得工资的差距。如果 $I-\bar{u}<0$，即工资（I）低于市场价格（$\bar{u}$），则理性的军队科技干部会以相当于工资减去市场价格的负差额的量偷懒，这种偷懒是参与契约的底线——不可避免的偷懒。

军事人力资本的价格缺乏自发形成机制将导致的道德风险是：当工资与市场价格的差额为正时，军队科技干部有随机偷懒的倾向；当差额为负时，军队科技干部将以相当于负差额的量进行偷懒。

3. 契约当事人收益权清晰确定的困难与道德风险。军人的人力资本投资可以通过三种方式确定收益：一是依据投资（劳动）的时间确定收益，即计时工资契约；二是依据投资（劳动）的产出确定收益，即计件工资契约；三是依据投资的份额（努力的量化）确定收益，即分成契约①。计时工资契约属于固定工资契约，是非市场化的人力资本价格机制。计件工资契约和分成契约属于非固定工资契约，是市场化的人力资本价格机制。市场化价格机制下，人力资本载体的收益与其工作努力息息相关，为了得到更多的收益，他将会像自我雇佣时那样努力地工作。由于军人的军事人力资本投资收益既不能依据产出定价，又不能依据努力定价。因此，军队目前采取的是计时工资制，即固定工资制。而在固定工资制这种非市场化价格机制下，军人的人力资本投资的收益与他的投资努力彻底无关，所以人力资本载体作为理性的机会主义者将选择偷懒②。

---

① 梁姝娜．不完全契约视角下的人力资本收益权实现研究［D］．辽宁大学，2006：60～71.

② Bailey，M．．Wages and Employment Under Uncertain Demand［J］．Review of Economic Studies，1974（41）：37～50.

收益权难以清晰确定还带来了契约当事人实施“要挟”的可能性。要挟（hold－up），指契约当事人利用对方的弱势（如被套牢）而实施的希望通过重新谈判进行准租金的再分配的一切行为。专用性人力资本交易最容易发生当事人要挟。与实物资本投资不同，人力资本投资属于合作投资，如军队对军人进行人力资本投资离不开军人作为一个能动主体的精力投入和时间投入。由于军事人力资本契约双方都进行了专用性人力资本投资，且这种投资具有不可逆性，所以，契约双方都对后续契约产生强依赖①。这种强依赖为要挟的发生提供了可乘之机。是否实施要挟则取决于当事人是否在契约关系中处于谈判的优势地位。例如，作为人力资本所有者之外的投资者——军队面临着很大的投资风险，即军人如果离开军队，军队专用性投资的收益权只能不完全实现或完全不实现。军队的人力资本投资又属于高度专用性的投资类型，因而一般的人力资本很难替代，因此，军队就处于谈判劣势。而军队科技干部由于既拥有专用性人力资本，又拥有通用性人力资本。如果平时科技干部将更多的精力用于通用性领域，则其就更具有秘而不宣的谈判优势，此时，军队科技干部就可能实施对军队的要挟：力图通过改变契约收益来达到寻求更多的准租的目的。（例如，某些军事高科技人才索要相应的待遇，不满足其待遇，就提出转业。但军队在其身上已经投入了很多。）同样的，军事专用性人力资本的投资成果也离不开科技干部的专用性工作努力，科技干部的专用性工作努力也是一种专用性投资。科技干部也面临着投资风险，即代表军队进行日常管理的军队管理者由于没有被套牢就可能通过责令科技干部转业而实施对科技干部的要挟，以寻求更多的控制权收益。如果实施某种行为会导致对方专用性投资的价值损失，就可以判断该行为属于要挟。

契约不完全所蕴含的潜在道德风险行为在一定条件下会由理论上的可能性转化为现实性。接下来，本章将对军队科技干部的转业数据进行统计分析来证明这种潜在道德风险的现实性。

---

① Hart, O. and Holmstrom, B.. the Theory of Contracts. In T. Bewley (ed.), Advances in Economic Theory [G], Fifth World Congress. Cambridge: Cambridge University Press, 1987.

第二节 职业低稳定性和低自主性的证据——转业数据的统计分析

一、转业数据的选择

通过对近几年转业军队科技干部的数据进行统计分析，可以管窥中国军官职业的稳定性和自主性水平。

为了使统计的数据能反映契约当事人的真实行为动机，在近几个年度转业数据的选择方面，会考虑到以下因素的影响：一是大规模裁军这种非正常情况下的转业数据不具有代表性，不做选择。由于中国军队在2006年进行了一次大规模的裁军，2006年的转业数据不能真实反映军队科技干部和军队管理者在转业方面的主观决策状况，所以应该排除2006年的数据。二是工资增长前后的转业决策可以反映军队工资对科技干部的激励效果，因此，应选择工资增长前后的数据做对比分析。我军分别在2004年和2007年进行了工资的调整。因此应将2004年的转业数据和2005年的转业数据作比较。2007年工资增长幅度更大，由于工资增长的效果具有一定的滞后性，可以选择2009年的转业数据与2007年进行比较。三是为了反映转业科技干部人力资本专用性程度的差异，以及人力资本存量的差异对转业决策的影响，应统计与转业干部的学历背景相关的主要信息。这些信息包括：第一，转业干部的来源性质。根据来源于军队还是来源于地方，军队转业干部有两大类，即生长类型干部和引进类型干部。生长类型干部，即作为生长干部在军队院校学习毕业后成为干部。这类干部由于一直在军校学习，所以军事专用性人力资本丰富。引进类型干部，即作为地方大学毕业的优秀人才引进军队的干部。这类干部通用性人力资本丰富。第二，转业干部的学历层次。根据军队近几年对科技干部的人才引进以硕士以上为主的政策，本章将转业干部的学历层次分为硕士（含）以上和硕士以下。表6-1是某军级科研单位2004年、2005年和2009年科技干部转业、复员的基本情况。

表 6－1　　某军级科研单位 2004 年、2005 年、2009 年
科技干部转业、复员的基本情况

单位：人

年度	服役期	引进类型						小计	生长类型						小计	总计
		硕士以上（含）			硕士以下				硕士以上（含）			硕士以下				
		计划安置	自主择业	复员	计划安置	自主择业	复员		计划安置	自主择业	复员	计划安置	自主择业	复员		
2004	5 年以下	1			1			2								48
	5～10 年	1	1		3		1	6	1			1			2	
	10～20 年	3	1			3		7	4		1	11	1		17	
	20 年以上	1			1			2				12			12	
2005	5 年以下				1			1								37
	5～10 年	1	2				1	4				1			1	
	10～20 年		6		2	2		10	1	1	1	2	1		6	
	20 年以上			1		1		2	2	3		2	6		13	
2009	5 年以下	2						2								16
	5～10 年										1	3			4	
	10～20 年											5		1	6	
	20 年以上											4			4	

资料来源：以上数据是对访谈调研数据的模糊统计。

注：5 年以下不包含 5 年；5～10 年不包含 10 年，依此类推；20 年以上包含 20 年。

二、数据分析

（一）对较低学历军队科技干部转业、复员的分析

1. 转业、复员的原因。表 6－1 反映的数据有一个突出的特点，是较低学历的军队科技干部是转业的重点对象。这种特点在图 6－1 中得到了充分的反映。

这种现象可能产生于以下原因：一是转业政策引导。2002 年的国防白皮书已经提出了“新军事变革”的紧迫性。通过低学历军队科技干部的优先转业政策可以逐步实现军队科技干部学历结构的优化和整体提升，以满足新军事变革对高素质新型军事人才的需要。二是军队职业发展受限。在

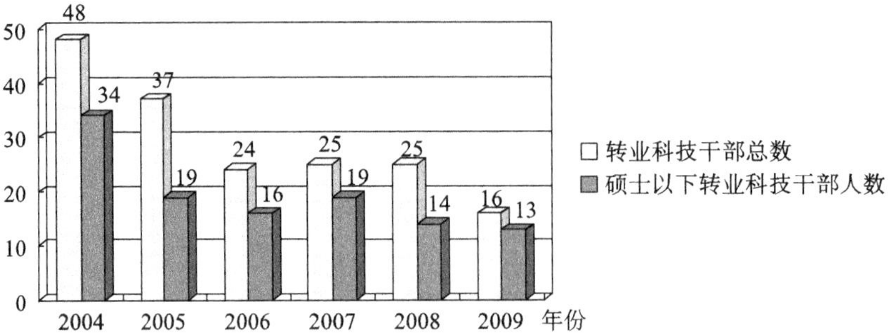

图 6－1　某军级科研单位 2004～2009 年硕士以下学历转业科技干部占转业科技干部总数的比例

低学历者优先转业的政策背景下，无论是硕士以下学历的引进类型干部还是生长类型干部都缺乏乐观的军队职业发展预期。他们认为与其在军队从较低的起点继续进行军事专用性人力资本投资，被动求发展，还不如趁年轻及早进行通用性人力资本投资的转型，另谋出路。10 年以下服役期的转业军队科技干部在主观上普遍存在这种动机。另外，硕士以下学历的引进类型干部已有较多的通用性人力资本积累，其军事专用性人力资本根据服役期的不同而不同。在军队职业生涯的早期，他们比专用性投资较多的生长类型干部更容易“职业转型”。因此，10 年以下服役期的硕士以下引进类型干部的转业人数是 5 人，而 10 年以下服役期的硕士以下生长类型干部的转业人数仅为 1 人，前者明显多于后者。2004 年转业的硕士以下引进类型干部中服役期 20 年以上的 1 人、10～20 年的 3 人。尽管他们专用性积累丰富，可由于晋升无望或受到学历限制而缺乏事业前景，因此，转业也是一种理性的选择。

2. 职业风险和行为激励。表 6－1 中，硕士以下生长类型科技干部各年度转业人数分别是：2004 年 25 人，2005 年 12 人，2009 年 13 人。硕士以下引进类型科技干部各年度转业人数分别是：2004 年 9 人，2005 年 7 人，2009 年 0 人。这说明，较低学历的军队科技干部中职业风险最高的要属生长类型科技干部。生长类型科技干部军事专用性人力资本丰富，却因为其学历偏低而成为转业的首选对象，这种现象实质上属于军队要挟，即以其不满足学历要求为由使其退出契约，导致其已做的专用性人力资本投资的价值进入通用性领域后受到极大贬损。这种转业类型给在职的正在进行专用性人力资本投资的军队科技干部造成了不同的影响：积极的影响是部分硕士以下学历的科技干部努力考学、拿文凭。消极的影响是另一部分干部会依据这种预期，努力进行通用性人力资本投资以适应将来转业的需要。这种职业不稳定的预期还有扩散效应，即较低学历的军队科技干部相对于较高学历科技干部而言，有更多的转业担忧。基于这种担忧，他们在基本履行职责后就会“混日子”，造成军事劳动效率低下。

面对转业是选择自主择业还是计划安置，通常与军队科技干部的通用性人力资本积累具有强相关性。如果军队科技干部有较丰富的通用性人力资本积累，对自己进入通用性领域的竞争能力充满信心，往往就会选择自主择业，如果不具备自主择业的条件，复员的选择就成了这种自信心的极端表现。如表 6 - 1 所示，2004 年和 2005 年各有 1 名硕士以下的引进类型科技干部选择了复员。

通过上述资料，可以给出这样的结论：转业政策背景下，军队科技干部普遍存在对转业要挟的担心，因而，减少专用性人力资本投资，增加通用性人力资本投资的现象在军队很常见。

（二）对较高学历的军队科技干部转业、复员的分析

1. 转业、复员的原因。根据近几年的转业政策，硕士以上的军队科技干部不是转业的重点对象。因此，这些干部的转业多为主动要求转业。2007 年以前，军队有着较为宽松的自主择业政策——军人不论其在军队服役的年限，只要到了团职级别就可以自主择业。而大部分通用性的高学历科技人才引进部队时初始级别较高，因此没两年就到了团职。高学历军人即便做了短期的专用性人力资本投资，跳槽还是可以被认为是几乎无成本的。他们凭着已有的通用性积累，并不愁找到一份较为满意的新工作，另外还有军队定期发放的工资收入保底。因此高学历的军队科技干部很容易作出自主择业的选择。当然是否选择自主择业往往还要考虑自身的年龄和专业背景。例如，2004 年，1 名满足自主择业条件的引进类型博士学历干部选择了计划安置，他的专业是哲学。哲学专业缺乏直接应用的市场可能是他选择计划安置的主要原因。尽管转业方式选择的影响因素极其复杂，甚至与转业干部的性格特征都有很大关联，这里，我们还是能给出一种概率比较大的行为选择趋势：对于引进类型的军队科技干部如果服役年限不长又可以自主择业，再加上所学专业有市场，往往会首选自主择业。然而，2007 年中共中央 8 号文件对军队自主择业政策做出了较大调整——军

人自主择业必须满足军龄20年以上的条件。因此，2007年以后，因不具备自主择业的条件，主动要求转业的服役期短的引进类型高学历科技干部人数大大减少。因此，可以说，2009年引进类型军队科技干部转业的人数骤减是2007年转业政策调整的结果。导致这种减少的另外一个重要因素也不能被忽视，即2007年中国军人工资得到了较大幅度的增加，这使军队科技干部更愿意留在部队。

2. 自主择业政策调整前后的行为取向。通过前面的分析，可以看出，引进类型高学历军队科技干部是否选择转业与自主择业的政策调整具有强相关性。不同的自主择业政策会导致引进类型军队科技干部不同的行为取向。在政策调整前，引进类型高学历军队科技干部为了实现自己的通用性人力资本投资的价值，更容易选择转业，这种行为实质上是对军队实施要挟。因为，军队科技干部一旦转业，军队对其投资的专用性人力资本价值就会贬损。军队如果想继续留住人才，就必然给科技干部更好的契约条件。如果军队单位不能给出更好的契约条件，科技干部为了适应转业的需要，就会减少专用性人力资本投资，即偷懒。与要挟相伴随的偷懒行为将使军队科技干部处于要挟的更为有利的地位。然而，转业政策调整后，一方面，由于不能自主择业，计划安置这种职业转换并不能使引进类型高学历科技干部充分发挥自己的市场竞争力，只相当于从一种职业束缚进入另一种职业束缚。另一方面，军人工资的大幅度增长使高学历科技干部的人力资本价值基本得到了承认。权衡利弊，安心在军队工作就成了最优的策略。但是不主动转业并不能杜绝被动转业。高学历科技干部为了防范被动转业（军队管理者要挟），始终将腾出一定的精力进行通用性人力资本的投资。这种对被动转业的担忧确有根据。不难推测，如果转业政策始终存在，当低学历者退出军队后，高学历者也会面对转业要挟。在确定转业对象时，军队单位往往会有以下的惯例：学历同等的条件下，军龄较短者则会成为转业的主要群体；军龄一样的条件下，年龄较轻者会成为转业的主要群体。2006年的大规模裁军就是典型的例证。2006年，各军队单位面对很大的转业安置压力。部分单位由于已经实现了全部科技干部的高学历化，所以确定转业干部成了一份颇为痛苦的抉择。很多单位把年龄和军龄作为主要参考因素。在无硕士可转业的情况下，确立的基本规则是：资历（年龄和军龄）较轻者转业；在它校攻读博士者转业。2006年某师级单位为了完成转业指标，要求一名在复旦大学攻读博士的军队科技干部转业，理由是，该人因攻读博士不在岗。可见，因存在“不得不转”的转业政策，转业的理由只能是“五花八门”，军队科技干部的职业具有较低的稳定性和自主性。

第三节 转业要挟类型及其后果

一、对军队要挟的分析

军队是军事人力资本契约的抽象当事人，但具体契约当事人是用人单位的人事管理者（以下简称管理者）。自上而下，军队与管理者之间发生了层层的委托代理授权。按照全国人民代表大会制，中央军委主席是受到全国人民的委托从事“国防安全”这种公共产品的生产管理。中央军委主席直到各个基层管理者之间均发生了类似的委托代理关系。由于最终委托人——全国人民在实际操作中是虚位的，是一个抽象主体，即军队并不像企业那样，存在一个实体化的最终委托人，如董事长。而这种区别正是导致公共组织管理容易出现目标偏差进而发生军队要挟的根源。

与军队这样的公共组织不同，私人企业的运营效率直接影响企业出资人的收益。企业是出资人的，则出资人是企业的最终委托人。最终委托人应当享有组织的产出剩余，拥有剩余索取权。既然出资人拥有剩余索取权，组织利益最大化就是其个人利益最大化。所以最终委托人的直接行为动机就是追求组织利益最大化。即私人企业的组织目标明确，看重个人的业绩和能够提高组织绩效的工作能力，个人绩效评价都将围绕这个明确的组织目标设定。个人绩效就是组织绩效的分解，个人目标与组织目标兼容。所以，在私人企业中，讨好献媚、贿赂等现象较少。对应地看，军队这样的大型公共组织缺乏一个实体化的最终委托人，军队这样的公共组织首先面临的是组织目标不明确的问题。组织目标不明确意味着组织目标抽象，难以量化，难以评价。而军队中每一层级上的管理者都具有两重身份——既是下一层级的委托人，又是上一层级的代理人。作为委托人，其目标函数是双重的。一个是追求自身利益最大化的目标，另一个是追求组织利益最大化的目标。这两个目标在某些方面存在交集。例如，工作干得好可以晋升，晋升就是公共组织管理的一个主要激励因素。此时，组织目标和个人目标就是激励兼容的。但有些方面不存在交集，例如，个人追求额外的货币收益、追求其他的满足感。因此，在公共组织中更容易出现奉承和贿赂等现象。代理人也是如此，除了完成目标不明确的工作外，为了得到特别照顾，喜欢与领导拉拢关系、溜须拍马。而这又会进一步强化公共科层组织中的等级观念和专制程度。这种强化进一步为管理者利用转业政策实施要挟创造了条件。所以这里的军队“要挟”实质上是指管理者“要挟”。这里暗示了一个逻辑：管理者是否出现“要挟”行为取决于管理者（代理人）对军队的忠实度。

我们假设管理者有两种类型（见本书第四章第一节的第三部分）：忠实的管理者和不忠实的管理者。忠实的管理者会严格依照军人服役规章制度即事先的契约实施管理行为，不会产生“要挟”行为。不忠实的管理者自身的利益与军队（委托人）的利益出现了偏差，发生了管理者目标对军队目标的替代①②。管理者为了实现自己的目标就有了实施“要挟”行为的动机。“要挟”在实际工作中往往表现为管理者责令不符合其自身利益（非军队利益）的被管理者——军人转业使其军事人力资本贬值相威胁来寻求一种势力范围内局面的全面控制。军人为了规避这种被“要挟”的风险，要么在工作中尽量做到投管理者所好；要么就减少专用性人力资本投资。由此可见，军队“要挟”行为的发生和管理者的类型密切相关。

二、对军队科技干部要挟的分析

军队科技干部通常以转业或消极怠工相威胁寻求更有利于自己的契约。如果要挟成功，即科技干部继续留在军队，并获得了更好的待遇，如给予其特殊的住房优待、使其得到较快的提拔等等。如果要挟不成功，科技干部转业，但科技干部转业对军队来说却不是无成本的。在军队科技干

① 目标替代是米歇尔斯提出的著名概念。米歇尔斯认为组织由最初的民主的形式逐渐分化，产生出很多中间环节，最后的结果是产生了组织中的精英。而精英和大众的想法是不同的，他们追求个人利益。从而组织目标被精英目标取代。实际上，很多政治组织最初所谓的正式目标在组织演化过程中都被替代了。目标替代是科层式组织的重要弊端。

② 内因思·马可—斯达德勒、J. 大卫·佩雷斯—卡斯特里罗．信息经济学引论：激励与合约［M］．管毅平译，上海：上海财经大学出版社，2004：84～105.

部整体素质已经相对稳定的情况下，较高的流动性说明：军队已做的专用性投资失败。新入伍军人对自己的工作陌生，军事人力资本专用性程度处于较低的水平，这对军队来说是不利的。考虑到军队的利益，不同类型的管理者对军队科技干部“要挟”的反应可能是不同的，即军队科技干部“要挟”成功与否取决于管理者是否以军队利益作为自己的利益。由于科技干部转业给军队带来的损失不关涉不忠实的管理者的利益，因此科技干部“要挟”在不忠实的管理者面前是无效的，后果是想转业的高学历科技干部很容易（如消极怠工、减少专用性投入等）促使军队使其转业，给军队带来很大的损失，导致军队不得不出台新的自主择业政策。对于忠实的管理者而言，为了减少军队的损失，为军队留住人才，忠实的管理者会在自己自由裁量的能力范围内，衡量军队的成本收益，再采取减少军队损失的行为。这种行为可能是满足科技干部的待遇要求，留住人才；也可能是放任不适合军事职业的人转业。因此，从科技干部转业的结果中很难判断军队管理者忠实与否。但总的说来，军队科技干部“要挟”在忠实的管理者面前更容易成功。由此可见，军队科技干部“要挟”是否成功与管理者的类型密切相关。

根据以上的分析，可以给出以下的基本结论：

结论1：转业要挟主要分为两种类型：一是军队管理者要挟。军队管理者要挟的情形有两种。情形一：已做了较多专用性人力资本投资的引进类型的高学历军队科技干部容易被军队管理者实施转业要挟。各级管理者设定的“五花八门”的转业规则带有强烈的主观随意性，即各级管理者可以通过设定转业规则使不符合其个人利益需要的科技干部转业来谋求自己权限范围内的势力控制。情形二：生长类型的军队科技干部由于专用性人力资本积累丰富，容易被军队管理者实施转业要挟。这种要挟的后果是生长类型的科技干部往往会毫无底线地一味迎合管理者的喜好，“人身依附”现象屡见不鲜。二是军队科技干部要挟。初进入部队只做了较少专用性人力资本投资的引进类型高学历军队科技干部容易通过“混日子”对军队实施转业要挟。人力资本专用性的“职业依赖”为军队管理者实施要挟提供了机会，转业的“职业转换”机会则被军队科技干部实施要挟所利用。

结论2：是否主动转业与干部学历背景相关、与干部服役期相关。学历背景和服役期决定了军队科技干部专用性人力资本积累的程度。即专用性人力资本积累的程度与转业要挟密切相关；专用性人力资本积累的程度与科技干部要挟负相关，与管理者要挟正相关。

结论3：偷懒的发生与要挟行为密切关联。军队科技干部选择“偷懒”，即减少专用性人力资本投资，可能存在两个方面的原因：一是企图通过偷懒使自己的转业要挟得逞；二是通过减少专用性人力资本投资、增加通用性人力资本投资防范将来可能发生的“被要挟”。而这种偷懒，即增加通用性人力资本投资，又为军队科技干部今后实施随机的要挟去除了后顾之忧。因此，需要设计合理的激励约束机制，有效的防范这两种要挟行为。

结论4：军队“要挟”的发生与否和军队科技干部“要挟”的成功与否，均与军队管理者的“忠实”类型密切相关。因此，任何激励约束机制的设计都应综合考虑到军队管理者的两种类型。然而，并不是所有的科技干部被责令转业的情形都属于军队管理者要挟，也不是责令军队科技干部转业的管理者一定就是不忠实管理者。因为，科技干部也有被正常淘汰的情形。因此，需要设计一种清算制度来判断科技干部转业是否属于正常淘汰（清算制度将在第八章详述）。

以上结论可以通过图6－2得以反映。

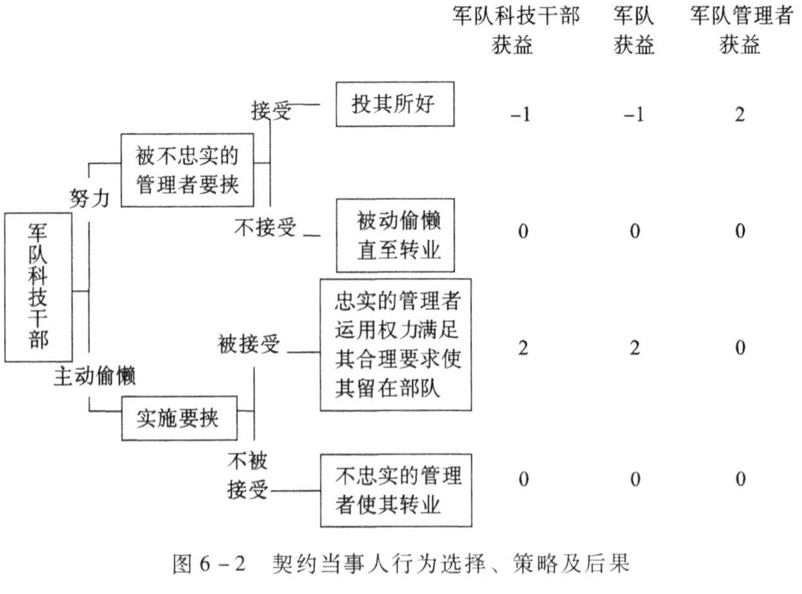

图6－2　契约当事人行为选择、策略及后果

图6－2描述了在军队科技干部选择努力或偷懒的前提下，军队科技干部和军队管理者将会采取的策略以及这些策略导致的四种均衡结果：

结论 1 和结论 2 说明，努力工作的军队科技干部在被不忠实管理者要挟的情况下，会有两种策略（接受，不接受），如果军队科技干部接受管理者的要挟，即愿意投管理者所好，军队科技干部和军队利益都会受损，只有军队管理者得到机会主义收益。如果军队科技干部不接受管理者的要挟，而是出于自我保护而不努力工作，进而最终转业，这会导致三方当事人都不会从专用性人力资本交易中得到任何收益。军队科技干部的这两种策略的均衡结果表明，被动偷懒是军队科技干部的占优策略。这种策略不是军队想要的结果。因此，应通过制度设计严格约束不忠实管理者的要挟。

结论 3 和结论 4 说明，如果军队没有一个较好的激励，军队科技干部一开始就有动机主动偷懒进而实施要挟。面对这种要挟，管理者忠实与否决定了不同的应对策略。忠实的管理者接受科技干部的要挟，即满足科技干部的合理要求，科技干部受益。科技干部继续留在军队，军队也受益。不忠实管理者不惜流失人才，坚决不满足科技干部的合理要求，则导致军队科技干部、军队和管理者都不能从该专用性人力资本交易中得到任何好处。军队管理者的这两种策略的均衡结果表明，管理者运用权力满足其合理要求为军队挽留人才是占优策略。因此，通过制度设计，赋予管理者相机抉择的权力以加强硬性管理制度的适应性是必要的。为了从根本上杜绝结论 4 这种零和博弈的结果，应使当前的军人服役制度更具激励性以避免军队科技干部的主动偷懒。

第四节 道德风险治理的相关理论

在转业政策背景下，军事人力资本契约的不完全性将会导致契约履行的道德风险，即专用性投资过程中的道德风险——偷懒和专用性投资后的道德风险——要挟。如果契约当事人利用不完全契约留下的漏洞和监督执行的困难，减少专用性投资，就是偷懒；如果契约当事人利用资产专用性带来的“套牢”效应，以中止契约关系相威胁，直接要求增加契约收益，就是要挟。目前，学术界具有代表性的道德风险治理理论如下。

一、偷懒及其治理理论

偷懒问题最早产生于团队生产效率的研究。交易费用经济学认为团队存在的一个重要原因是团队生产所获得的总产出大于各个成员单独生产的产出之和（Alchian and Demsetz，1972）。但是如果生产具有不可分割性、团队成员的边际产出难以衡量，团队生产就面临一个重要的问题——如何防止个别成员偷懒①。随后偷懒问题也被其他行业所发现，如以创造知识为主的创新性行业。这种行业具有劳动成果的不确定性和信息的不对称性，因此，很难说没有成果就一定是源于偷懒。当成果很难观察时，机会主义人就有了偷懒动机。如何防范偷懒，激励代理人为了委托人的利益努力工作就成了激励理论研究的核心问题。目前具有代表性的治理偷懒的理论有：（1）报酬理论；（2）礼物交换理论；（3）惩罚机制；（4）声誉模型；（5）进入权理论；（6）监督模型。

（一）报酬理论

在组织管理中，将报酬与个人的业绩挂钩是最常见的激励方式。运用报酬进行激励的原理可以概括为：实际努力是报酬的原因，为了得到更多的报酬，代理人在自利的驱动下，愿意付出更多的努力②。计件工资制就是报酬机制运用的典型代表。然而，计件工资制只适用于那些工作努力与结果简单挂钩的商品生产行业。在努力难观察、成果不确定的行业则需要一些新的报酬机制设计。当然，这里的报酬不能被机械的理解为工资或物质的报酬，报酬由很多具体的形式。股权激励方案就是一种非工资形式的报酬机制运用的方案。股权激励方案，指通过员工持股、参股计划，将企业业绩与员工的个人收入紧密结合起来③。职位晋升制度则是将职位晋升

① Alchian, A. and Demsetz, H. Production, Information Cost, and Economic Orgnization [J]. American Economic Review LXII, 1972 (5): 777 ~795.

② 俞文钊．现代激励理论与运用［M］．大连：东北财经大学出版社，2006：13 ~21.

③ Aghion, P. and Bolton, P.. An Incomplete Contracts Approach to Financial Contrating [J]. Review of Economic Studies, 1992 (59): 473 ~494.

作为报酬的一种非物质形式的激励方案[①]。职位晋升可以被看做为“升迁或停滞”契约，即如果表现不突出，则停留在原职位。但职位晋升机制并不能消除委托人的机会主义行为。因为委托人有很多动机不提升代理人，而使其停留在原职位上，如委托人压低对产出的公布以求节约报酬成本，因为职位的升迁意味着报酬的增加。委托人的违约行径导致专用性人力资本投资的效率低下。为了消除委托人的机会主义行为，Wildman 设计了“晋升或出局”契约[②]。在这种契约安排下，如果委托人违约，即不提升表现优秀的代理人，则将导致代理人出局，这对依赖于专用性人力资本产出的委托人而言是极其不利的。前述的种种报酬机制用于治理军事人力资本交易中的偷懒问题是存在局限性的。因为，所有的报酬机制有效的前提是：努力程度可观察或努力结果可观察。努力程度可观察的前提是努力信息可知。如果工作的专业性强，则专业信息的障碍使管理者很难掌握员工的真实努力水平。本章所分析的军队科技干部工作的重要特点就是专业性强，这种信息不对称使管理者很难辨别科技干部是否真的在努力或是否将精力用于本职之外的工作。努力结果可观察则受到行业类型的限制，努力有成果的行业往往是那些只要努力就有既定产出的行业，如装配作业、商品生产等。如果成果不可观察，报酬就不能发挥工作激励的效果[③]。军事科研人员从事某项基础性科学研究往往需要一个不确定的较长的周期，且研究的成败往往是不确定的，因此他的工作努力也很难依据结果来观察。军队科技干部努力信息的不可观察使报酬机制无法适用。

（二）礼物交换理论

阿克洛夫（Akerlof，1982）提出了礼物交换理论（gift exchange theory），该理论其实就是源于心理学中的互惠需求、心理契约概念。礼物交换理论的基本观点是：只要雇主给予雇员超过市场出清水平的工资，雇员们将受到激励而付出自愿的无需监督的工作努力作为回报，即雇主给出超额

---

① Gibbons, R. and Murphy, K.. Optimal Incentive Contracts in the Presence of Career Concerns: Theory and Evidence [M]. Mimeo, Massachusetts Institute of Technology and Lodon School of Economics, 1990b.

② Wildman, M.. Up - or - Out Contracts: A Signaling Perspective [J]. Journal of Labor Economics, 1990. 8: 230 ~ 250.

③ 曾明. 工作激励理论研究综述 [J]. 大连：大连大学学报, 2004 (10): 88 ~ 91.

工资，雇员将给出超额回报[①]。雇员努力的动机是公平感。该理论也可以运用劳动力市场的供求规律来解释。即雇主乐意以更高的工资雇佣更少的人，这样，劳动力市场的供给会更加大于需求，在这种竞争压力下，就会有更多的雇员愿意在高于市场出清工资水平的情况下做比可得到的工作机会更多的工作。但礼物交换的激励机制也未必总能奏效，因为礼物交换发生作用是建立在每个参与者对其他参与者在自己的贡献条件下会持续参与的预期的基础上，一旦某个参与者不能清楚的预期其他参与者知道他们自己的角色并愿意遵守，即开始怀疑自己的礼物是否将会得到回报，则礼物交换就会解体。更何况，在军费约束下，礼物交换理论也缺乏实施的必要条件。

（三）惩罚机制

使员工为自己的偷懒付出更多代价是惩罚机制的理论精髓。为了设计一个员工愿意长期努力的激励机制，很多学者都从整个职业生涯的报酬规划着眼设计有效的隐性惩罚机制。拉齐尔（Lazear，1979）的工作生命激励理论提出雇主（委托人）与雇员（代理人）签订一份工资水平随时间的推移逐渐提升的长期合同，即先支付雇员低于边际产品价值的工资——然后工资水平逐年提高，逐渐高出其边际产品价值。如果雇员提前离开组织将得不偿失[②]。拉齐尔和罗森（Lazear & Rosen，1981）的锦标赛理论也延续了前者的思想[③]，该理论将雇主和雇员签订的工资水平随年份而增加的长期契约改为随职位等级而增加的长期契约——职位等级越高，工资越高。在最低职位层，工资低于边际产品价值；当达到一定职位时，工资超过边际产品价值。逐渐提高的工资契约相当于强迫雇员购买了一份长期“债券”。管理者的任务是使雇员在组织内的整个职业生涯的期望收入的现值等于他的保留工资的现值。如果雇员不努力工作被提前解雇，则将无法收回债券的本金与利息[④]。但是这两种惩罚机制都有一个潜在的适用前提，

---

① 萧鸣政．人力资源开发与管理——在公共组织中的应用［M］．北京：北京大学出版社，2005：310~313.

② Lazeal，E. P.. Why is There Mandatory Retirement?［J］. Journal of Political Economy，1987（6）:1261~1284.

③ Lazeal，E. P. and Rosen，S.. Rank Order Tournaments as Optimum Labor Contracts［J］. Journal of Political Economy，1989（5）：841~874.

④ 参见俞文钊．现代激励理论与运用［M］．大连：东北财经大学出版社，2006：13~21.

即假设雇员们愿意接受一个低于边际产品价值的早期工资或愿意购买这样的具有惩罚风险的“债券”。强化雇员偷懒代价的代表性理论还有夏皮罗和斯蒂格利茨（Shapiro and Stigliz，1984）的效益工资理论。该理论认为雇主应当付出高于市场均衡工资水平的工资给雇员，由于很难有同样收入水准的替代岗位，雇员将会努力工作，遵守契约。这实质上也是加大了雇员因偷懒被解雇的惩罚力度。但是该理论却忽略了雇主（军队）的实施成本。况且，军队科技干部工作努力的不可观察性也使惩罚机制缺乏实施的条件。

（四）声誉模型

声誉模型旨在通过外部劳动力市场的约束和压力激励员工努力工作。任何人都不可能不同社会保持相对稳定的、长期的关系。在长期重复博弈的过程中，声誉就成了一个重要的筹码。关注声誉即意味着契约当事人重视长期利益所在。对于雇主而言，声誉是吸引优秀员工的资产；对雇员而言，声誉是被新雇主雇佣的重要条件。而好的声誉一定来自于遵守契约、努力工作[①]。因此，重视声誉的当事人在声誉的压力下会努力工作[②]。声誉机制的好处在于可以大大减少委托人的监督成本[③]。中国人民大学经济学院的聂辉华博士在其博士论文中就引用现实中大量存在的雇员进行有效率投资的现象说明了，由于声誉的作用，在一定条件下敲竹杠未必妨碍专用性人力资本投资效率。作者假设甲乙双方签订了一个不完全合约，甲方在规定日期向乙方提供货物。这一关系持续两期。甲方为生产投入专用性人力资本。甲方的实际能力是私人信息，他可能是一个高能者类型，也可能是一个低能者类型。接着作者证明了三种均衡：一类混同均衡，即不同类型的甲方都在第一期做出社会最优的投资，声誉不好也不坏；分离均衡，即如果第一期做出社会最优投资的短期牺牲太大，从而导致低能者即便在第二期得益也难以抵消第一期的损失，那么低能者将退出市场，而高能者将留在市场，此时声誉发挥了好的作用；二类混同均衡，即便甲方是高能

① Diamond，D.. Reputation Acquisition in Debt Markets [J]. Journal of Political Economy 1997 (8):828 ~ 862.

② Holmstrom，B.. Moral Hazard in Teams [J]. Bell Journal of Economics，1982 (13): 324 ~ 340.

③ Holmstrom，B.. Moral Hazard and Observability [J]. Bell Journal of Economics，1979 (10): 74 ~ 91.

者也难以承受第一期做出社会最优投资的损失，高能者和低能者都将退出市场，声誉在这里发挥了坏的作用。根据以上三种均衡，得出了以下结论：中性的声誉使高能者和低能者都在第一期做出社会最优的专用性人力资本投资；好的声誉使高能者在第一期做出社会最优的专用性人力资本投资，并且使低能者退出市场；而坏的声誉使高能者和低能者都退出市场①。但是该文中并没有严格界定或说明好的声誉、中性的声誉、坏的声誉从何而来、是何含义，或者可以认为作者对于第一阶段的社会最优投资导致好的声誉还是好的声誉导致高能者做出社会最优投资的逻辑关系不太明朗。

声誉机制要发挥作用，其实存在严格的适用条件。首先，这种机制只对有“事业心”的、看重声誉和社会合作环境的当事人有效；其次，好的声誉来自于好的业绩，这需要一个可操作的业绩指标和评测；最后，声誉发挥作用还依赖于一个开放的声誉传递市场，而在军队这样一个相对闭塞的内部劳动力市场，声誉机制很难发挥作用。

（五）进入权理论

进入权理论主要是针对非物质资本的人力资本的投资激励而提出。在一些人力资本密集产业，如 IT 行业、高新研发行业、服务业等，人力资本构成了其关键资源，核心价值和利润由人力资本创造。然而，人力资本不像物力资本那样具备产权特征②。企业只能控制而不能拥有人力资本。管理者即便拥有企业产权，也无法有效支配企业的人力资本。面对工作效率低下，必须寻找一种新的治理方案来解决代理人专用性人力资本投资的激励问题。针对传统产权困境，拉贾恩和钦加莱斯（Rajan and Zingales，1997）提出了进入权（access）理论。进入权是指委托人通过赋予代理人进入、接触企业中关键资源的机会，促使代理人对关键资源作专用性的人力资本投资。由于人力资本与其所有者天然的不可分离的属性，代理人凭借专用性的人力资本获得了对关键性资源的控制能力，这种能力使代理人在一定程度上获得了与委托人讨价还价和分享剩余的权力③。然而，通过

---

① 聂辉华．契约不完全一定导致投资无效率吗？——一个带有不对称信息的敲竹杠模型［J］．北京：经济研究，2008（2）：132～143.

② 刘征驰、赖明勇．进入权、声誉与服务外包组织治理——一个非对称信息的不完全契约模型［J］．西安：当代经济科学，2010（1）：98～105.

③ Rajan，R. and Zingals，L.．Power in a Theory of the Firm［J］．NBER Working Paper No. 6274，1998 Q. J. of Economics，1997，112（2）：387～432.

赋予代理人接触企业关键资源的机会，来激励代理人努力进行与关键资源相关的专用性人力资本投资，并不是在所有组织都能适用或并不是对所有代理人都有效。关键资源通常只占企业资源的极少部分，也就是说，通过努力接触关键资源的机会很少，这不足以激励所有代理人都努力进行相关的专用性人力资本投资，且在一般的公共组织或非营利性组织并不一定存在关键资源。

（六）监督模型

针对契约的不完全性出现的雇员偷懒，团队生产理论中逐渐发展出了一些极富争议的观点。阿尔钦和德姆塞斯（Alchian & Demsetz，1972）建立了纵向监督模型，证明了从外部挑选监督者的必要性。他们认为：如果由团队成员负责监督其他成员的活动，就会在监督方面产生规模经济。但是这样的监督又面临着问题，即监督者偷懒，除非监督者被监督或被其他的方式激励。因为监督者作为团队成员与被监督者在利益和动机上一致。解决的办法就是要设法使监督者的偷懒变得对自己不利。借助于产权安排，从团队外部引入一个监督者作为团队成员的委托人并赋予监督者剩余索取权就是可行的办法[①]。横向监督模型的提出者瓦里安（Varian，1990）和斯蒂格利茨（Stiglitz，1993）认为，外部监督者与团队成员之间存在严重的信息不对称，如果对团队个体成员的努力可以进行外部监督，那么团队生产就不存在监督的问题了，“团队”的概念也毫无意义。横向监督理论认为团队成员中如果一人偷懒团队生产就减少，将导致团体惩罚，反之则团体奖励。团队成员的这种利益相关性使团队成员具有监督的积极性。主张横向监督的另一重要理由则是团队成员共享很多内部信息，因此搜集和处理信息的低成本也便于实施监督。后来，许多学者在现实的组织中对横向监督机制进行了观察和研究，并得到了验证。如雷亚（Rhea，1987）发现团队成员对团队中个体的努力程度与团队的生产效率的关系是充分关注的，成员们比管理者更加不能容忍其他人偷懒，不能容忍的原因在于成员们普遍知道偷懒将导致团队生产效率低下进而影响到自己的福利。成员们对偷懒的不容忍激励他们互相之间的横向监督。然而团队中自发的横向

---

① 尤金·法马、迈克尔·詹森．所有权与控制权的分离．载所有权、控制权与激励——代理经济学文选．陈郁编［G］．上海：上海三联书店、上海人民出版社，2006：166～171．

监督是否真的能够发生效果呢？章元（2003）认为这必须满足于两个条件：一是某个成员的努力程度必须能够影响到其他成员的福利状况，如果偷懒不影响他人的福利或影响微乎其微，则监督就缺乏激励；二是团队成员必须有能力改变其他成员的选择，即能够采取相应的措施使偷懒者不偷懒。如果发现了偷懒者，成员监督者却无力改变这种状况，就会出现“劣币驱逐良币”的现象，偷懒者将把勤奋者驱逐出团队或使勤奋者也变成偷懒者。就这两个条件而言，可以说军队的团体劳动由于个别偷懒者不会影响到其他成员的福利状况（稳定的工资收入），且成员监督者没有权力惩罚偷懒者而使横向监督不能发挥作用。针对横向监督机制难以奏效的问题，钟美瑞（2007）在其博士学位论文《公平偏好视角下行为激励契约理论及应用研究》中，试图将横向监督模型加入社会偏好的研究成果去解决团队生产的搭便车问题。首先，他借鉴了费尔和施密特（Fehr & Schmidt，1999）的社会效用函数，把团队成员社会偏好特征融入到了激励相容的约束条件中。其次，利用了特韦尔许和卡涅马（Tversky & Kahneman，1992）发展的价值函数对团队成员偏好进行描述，并更加具体化了社会效用函数的形式。最后，在以上更加现实的假设下，通过激励设计使团队成员努力程度和协作水平得到提高，从而减少成员的搭便车行为①。然而，钟美瑞在持有公平偏好可以提高团队成员的努力水平的观点的基础上，提出催生公平偏好的办法是在团队中引入社会偏好的团队成员和更加公平的分配方式。这不免又产生了新的困惑：如何识别具有社会偏好的团队成员？这显然已经不是学术研究可以解决的问题。这里所谓的更加公平的分配方式到底是以平均分配作为内涵还是以结果公平作为内涵？平均主义当然不可取，这只会强化偷懒者的机会主义行为，然而结果公平在个体劳动难以区分的团队生产中又是以什么作为分配的依据得以实现得呢？因此，这些试图解决团队成员偷懒的对策绕来绕去最终还是回到了最初的困惑中去了。军事人力资本契约的偷懒问题并不是团队生产的偷懒问题，而是专业信息不对称、劳动成果的长期性和不确定性使科技干部的个体劳动因不可观察而难以监督的问题。因此上述治理团队生产偷懒的监督模型难以适用。

---

① 钟美瑞．公平偏好视角下行为激励契约理论及应用研究［D］．长沙：中南大学，2007：38～57.

二、要挟及其治理理论

要挟不同于偷懒，偷懒建立在非对称信息或欺骗行为的基础上，要挟产生于占有优势的讨价还价的力量。一个描述要挟的经典案例是1919年通用汽车公司与费舍公司的车身订购契约。费舍公司进行专用性投资以生产通用汽车公司所需要的车身，但是费舍公司担心投资后通用汽车公司通过减少对车身的需求而实施“价格下调”的要挟，因此契约里约定了特别的期限保护，即要求通用汽车公司10年里尽其可能从费舍公司购买汽车车身。这样的期限保护可以有效地防止通用汽车公司的要挟，激励了费舍公司的专用性投资。然而这种“套牢”关系也使费舍公司对通用汽车公司实施要挟成为了可能，即费舍公司可能根据通用公司对其车身生产的依赖而随意涨价。为了防止这种要挟，契约里又约定了特别的价格保护条款，即契约规定了价格规则——车身的价格等于费舍公司的“可变成本”加上17.6%。然而这个价格保护条款却没有很好的避免费舍公司对通用汽车公司的“敲诈”[①]。在契约履行的过程中，费舍公司采用了低效率的办法，尽量增加生产成本以追求“成本加成”下的更多的利润。如利用较多的劳动密集型技术以增加人力成本、在距离通用汽车公司较远的地方设立生产工厂以增加运输成本。这些就是契约不完全与契约当事人机会主义行为合谋的结果。军事人力资本契约也具有类似的当事人实施“要挟”的可能性。

针对和专用性投资相联系的要挟问题的治理，已经形成的主要理论有（1）第三方裁判机制；（2）私人惩罚实施机制；（3）长期契约机制；（4）权利配置机制。以下简要分析这些治理机制以及这些机制被军事人力资本契约研究采纳的可能性。

（一）第三方裁判机制

当契约出现纠纷时，法院可以成为解决纠纷的最后手段。这种判断的一个假定前提是法院可以无成本的通过判决对要挟行为加以遏制，且法院的裁决一定是公正和合理的。交易成本经济学这方面的研究则认为，与其

① 奥利弗·E. 威廉姆森．资本主义经济制度——论企业签约与市场签约［M］．北京：商务印书馆，2002：15～34.

将法院法令或判决作为一种契约纠纷解决的工具，还不如将其作为维持契约秩序的背景要素。因为，法院对于有争议的契约条款只具备有限信息，解决争议前要获取这些信息的成本是高昂的，并且，法院的裁决也会由于法官有限理性和机会主义行为而不能确保公正合理。因此将纠纷诉诸法院的成本是昂贵的。换句话说，缔约双方应能设计出更令人满意（节约交易成本）的解决纠纷的方案。而契约的更新可以作为一种重要的纠纷解决办法。契约更新过程中，法院这种第三方裁判机制可以作为“法律的影子”以保证契约更新的稳定运行。从这个意义上说，法院作为法律的执行者在契约中主要发挥着背景的作用，而契约自身解决争议的条款和双方合意的弹性履行则显得更为重要。

（二）私人惩罚实施机制

私人惩罚实施机制是与第三方强制实施机制对应而言的。通常“要挟”行为并不能被简单判定为违约，因为“要挟”通常利用的是契约的漏洞，既然实施的行为是契约事先没有明文约定的，对难以证实真实信息的第三方（法院）而言，要挟者不存在违约问题。而第三方强制实施白纸黑字的契约反而还会成为“要挟”成功的通道。因此，第三方强制实施机制在制止“要挟”方面不可行。而契约的真正目的以及为了达到这个目的而显性存在的条款和未写明但隐含的条款在契约当事人之间却是心照不宣的，即真实信息在当事人之间是可观察的①。因此当事人依靠私人惩罚以防止“要挟”就是可能的②。私人惩罚有两种方式：方式一，与要挟者终止交易关系，使其承担专用性投资无法收回的损失。终止有两种手段——不再履约和不再续约。但是这样的私人惩罚还是存在严重缺陷的。不再履约意味着通过提前终止契约来给要挟者以惩罚。但是这样做，在第三人（法院）看来反而是要挟者没违约，被要挟者却因提前终止契约而违约，被要挟者存在承担违约责任的风险。不再续约也不具有惩罚意义。例如，费舍公司和通用汽车公司的契约既然已经约定了10年的期限，就可以推定，这10年的合作一定足以弥补费舍公司专用性投资的成本并得到相应的利润。更何况，如果要挟成功还获得了超额利润。因此不再续约不会给费

① 信息可观察是指信息是所有契约当事人的共同知识。

② 周智敏、黄玉杰．不完全契约的成因、风险及其应对机制［J］．哈尔滨：中外企业家，2007（12）．

舍公司带来损失。因此，这种终止契约的私人惩罚实施机制很难被军事人力资本交易中要挟的治理所采纳。方式二，使要挟者在市场上声誉贬值。这种市场声誉的贬值将导致要挟者在未来交易时的成本增加①。因为未来的潜在交易对象为了防备有要挟前科者的“要挟”行为，将会要求订立更为详细的契约或要求提供对己有利的更多担保。但是这种惩罚机制发生作用的前提是被要挟者必须在市场上公开要挟者的不道德信息，以使其声誉贬值。而这种方式在军事人力资本契约关系中是很难实施的，因为转业军人安置已经是亟待解决的难题，如果使转业军队科技干部声誉贬值，就意味着使转业安置雪上加霜。而转业军队科技干部也很难向市场证明自身是被要挟而退出军队。因此，这种声誉贬值的私人惩罚实施机制也很难被军事人力资本交易中要挟的治理所采纳。

（三）长期契约机制

前文提到的工作生命激励理论和锦标赛理论就是长期契约机制的代表性理论。长期契约机制就是通过一个逐渐增长的长期收益或未来可得利益的条款设计，使以提前退出契约作为要挟将得不偿失，以促成长期的合作关系②。

工作生命激励理论和锦标赛理论非常适用于治理专用性资本雇主投资类型契约的雇员要挟问题。但是这两种理论具有同样的缺憾。其缺憾是：从对雇员惩罚的角度去保护雇主实现一份长期契约，而忽略了雇主实施要挟的情形下雇员单方被解雇的损失的补偿设计，容易导致雇主契约的滥用行为。军事人力资本契约关系中，军队科技干部作为军事专用性人力资本积累的投资者更担心被要挟。因此为了激励军人放心的投资，军队的要挟应是防范的重点。偏重于雇主保护的长期契约机制也难以被军事人力资本交易中要挟的治理所采纳。

（四）权利配置机制

权利配置机制则是一种以权利的享有以及运用权利得到相应的利益为报酬的一种激励方案。基本观点是：由于人力资本具有与其所有者不可分

① 肖旭、李向楠．不完全契约的自我履行［J］．沈阳：沈阳工业大学学报，2000（9）．
② 章元．对横向监督理论的一个述评［J］．上海：世界经济文汇，2003（4）：71～80.

离的产权特征，因此解决专用性资产合约问题的纵向一体化交易体制并不适用于解决专用性人力资本领域的合约问题。要想使拥有人力资本和非人力资本的企业尽可能减少专用性问题带来的成本，关键在于如何安排企业控制权[①]。权利配置机制的基本思想是：通过一定的制度设计将控制权在管理者与被管理者之间进行分配，双方再也不能像在独占控制权时那样经常地凭借手中的控制权以解雇对方相威胁逼迫对方接受本方的条件[②]。组织的控制权包括企业契约中明确约定的权利和不确定状态下的剩余控制权。对于控制权的讨论主要针对的就是不确定状态下的剩余控制权的分配。剩余控制权理论认为，随着“新经济”的到来，人力资本是经济增长的重要推动力量，企业人力资本的重要性日益凸显[③]。企业的经理和员工都是人力资本所有者，他们为投入到企业生产中的专用性人力资本承担了被套牢的风险，因套牢就可能被要挟，为了促使他们放心地进行专用性投资，就应使他们分享企业的剩余控制权[④]。但是目前剩余控制权理论的主要研究成果还是集中于论证人力资本专用性在企业控制权分配中的巨大作用（Klein，2000；Coase，2000；Freeland，2000）和控制权分配对专用性人力资本投资的激励作用（Halonen，1997；Maskin & Tirole，1999；Hongbin Cai，2003）。而对于剩余控制权分配和使用的可操作性分析还很缺乏，这些问题包括剩余控制权在管理者与被管理者中如何分配？剩余控制权到底以什么样的具体形式得以体现？本书的第八章将在这些方面力图有所突破。

---

① 张立君．不完全契约、资产专用性与最优企业所有权安排［J］．武汉：经济评论，2000（4）：81～84.

② 杨瑞龙、周业安．一个关于企业所有权安排的规范性分析框架及其理论含义［J］．北京：经济研究，1997（1）：21～23.

③ 周其仁．市场里的企业——一个人力资本与非人力资本的特别合约［J］．北京：经济研究，1996（6）：71～79.

④ H．德姆塞茨．一个研究所有制的框架．财产、权力与制度变迁［M］．上海：上海三联书店，1991：211～234.

小　结

中国军官的职业稳定性还不高，从每年一度的硬性转业指标的下派可见一斑。转业政策给每个科技干部的职业稳定性预期蒙上了一层阴影。通过对近几年转业数据的整理，可以看到军队科技干部专用性人力资本交易中道德风险存在的现实性。转业政策为不忠实管理者实施转业要挟提供了可乘之机。被转业的前车之鉴使得部分科技干部因担心将来被要挟而消极怠工，通过积极"偷懒"（增加通用性人力资本投资）来应对可能的转业，有意识的降低自己的转业损失。看不清职业前景，进而减少专用性人力资本投资，谋求转业，趁年轻寻求更为稳定的职业已经成了部分高学历、军龄短的引进类型科技干部规律性的选择。而另一部分学历偏低、军龄较长的生长类型科技干部则倾向于做"投领导所好"的下属，以求稳定的职业发展。如果各级委托人（管理者）和代理人（被管理者）存在"目标替代"，则不利于军队的良性发展。总之，转业政策为专用性人力资本交易双方提供了不道德行为的可乘之机，不利于军事专用性人力资本投资。军队需要的是正常的竞争淘汰机制而非转业政策。转业政策是各种淘汰机制里最差的选项，转业政策隐含着太多的确定性和太多的不确定性——确定的是转业的指标年年有；无论科技干部如何工作努力，转业安排都必须落实。不确定的是转业安排有着主官的随意性，私底下的选择理由五花八门。被转业者常常抱怨尽管自己踏踏实实的埋头工作，但是却因为没有为单位领导"卖命"而被转业。鉴于此，军官职业的激励性和约束性制度安排显得尤为重要。

第七章　中国军官职业激励性水平对专用性人力资本投资的影响

上一章我们分析了军官职业稳定性水平和自主性水平偏低带来了军事人力资本交易的道德风险。接下来两章将继续上一章的话题，针对军事专用性人力资本交易中的道德风险问题，分析我国军官的职业激励性和约束性制度现状及其对军事专用性人力资本投资的影响。对于偷懒，需要组织制度进行激励性的设计；对于要挟，需要组织制度进行约束性的设计。

第一节　激励的含义

激励（motivation）一词源于拉丁文 movere，意为“采取行动”。美国管理学家贝雷尔森（Bevelson）和斯坦尼尔（Steiner）认为“一切内心争取的条件、希望、愿望、动力等都构成了对人的激励”[①]。与 motivation 常常混用的一个词是 incentive，后者多用于描述生物体对刺激的简单反应，因此，多在医学或生物学中使用。motivation 不同于 incentive，它包含了个体为了诸多种需求得以满足而付出努力。因此，激励不仅仅局限于物质激励，也不仅仅是为了实现简单条件反射。管理学和经济学的激励都以 motivation 表示，本章的激励也与 motivation 对应。

---

① 小詹姆斯基等．管理学基础［M］．北京：中国人民大学出版社，1982：37～39.

组织管理中，激励就是通过环境因素（薪酬、文化、职位提升、奖励等）的影响和个人因素（需要和动机）的引导实现员工按照组织设定的责任去履行职责。根据这一原意，经济学从委托代理的角度建立了一套较为成熟的激励理论范式。

军事人力资本交易的基本关系是一种委托代理关系。依据委托代理理论可知，如果代理人的专用性人力资本投资行为可观察时，可以设计一种报酬契约，即通过满足代理人的需要以诱导代理人以委托人所希望的水平进行专用性人力资本投资。然而，经典的经济学激励理论认为，委托人和代理人的目标不一致甚至冲突，原因是代理人的收益是委托人的成本，即代理人的收益和委托人成本表现为委托人设计的报酬；委托人的收益是代理人的成本，即委托人的收益和代理人的成本是代理人的专用性人力资本投资。在内生的目标冲突情况下，需要一个好的激励机制[①]。假定代理人努力的成本为 C，代理人在专用性人力资本投资前的产出为 P，投资后产出增量为 $P+\Delta P$，设代理人的保留工资为 w。由于激励的基本假定前提是自利人追求自身利益的“最大化”，由这个前提导致的推论是：如果努力是报酬的原因，人们会选择努力；如果更多的努力是更多报酬的原因，则人们会选择更多的努力；如果减少或停止努力（偷懒）不会影响报酬量，则人们会选择减少或停止努力（偷懒）。那么，好的激励机制应当满足：第一，使代理人的努力成为其获取报酬的原因，即当代理人产出为 $P+\Delta P$ 时，付给工资 W_2，当产出为 P 时，付给工资 W_1，则努力工作的条件是：$W_2-C\geqslant w$，且 $W_2-C>W_1$。第二，使代理人努力成为实现委托人目的的手段，从而使代理人认为努力实现委托人的目的就是实现自己的目的。委托人的目的是 $(P+\Delta P)-W_2\geqslant 0$，且 $(P+\Delta P)-W_2>P-W_1$。激励就是要刺激更多的实现委托人目的（或集体目标）的努力。

好的激励机制就是通过制度的设计激励潜在代理人自主参与契约，且实现委托人诱使代理人按照委托人的意愿行事的目的，从而降低寻找交易当事人的信息成本和交易履行的监督成本。因此，这里讨论的激励属于一种外在条件刺激的自激励类型，即了解和比较军队科技干部的各种需要，创设满足需要的条件，激发他们的动机，从而促使军队科技干部自主地、

① Grossman S. and Hart, O. An Analysis of the Principal Agent Problem [J]. Econometrica, 1983 (51): 7~45.

努力地采取特定行为以实现军队目标的过程。

具有激励作用的制度必须满足：（1）参与约束。参与约束是指什么情况下代理人自主而非被迫地接受委托。这也是委托人进行激励机制设计时面临的一个约束条件。该约束条件可以描述为：如果要一个代理人有兴趣接受委托人设计的机制从而参与博弈，代理人在该机制下得到的期望效用必须不小于他在不接受这个机制时得到的最大期望效用，即参与约束由公式 $P+\Delta P \geqslant W_2 \geqslant w+C$ 决定。参与约束的制度功能越强，意味着诸多个体主动参与交易的意愿越大，因此，委托人寻找交易当事人的信息成本越低，同时，对军队而言还减少了强制性征招的管理成本。（2）激励相容。一份自我实施的契约，实质是通过设计报酬支付函数，使代理人自己选择委托人所期望的行为，即激励相容由公式 $\Delta P \geqslant W_2 - W_1 \geqslant C$ 决定。一个有效的报酬支付函数可以诱导个体进行自我激励，从而降低委托人监督代理人履行契约的相应成本。参与约束和激励相容共同构成了好的激励制度不可缺少的组成部分。

第二节　激励作用实现的基本路径

在人力资本交易中，委托人对代理人激励的过程可以表示为：代理人为了满足自己的需要而产生人力资本投资动机、动机引起人力资本投资行为，行为又指向委托人目标。根据上面分析的激励的含义，交易从参与约束、工作激励直到交易目的实现的基本激励路径可以用图 7－1 表示。

图 7－1 中的制度吸引或制度刺激属于激励变量（i），是指交易当事人能够对交易有所反应的激励条件，即制度安排具备吸引力，如待遇高于应聘时社会同类人力资本的市场价格；设计一种机制使科技干部努力工作能够满足自身的特定需要。

参与交易需要、人力资本投资需要都是（当事人）主体变量（p），是指契约当事人影响自身反应程度的特性，如偏好。人力资本投资动机（m）受主体的投资需要和契约的刺激变量的决定，即 $m\ (p \cdot i)$。

契约投资行为属于反应变量（R），是指由激励变量和主体变量决定的投资动机引起的主体行为的变化，即 $R = m\ (p \cdot i)$。

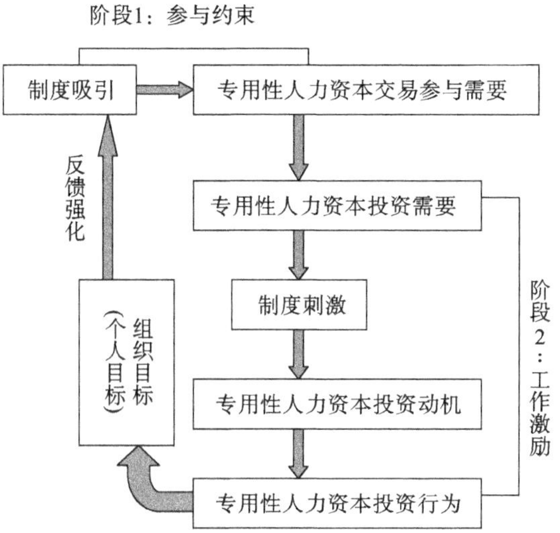

图 7－1 制度的激励作用实现的基本路径

阶段 1：制度安排对当事人构成了吸引，由此导致主体有了参与交易的需要，意味着制度安排具备参与约束效率。

阶段 2：制度中的激励条款调动了交易主体工作的积极性，即有了专用性人力资本投资的需要。为了提高工作效率，专用性人力资本投资动机进一步增强，进而加强专用性人力资本投资行为，最终实现交易目标。契约沿着参与约束——工作激励——投资激励的作用路径同时实现了组织目标和个人目标。而目标的实现又强化了双方当事人再次合作的吸引。如此形成一个激励的闭环模式。

第三节 参与约束：职业化工资制度的分析

一、参与约束的工资决定

对人力资本载体而言，最好的激励莫过于承认人力资本的价值。军队这种公共组织的国防安全服务不具有经济价值上的生产性，难以以产出为标准计工付酬，因此，劳动力承载的人力资本价值应为军队工资决定的主要标准。关于此种观点，已有很多学者做了一些相关的实证研究。张车伟和薛（2008）利用微观调查数据对中国国有部门与非国有部门的工资差异进行了实证研究，结果显示，中国国有部门的工资优势主要归于人力资本的优势①。汪雯基于1996年和2000年国家统计局城镇家庭收支调查数据，运用明瑟工资函数发现，较之工资改革初期，国有企业和非国有企业对教育、经验等人力资本的回报率都有所提升。但在非国有部门，各种人力资本只有在提高实际生产率的前提下才获得回报。在国有企业，工资只表现为奖励人力资本，而不论其是否真实提高了业绩②。这从某种侧面说明了人力资本在公共部门工资决定中的主要作用。

工资是否反映人力资本的价值则取决于工资的形成方式，即工资决定机制。工资决定往往受制于两个因素：

1. 市场化因素。如果工资决定机制完全以市场化为导向，工资水平应是劳动生产率的真实反映。如果产出不确定（如军事科研），工资水平就只能依据“高人力资本存量可以带来高的劳动生产率”这样的推定来决定。因此工资应反映不同学历层次的人力资本的价值差异。同时人力资本的专用性能提高契约关系内的生产率，且专用性程度越高，意味着将来挪作他用的价值损失风险越高，依据风险与收益对等的经济原则，工资还应反映专用性人力资本的特殊价值。因此，市场化的工资决定机制应反映以下人力资本价值差异：第一，学历层次的差异，即通用性人力资本的存量差异；第二，通用性人力资本与专用性人力资本之间的差异，即人力资本质的差异。

2. 非市场化因素。如果工资偏离了市场化的工资水平，就意味着工资决定受到了非市场化因素的干扰。这些因素通常是制度内生的缺陷，如制度的缺失、错位、偏向，这些制度缺陷会导致人力资本的报酬高于或低于市场水平。报酬高于市场水平被称为溢价，低于市场水平被称为歧视。

通用性的人力资本的价格往往更多的受到市场化因素的影响，能更好地反映市场工资水平。专用性的军事人力资本则难以进入市场进行交易，且军事人力资本的使用所创造的价值与经济剩余不直接相关，因此，军事人力资本的价格形成与评价非常困难。但是，初始进入军队的军人，军事

---

① 张车伟、薛欣欣．国有部门与非国有部门工资差异及人力资本贡献［J］．北京：经济研究，2008（4）：15～25.

② 汪雯．转型经济下不同所有制企业工资决定行为的实证研究［J］．北京：经济管理，2008（6）：30～36.

专用性资本几乎为零，其通用性人力资本的价格的形成机制必然是市场的。军队在市场中争夺人才，市场经济条件下，供求、竞争等因素是决定军事人力资本初始价格的根本力量。这种力量通过以下过程发挥作用：初次进入军事领域的人力资本价格信息会被传递出去，那些正在选择人力资本投资方向的潜在投资者（通用性人力资本所有者）接受到该信息后，通过将军队工资与市场工资水平进行比较，来权衡是否进入这个领域。因此，军队工资制度的参与约束必须考虑市场工资水平对通用性人力资本所有者就业选择的影响。

二、研究假设

不可否认，通用性人力资本所有者是否选择进入军队不仅受到新就业工资水平的影响，还会受到预期的风险和收益变化的程度的影响。通用性人力资本所有者进入军队的参与约束式可以描述为：（军队工资水平 - 市场工资水平） + （军队的预期收益 - 市场的预期收益） - （军队的预期风险 - 市场的预期风险），值越大，则参与约束性越强。

市场组织在就业的次年工资增长较快但淘汰的风险高，军队工资增长较慢但较稳定。由于两类组织的预期风险和收益各有利弊，这个项目的值相抵消。因此，往往是哪个组织的新就业工资水平更高，谁就有更强的参与约束。军队工资与市场化的工资水平的比较最能反映军队工资制度对潜在军事人力的参与约束效果。另外，工资水平的比较不是针对抽象的主体的比较，比较的前提是主体的可比性，在新就业工资（参与约束）的比较方面，工资水平应与学历水平相对应。从这种比较分析中，本章试图对以下论题提供支持：

1. 承认劳动力一旦进入军队即意味着要进行更多的专用性人力资本投资，这种专用性投资会给军人个人带来很高的机会成本，因此为了考察军队工资对通用性人力资本进入军队的一般参与约束的效果，就要分析军队工资中是否反映了通用性人力资本与专用性人力资本之间的差异。

2. 专用性人力资本是在通用性的人力资本基础上进行专用性投资而形成。对科技干部而言，同等条件下，通用性基础越扎实，专用性投资的效率就越高。假设学历的高低等同于通用性基础的强弱，那么，高学历者往往能更有效的实现专用性人力资本投资的目标，因为高学历教育经历是对应征者的刻苦、认真、上进的品质的证明，他们具有更强的学习能力、研究能力和毅力。军队科技干部队伍引进高学历人才可以提高专用性人力资本的投资效率。因此，为了了解军队工资是否对不同学历层次的通用性人才有不同的参与约束，是否强化了高学历人才的参与约束效果，就要分析军队工资中是否足够反映了学历层次的差异。

为了分析出工资（或者薪酬）在个人参与约束中所起的作用，我们假设个人的效用水平只取决于工资水平（或者说货币化薪酬），而不受其他因素，诸如社会地位等的影响。

三、数据的选择

军队工资水平与地方同等学历人才新就业的市场工资水平的对比，最能反映军队工资制度参与约束的程度。因此，参与约束的分析将采用以下数据：

1. 2008 年 7 月以后不同学历人员进入军队的工资水平。2008 年 7 月份军队工资做了一次最新的大幅度调整，本章将整理军队最新的工资数据。

2. 2008 年不同学历人员新就业的市场平均工资水平。由于全国不同学历人员新就业的市场平均工资的数据的获取非常困难。本章以 2008 年中国统计年鉴中反映的 31 个省、自治区、直辖市的主要劳动统计数据为依据，发现广东最接近 31 个省、自治区、直辖市的各职工平均工资的中位水平，具有代表性。所以就选取广州市政府公布的《广州市 2008 年不同学历新就业人员工资水平情况》中的数据来代表 2008 年不同学历人员新就业的市场平均工资水平。

以上这些数据的对比由表 7－1 反映。

表 7－1　　2008 年不同学历人员在军队与市场组织新就业的工资水平差异

单位：元/月

	军队	市场组织	差异	工资比
博士	约 4800	3949	908	1.22
硕士	约 3900	3385	589	1.15
本科	约 3600	2382	1297	1.51
大专	约 3400	1984	1468	1.71

资料来源：市场组织的工资数据主要根据广州市政府发布的《广州市 2008 年不同学历新就业人员工资水平情况》的数据整理而成。

四、分析与比较

假设个人的期望效用为：

$$\overline{U} = \Phi_m \times W^m + \Phi_n \times W^n \tag{7-1}$$

其中，$\Phi_m = \phi_1 \times \phi_2$，即个人进入军队工作的概率是 Φ_m，同时这一概率由两个因素决定：ϕ_1为军队允许个人进入的可能性，可能性总是存在，所以 $\phi_1 > 0$；ϕ_2为个人进入军队的意愿，这一意愿决定于个人的偏好以及对军、地两种工作环境风险的有限理性分析，$\phi_2 > 0$。Φ_n代表个人进入地方工作的概率，$\Phi_m + \Phi_n = 1$。W^m为军队工资水平，W^n为市场工资水平。即个人期望效用水平等于进入军队工作的概率与军队工资水平的乘积，与在地方工作的概率与市场工资水平的乘积的和。

（一）横向分析

假设把下式看成军队工资水平对个人进入军队的激励程度：

$$(W^m - \overline{U}) / W^n \tag{7-2}$$

把公式（7-1）代入公式（7-2），得出：

$$(1 - \Phi_m) \times (W^m / W^n - 1) \tag{7-3}$$

现在分别分析两个因素对激励程度的影响：

1. 地方人员进入军队工作的概率 Φ_m越小，激励程度就越大。假设剔除其中的个人偏好等个人主观因素，这一概率就由军队的需求决定。进入军队工作的概率越小激励程度越大的原因在于：军队的需求越小，军费分摊到每个军事劳动者身上的比例增大，即军队规模的缩小意味着工资的上升，这增加了地方人员进入军队的激励程度。

2. 军队工资水平与市场工资水平的比值越大，激励程度越大。其中原因不必详细说明。

结合这两点以及表 7-1 反映的数据 $W^n < \overline{U} < W^m$，通过横向比较，军队工资水平高于市场工资水平，反映了对军人进行专用性人力资本投资所带来的机会成本的损失的补偿。对于经济人属性的通用性人力资本所有者而言，进入军队工作是更加有利的。军队工资水平对个人具有参与约束作用。

（二）纵向分析

军队工资水平对地方不同学历层次的人力资本的激励程度是否相同呢？从表7－1可以看出，博士及以上学历层次军队工资与市场工资的比值为1.22，而在大专层次上，两者的比值为1.71，把这两个数据代入公式(7－3)得出：

对地方博士及以上学历层次人员的激励程度为：

$$(1-\Phi_m{}^d)\times(1.22-1)=(1-\Phi_m{}^d)\times 0.22 \qquad (7-4)$$

对地方本科学历层次人员的激励程度为：

$$(1-\Phi_m{}^b)\times(1.71-1)=(1-\Phi_m{}^b)\times 0.71 \qquad (7-5)$$

公式中，$\Phi_m{}^d$是地方博士学历人员进入军队工作的概率，$\Phi_m{}^b$是地方本科学历人员进入军队工作的概率。

1. 如果不同学历层次的人员进入军队工作的概率Φ_m是不变的，由表7－1最后一栏的工资比可以看出，军队现有的工资水平对地方硕士学历层次以下人员的激励程度远大于对硕士及以上学历层次人员的激励程度。

2. 当然不同学历层次的人员进入军队工作的概率Φ_m在现实中不可能是不变的。现在就具体分析它对激励程度的影响。前面已经分析了地方人员进入军队工作的概率$\Phi_m=\phi_1\times\phi_2$是由军队允许个人进入的可能性与个人进入军队的意愿的共同决定。博士及以上学历层次的地方人员进入军队的概率$\Phi_m{}^d$则由军队允许地方博士学历人员进入的概率$\phi_1{}^d$和地方博士学历人员愿意进入军队工作的概率$\phi_2{}^d$共同决定。同样，地方本科学历人员进入军队工作的概率$\Phi_m{}^b$由军队允许地方本科学历人员进入的概率$\phi_1{}^b$和地方本科学历人员愿意进入军队工作的概率$\phi_2{}^b$共同决定。为了简化分析，假定地方人员除了学历以外不存在个体偏好差异，即ϕ_2相同。现实中，军队对高学历人员的需求越来越大，对低学历人员需求正好相反，也就是说，$\phi_1{}^d>\phi_1{}^b$。由此，可以推出$\Phi_m{}^d>\Phi_m{}^b$。把这一结论代入公式（7－4）和公式（7－5），可以得出：在现有的工资水平上，军队对地方高学历人员需求比重的增大（也就是说对地方本科层次人员需求的减少），减少了军队工资水平对高学历人员的激励。

依据以上两点，对于自利人属性的高学历通用性人力资本所有者而言，进入军队工作是“不好”的，因为相对低学历人员，高学历人员被“歧视”了，存在激励程度上的相对不公平。这样我们就可以解释为什么近年来，军事科研单位招博士及以上，特别是知名学府的高学历的通用性人力资本所有者很难，但是博士以下特别是本、专科层次的人员却非常容易。

五、政策启示

军队对不同学历人才的初始工资水平的确定，总体而言，比市场工资水平高，具有一般参与约束效果。具体而言，对不同学历人才的参与约束作用大小不等且不合理。低学历人才的工资有溢价，大专层次的溢价最多；中高学历人才的工资有歧视。因此军队工资制度对大专生具有最多的参与约束，本科生次之，对硕士和博士的参与约束较小。

由此得到的政策启示是：

1. 应重点激励高学历人才参与契约。激励策略一，让军地工资水平比值 W^m/W^n 随着学历的提高而增加，使军队初始工资水平随学历水平变化的二阶导数大于 1。可以考虑降低大专生和本科生的收入，或提高硕士生和博士生的收入。然而军队工资与级别相对应，由于工资刚性，降低低学历者的收入即降低低学历者的初始级别很难实施，那么，就只有提高硕士生和博士生的初始级别。但是，对于高学历者待遇的普遍提高必将要求军费的相应增加。激励策略二，提高军队需求标准。军事科研单位直接以硕士及以上学历为起点招收通用性人力资本所有者。科技干部个体人力资本存量的提高带来的收益就是可以减少科技干部的数量，既有助于军队规模的减少，又有利于对高学历人才的参与约束效果的增强，而且还可以减少人才进入和退出的流动成本，提高军队科技干部队伍的稳定性。

2. 实施紧缺人才类型年度公布，从专业角度控制人才类型的引进。某些高学历专业人才在地方工作的待遇明显高于军队，在军费约束条件下，军队可以适当降低紧缺人才入伍的学历标准并出台紧缺人才初始级别优待政策，进一步加大对紧缺人才参与契约的激励程度。

第四节　工作激励：军队职业生涯的制度分析

一、工作激励的逻辑

（一）需要层次：从增长工资到成就事业

激励发生作用以努力工作能够满足个体的某些需要为条件。经济人假设将人的需要简单化为物质需要，将人等同于单纯追逐物质利益的个体。本章采纳的自利人假设不同于经济人假设，它对工作激励机制的设计具有这样的启示：人有多重的利益需要，其行为选择的依据就是自己的利益需要是否能够得到满足。工作的动力来自于外在激励对内在需要的呼应。这里，可以借用勒温的场动力论的观点加以说明。心理学家勒温最早综合了行为主义的外在激励理论和认知派的内在激励理论提出了综合型激励理论。他用以下的函数关系表述场动力论：

$$B=f(P\cdot E) \tag{7-6}$$

公式（7－6）中，B 代表个体采取的行为，P 代表个体的内在动力，E 代表外部刺激。这个公式说明，个体的行为取决于个体内在动力和外部环境的乘积。个体的内在动力来源于个体的需要，如果需要不强烈，再强的外部刺激也不能引起个体采取外部刺激所期望引致的方向去行为[①]。那么激励问题的关键就是要了解个体的需要。对军队科技干部的工作激励而言，就是要了解军队科技干部这个独特的群体有哪些区别于军队非科技干部群体的需要。

经济学由经济人假设出发，激励机制的设计主要围绕报酬机制展开，如工作生命激励理论、效益工资理论等都将工资作为一个核心的主题，强调外在物质利益的刺激和人对刺激的理性自觉反应。尽管受到心理学的影响，经济学的激励理论也逐渐延伸出了将“真实人”作为激励对象的“礼

---

① 俞文钊．现代激励理论与运用［M］．大连：东北财经大学出版社，2006：13～21.

物交换理论”（Akerlof，1982），但是该理论仍然是通过超额报酬的设计来实现员工工作努力的对等交换，即分析的基础仍然是经济人，机制设计依托的仍然是工资。管理学的激励理论在分析人的各种不同需要的基础上研究特定的环境所引发的人的自发心理作用①。其优点是全面的审视人的各种需要，这样的人性假设更接近于现实。本章将以经济学的外在利益的刺激作为主要的激励手段，机制的设计将正视人除了工资需求之外的非物质需要。心理学关于人的非物质需要的理论成果非常丰富，例如马斯洛的需要层次论将人的需要分为5个层次：生理需要、安全需要、爱的需要、尊重的需要、自我实现的需要②。这五种需要中后四种都可以说是非物质需要。阿德佛认为人的需要有三种：生存、相互关系、成长。这三种需要中后两种是非物质需要。这些非物质需要中只有自我实现或成长的需要③最适宜于运用于经济学思路的激励机制设计。本章只关注对工作激励机制具有积极反应的直接相关的需要。为了分析的便利，基于前述的考虑，本章对军队科技干部的需要做出了纯粹简单的假设，假设科技干部只有两种需要：生存需要和发展需要。只有对这两种需要在军队科技干部职业生涯中的重要性及其演变进行深入分析，才能设计出有效的激励机制。

近几年入伍的军队科技干部普遍具有硕士以上学历，属于高人力资本存量群体，是典型的“高级知识型员工”。从激励的角度对知识型员工的需要进行分析的理论主要是激励因素理论。现有的激励因素理论为本章分析军队科技干部的需要提供了理论支撑。

很多学者对知识型员工的激励因素进行了定性和定量研究。其中以美国管理学家马汉·坦姆仆做的研究工作最具代表性。马汉·坦姆仆（1989）经过大量研究后认为，与其他类型的员工相比，知识型员工更重视能够促进他们发展的、有挑战性的工作，他们对事业的成长有着持续不断地追求④。中国学者也对知识型员工的激励因素进行了实证研究。陈井安、景光仪经过问卷调查，发现具有硕士及以上学历的知识型员工对“业务成就”激励的偏好显著高于本科以下学历的知识型员工。高级知识型员

① 俞文钊．现代激励理论与应用［M］．大连：东北财经大学出版社，2006：26.

② 马斯洛．动机与人格［M］．中译本．北京：华夏出版社，1987：40～53.

③ 阿德佛所指的成长的需要是指个人在事业上、前途方面发展的需要。这也是一种自我实现的需要。

④ 黄培伦、李鸿雁．知识型员工激励因素研究评述［J］．广州：科技管理研究，2007（1）：138～139.

工普遍强烈渴望运用他们的知识干出一番事业并从中实现自我价值①。马立荣、肖洪钧也提出了知识型员工激励因素的主要4点：组织环境、个体成长、精神奖励、物质奖励②。以上研究成果皆表明，知识型员工更加重视个人发展和职业进步，对他们的激励除了物质激励以外，更要以其事业成就和个人发展为主。在以上研究的基础上，本章认为，作为知识型人才的军队科技干部，其生存需要和发展需要的关系可以用图7－2加以描述。

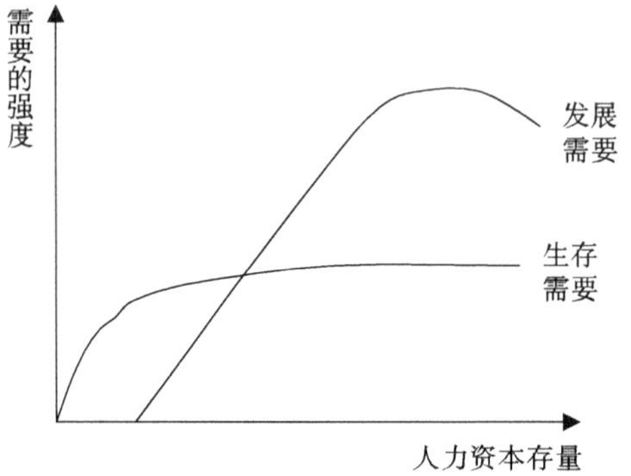

图7－2　人的不同需要与人力资本存量变化之间的关系

图7－2说明了人的生存需要和发展需要与人力资本的存量变化之间的关系。当人力资本存量较低的时候，人的生存需要强烈，例如人力资本存量很低的农民工外出打工更多的是为了生存的需要。但生存需要作为一种起码需要达到了一定的水平就不再有增长的空间。随着人力资本存量增加，生存的需要强度将保持不变。而与人力资本存量有明显的正相关关系的是发展需要。发展需要的强度随人力资本存量的增加而不断上升。

军队科技干部首先有生存的需要，生存的需要依赖于物质资料的基本满足。当生存的基本需要没有得到满足以前，物质激励或工资激励的作用很强，即工资激励在人的生存需要没有满足以前是边际效用递增的（见图7－3）。但是工资激励在生存需要得到满足后就出现了边际效用递减。工资边际效用的最高点在 mu' 点，这一点也是生存需要得到满足的点。就军队近几年通过补偿性工资增长已经达到的较高的工资水平来说，即便不受

① 陈井安、景光仪．知识型员工激励因素的实证研究［J］．北京：人力资源管理，2005（8）：101～105.

② 马立荣、肖洪钧．知识工作者的激励机制设计［J］．大连：大连理工大学学报，2001（3）：25～28.

军费的约束，工资再增长对军队科技干部的激励作用也会明显降低。此时，工资只是维持现状的保健因素，不能激发科技干部的工作积极性，但如果工资不能公平、合理的予以支付，也会降低科技干部群体的满意度①。从工具性价值看，军队科技干部在物质方面得到了相对的满足后，就有了发展的需要，即在事业方面期望能有所成就。从目的性价值看，军队科技干部通常具有较高的学历背景。由于受教育水平较高，他们在个人特质、精神需求、价值观念和工作习惯等各方面具有特殊性。军队科技干部大多具有较高的个体素质，如宽阔的知识面、开阔的视野、较强的求知欲、较高层次的个人需要。随着知识的积累，军队科技干部的品位、追求都会不断提升。属于高人力资本存量的军队科技干部从事的主要是创新性劳动②。作为"知识型员工"的典型代表，他们具有实现自我价值的强烈愿望，高度重视成就感和精神愉悦。成就是他们工作的主要动力，他们的很多创新都不是丰厚的报酬激励的结果。创新源自外在成就事业的环境激发出的人的内在动力。军队科技干部比非科技干部具有更强的、自觉的事业心。对他们而言，当生存的基本需要得到满足后，成就事业的高级需要比增长工资能带来更多的满足感。有成就事业的天地，才能最大程度地激发他们的工作潜力。因此，军队科技干部的工作激励应以"成就事业"为重心构建相关政策体系。

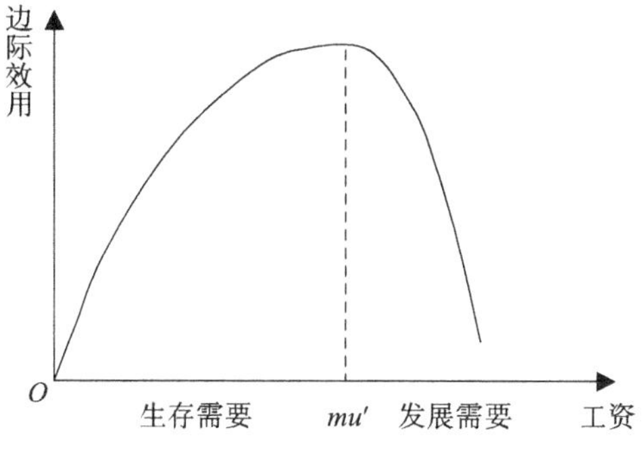

图 7-3　工资增长与生存需要的边际效用

根据以上的分析，可以将图 7-1 具体化为图 7-4，来进一步说明本

---

① 赖长林．关于知识型员工有效激励模式的思考［J］．南昌：求实，2005（2）：230~231.

② 创新性劳动不同于简单重复劳动，例如车间流水线上的工人的劳动就是简单重复劳动，他们的劳动是纯粹的物化劳动，机械的重复一个操作，不需要事业心，人被机器化。

章工作激励的基本思路。图7－4中的阶段2正反映了本章工作激励机制设计的思路。成就事业需要是（当事人）主体变量（p）。成就事业的制度激励属于激励变量（i），例如，设计一种机制使科技干部努力工作能够满足自身的特定需要。

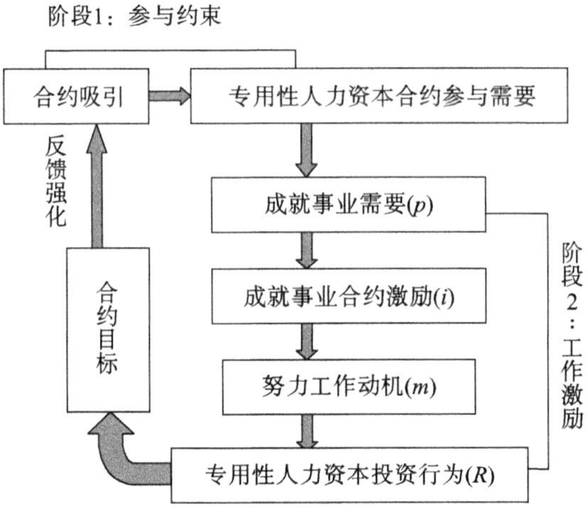

图7－4　军队科技干部人力资本契约工作激励实现的基本路径

努力工作动机（m）受主体的成就事业需要和制度激励变量决定，即$m(p, i)$。

专用性人力资本投资行为属于反应变量（R），$R = m(p \cdot i)$。

工作激励实际上是一个个人目标和组织目标逐渐趋同的过程。工作激励机制的设计就是组织在对个人需求偏好（需要）进行准确的判断的基础上，通过制度设计建立努力工作与个人需要得以满足的密切关联，从而使努力工作既是组织的目标，也是个人的目标。最终实现个人为了组织的目标而竭尽全力。

（二）先天禀赋和社会网络资本：努力工作到成就事业的障碍

如果把成就事业作为努力工作的激励，这种逻辑就隐含了一个前提：成就事业是努力工作的结果，努力工作是成就事业的唯一手段。然而现实中，并不是同样的努力工作就能取得同样的成就，这是因为人有先天禀赋的差异；也并不是成就事业一定要靠努力工作，因为社会网络资本丰富的人往往更容易成功①②。

假设军队科技干部在时期 $t+1$ 时，努力的期望效用为：

$$G=\pi_{i+1,t+1}\left(W_{i+1,t+1}^{m}-Z\left(e_{i+1,t+1}\right)\right)+\left(1-\pi_{i+1,t+1}\right)\left(W_{i,t+1}^{m}-Z\left(e_{i,t+1}\right)\right) \tag{7-7}$$

G 为 $t+1$ 时期的期望效用。其中 $\pi=\pi\ (e_1,\ e_2,\ a_1,\ a_2,\ y_1,\ y_2,\varepsilon)$，即个人晋升的可能性受到如下因素的影响：自己的努力水平 e_1、别人的努力水平 e_2、自己的禀赋 a_1、别人的禀赋 a_2、自己的社会网络关系 y_1、别人的社会网络关系 y_2 以及干扰因素 ε。

$\pi_{i+1,t+1}$ 为在 $t+1$ 时期晋升到级别 $i+1$ 的概率。

$W_{i+1,t+1}^{m}$，$W_{i,t+1}^{m}$ 分别是在 $t+1$ 时期晋升到级别 $i+1$ 的军队工资水平和仍然在级别 i 上的军队工资水平。

$Z\ (e_{i+1,t+1})$ 为努力的负效用。

对公式（7-7）求导，得出效用最大化条件为：

$$\pi\times\left(W_{i+1,t+1}^{m}-W_{i,t+1}^{m}\right)-\pi\times\left(Z'\left(e_{i+1,t+1}\right)-Z'\left(e_{i,t+1}\right)\right)=0 \tag{7-8}$$

第一项可以看做是努力所带来的直接利益：即努力水平的提高可以带来工资水平的增加。

第二项为努力所带来的负效用，即努力的增加而导致个人效用水平降低。

这是努力水平对期望效用的影响，还有很多因素如先天禀赋和社会网络关系的影响则在 π 项中体现出来。

先天禀赋和社会网络关系对晋升可能性的影响为正值。

假设 π 只受努力水平的影响，根据公式（7-8）可能得出在图 7-5 中的 a 点军人付出 e_0 的努力水平，在这个努力水平上达到的个人效用最大化点（晋升概率）为 G_0。假设个体军人拥有好的先天禀赋和社会网络资本，则效用曲线会向外平移。在 b 点，同样的努力水平 e_0，但晋升概率上升到 G_1。因此，如果有了先天禀赋和社会网络资本的正的影响，则要获得 G_0 点的最大化效用水平，则只需付出 e' 的努力。

由此得出结论，如果军队在满足个人效用最大化的前提下激励个人付

---

① 社会网络资本是指能够进行互惠交易的社会关系。

② 姚伟．社会网络资本与社会分层机制研究［J］．乌鲁木齐：新疆社会科学，2009（2）：6~9.

出最优的努力水平，就必须减少先天禀赋和社会网络资本以及其他干扰因素对晋升概率的影响。

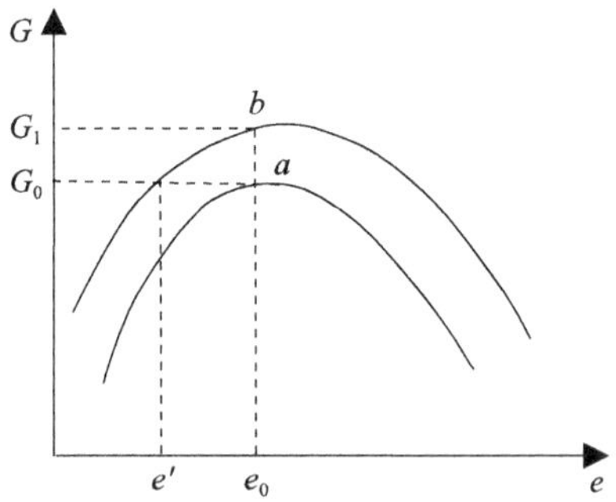

图7-5　先天禀赋和社会网络资本对工作努力水平的影响

二、军队科技干部职业生涯的制度分析

（一）军队科技干部任职的相关规定

1. 最高年龄的规定。《中华人民共和国现役军官法》（以下简称《军官法》）第十六条规定，专业技术军官平时任职的最高年龄分别为：“（一）担任初级专业技术职务的，40岁；（二）担任中级专业技术职务的，50岁；（三）担任高级专业技术职务的，60岁。《中国人民解放军文职干部条例》（以下简称《文职干部条例》）第二十六条也规定：文职干部达到平时服现役的最高年龄的，应当退出现役。专业技术文职干部平时服现役的最高年龄：（一）担任初级专业技术职务的，45岁；（二）担任中级专业技术职务的，55岁，其中从事文艺、体育和护理工作的，50岁；（三）担任高级专业技术职务的，60岁，其中少数工作需要的，可以适当延长，具体办法按照有关规定执行。”

2. 退出现役安置办法的规定。《中华人民共和国现役军官法》规定，担任高级专业技术职务的军官，退出现役后作退休安置，有的也可以作转业安置或者其他安置。担任初级、中级专业技术职务的军官，退出现役后作转业安置或者其他安置。《中国人民解放军文职干部条例》规定，服现役满30年以上或者服现役和参加工作满30年以上，或者年满50岁以上的文职干部，担任中级、高级专业技术职务的，本人提出申请，组织根据工作需要，可以批准其退出现役以后作退休安置。

3. 晋升职务年龄限制的规定。总后勤部政治部《关于做好评审任命专业技术职务工作的通知》（［1994］政干字第755号）中规定：晋升专业技术职务的最高年龄，晋升初级专业技术职务为38周岁；晋升中级专业技术职务，专业技术军官为43周岁，文职干部为45周岁；晋升高级专业技术职务，专业技术军官为48周岁（个别优秀的可延长3～5岁），文职干部为55周岁；晋升正高职的，原则上不超过58周岁。

（二）制度分析

以上这些规定对科技干部个人和军队都会带来负面影响。

1. 风险预期使军队科技干部萌发通用性人力资本投资的动机。我们在设计工作评价制度时，有两种方案：一是按照一个统一的标准进行考核，不考虑个体差异，这种评价就是一种“绝对表现”评价制度；二是考虑每个人的个体差异，根据个体的相对表现进行考核，这种评价就是“相对表现”评价制度。对科技干部个人而言，上述规定实质上就是一个“高等级=成就事业”的“绝对表现”的锦标赛淘汰制。由于每个人的先天禀赋和社会网络资本不一样，因此，凭借努力所取得的成就也就不应有一个同一的标准。而上述制度展现出的金字塔式的等级制决定了不是每个人只要努力就能走到金字塔的上层。军队科技干部专业技术等级越往上走就越难、越窄。然而，科技干部的专业技术职务如果不能在晋升年龄达到上限以前走入上一等级，即意味着晋升无望和较早的退出现役。而转业是退出现役的基本形式，退休则是例外。这无异于在扼杀每个人为成就与自身能力相符的事业而努力进行专用性人力资本投资的动机。

然而，根据联合国世界卫生组织在对全球人体素质和平均寿命进行测定的基础上最新公布的人生年龄段的划分标准，40岁到60岁之间正是人一生之中丰富经验、旺盛精力、成熟思维三者兼具的黄金时段①。初级和中级专业技术职务干部如果感觉到晋升上一等级无望，预计到在黄金工作年龄就要退出现役，军队科技干部就会为自己进入通用性工作领域留条后路。由于通用性人力资本在产权交易中不会产生流动的成本和障碍，且通

① 联合国世界卫生组织将人的一生分为5个阶段：44岁以下为青年人，45岁至59岁为中年人，60岁至74岁为年轻老年人，75岁至89岁为老年人，90岁以上为长寿老人。这5个年龄段的划分，把人的衰老期推迟了10年。

用性人力资本在军队科技干部继续留在部队或另谋出路的情况下都是有价值的。因此，军队科技干部除了掌握岗位所必需的基本技能以外，会缺乏精益求精的进行专用性人力资本投资的动力而自觉的进行通用性的人力资本投资。

2. “熟练工”的退出，军队的损失大于收益。对军队而言，一个40岁、工作精力正处于旺盛期的“熟练工”退出军队而导致的成本也是高昂的。假定军队的专业技术岗位编制是科学的，因退出现役导致的空置的岗位编制需要新人来填补，而将一个新人培养成一个“熟练工”（专用性人力资本投资）的投入就是军队迫使一个初级或中级“熟练工”过早退出岗位而应当承担的代价。这里要说明的是，专业技术职务等级不能等同于专用性人力资本积累的程度。因为一个海外归来的高学历人才，又有丰富的工作经历，如果参军入伍为科技干部，其初始专业技术职务可能会被定为副高级，而此时，他的专用性积累几乎为零。因此，一个在军队服役了多年的50岁的中级专业技术干部一定比一个刚进入军队被定为中级专业技术干部的博士或硕士的专用性积累多。这里，文中用通俗的“熟练工”来概括这种区别。随着专用性人力资本的增加，科技干部专用性人力资本投资的收益是增加的，即同样的收益下，专用性积累丰富的科技干部专用性人力资本的投资成本是下降的①。“熟练工”在处于投资成本曲线低端时或投资收益曲线高端时，却退出职业生涯，军队的损失大于收益。

三、基于相对表现的成就事业型激励设计

综上所述，设计一种基于相对表现的成就事业型激励机制应能有效提高军队科技干部服役制度的激励性和稳定性。基于相对表现的成就事业型激励机制的设计应该包含：（1）差异化的事业前景②；（2）工作努力可以

① 这里要说明的是，专业技术职务等级不能等同于专用性人力资本积累的程度。因为一个海外归来的高学历人才，又有丰富的工作经历，如果参军入伍为专业技术干部，其初始专业技术职务可能会被定为副高级，而此时，他的专用性积累几乎为零。因此，一个在军队服役了多年的50岁的中级专业技术军官一定比一个刚进入军队被定为中级专业技术军官的博士或硕士的专用性积累多。这里，文中用通俗的“熟练工”来概括这种区别。

② 这里的差异化前景是指先天禀赋不同的人都有基于其先天禀赋的限制而凭借努力可以实现的各自不尽相同的事业前途。这里承认先天禀赋的差异就是要设计一种去差异的成就事业型激励制度。

作为事业追求的唯一手段（稳定的发展预期）。

（一）差异化的事业前景

一个有效的激励机制，应使先天禀赋不同的人，只要努力工作，就有差异化的事业前景。这对军队科技干部政策的启示在于：不同专业技术职务的科技干部任何时候都应有机会通过努力工作进入上一职务等级，即便受到其他因素的干扰不能进入上一职务等级，在现有职务等级上，正常情况下，也应该可以干到和最高职务等级同样的退休年龄。这里的正常情况，是指除了某些特殊原因需要退出现役之外的情况，如经考核不称职的、犯有严重错误的、军队体制编制调整精简需要等特殊原因而必须退出现役的。差异化的事业前景可以用图 7－6 表示。

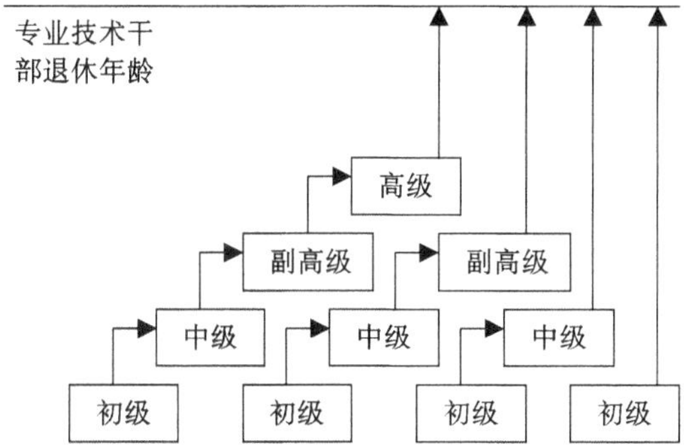

图 7－6　军队科技干部差异化的事业前景

图 7－6 的含义为：不同专业技术职务的科技干部在金字塔式的晋升制度下，有努力工作的激励，然而由于非不努力工作的原因不能晋升到上一等级，也并非意味着自己会被永久淘汰，而是可以一直干到同样的退休年龄。同时，在退休以前仍然有希望晋升到上一级，即在职期间，晋升应无年龄限制。如此一来，努力工作的激励就总是存在。

（二）工作努力可以作为事业追求的唯一手段

“相对表现”的评价方案就是帮助评价者排除与努力无关的其他因素的干扰，将被考核者的“表现（努力）”突出出来进行激励。因此，基于相对表现的成就事业型激励应剔除社会网络资本在个人发展中的作用。如果社会网络资本对个人发展有作用，容易激励科技干部将精力用于社会网络资本投资，其机会成本就是将同等精力用于专用性人力资本投资的收益。工作努力可以作为事业追求的唯一手段的第一层含义就是应剔除社会网络资本在成就事业过程中的作用，建立科学的职务晋升考核制度。第二层含义就是不努力工作就会因不称职而被淘汰。这同样还是依赖于一个科学的工作绩效考核制度。

科技干部的核心工作是科学研究，因此，科学研究应成为其考核的主要部分。本章就以科学研究的考核为例进行工作绩效考核制度的分析。

科学研究成果主要分为两种类型：课题、论著。它们各自的单项量化依据可以反映工作绩效考核制度的合理程度。表 7 - 2 就是一个生动的任职考核制度安排的例子，它是军队某院校 2009 年根据总部关于专业技术干部任期考核的相关规定制定的职称评审量化评估标准。

表 7 - 2　　　　军队某院校的科研成果量化得分标准

成果类型			按完成人排名计分					
			1	2	3	4	5	参加
获奖成果	获国家科技进步奖、获国家自然科学奖、获国家发明奖、获国家社科基金项目优秀成果奖	一等奖	700	680	660	640	620	280
		二等奖	600	580	560	540	520	240
		三等奖	500	480	460	440	420	200
		四等奖	400	380	360	340	320	160
	军队（省、部）科技进步或全军军事科学优秀成果奖	一等奖	500	480	460	440	420	200
		二等奖	400	380	360	340	320	160
		三等奖	300	280	260	240	220	120
	全军后勤学术优秀成果奖、全军院校政治理论成果奖、省部级社会科学优秀成果奖	一等奖	400	380	360	340	320	160
		二等奖	300	280	260	240	220	120
		三等奖	200	180	160	140	120	80
	学院优秀科研成果奖	特等奖	200	180	160	140	120	80
		一等奖	160	10	140	130	120	40
		二等奖	120	110	100	90	80	20
		三等奖	80	70	60	50	40	10
立项课题	国家级立项课题		200	180	160	140	120	60
	全军（省、部）级立项课题		10	130	110	90	70	30
	总部业务部、军区、军兵种、省教育厅和学院立项课题		100	80	60	40	20	10

续表

成果类型	按完成人排名计分					
	1	2	3	4	5	参加
国家核心期刊（含军队重点建设期刊）或国际专业期刊上发表的论文	120	100	80	60	40	
在其他刊物或会议上发表论文	70	55	40	25	10	
国家发明专利	200	180	160	140	120	
国家实用新型专利和外观设计专利	100	80	60			
研究成果投产并批准装备部队	100	90	80	70	60	
研究成果投产并取得经济效益（以财务证明为准）	60	50	40	30	20	
研究（或总结）报告被采用（不含开题报告）	100	90	80	70	60	
入选四大索引的论文	180	160	140	120	100	
被新华文摘全文收录的论文	160	140	120	100	80	
编写出版著作	主编 20 分（丛著总主编 30 分）、副主编 1 分；个人每写一万字加 10 分					

目前，工作绩效考核的制度主要有三种：基于员工的特征进行考核的制度、基于员工的行为进行考核的制度、基于工作结果进行考核的制度。显然，上述量化标准属于基于工作结果进行考核的制度。通常可以假定，努力工作，一定能够取得科研成果。但是即便是这样的成果考核制度的设计，也应避免社会网络资本在考核中发挥作用。

上述量化标准存在社会网络资本发挥作用的嫌疑，原因在于：

1. 一般期刊和核心期刊的分值差距不大，有激励大家运用社会网络资本谋取科研成果的导向。众所周知，成果要在核心期刊上发表，困难很大，因为核心期刊不仅有较高的专业学术水准要求以便维持其声誉，同时，社会网络资本对其发生作用相对较难。而普通期刊往往有松散的论文审核制度，论文档次要求不高，由于订阅量小，受到利益驱使，更容易通过向作者收取发表论文的相关费用的方式谋取经济利益。只要缴费就能发表论文，这是社会网络资本物质化的极端形式。然而表 7－2 中一篇核心期刊论文的分值还不如两篇普通期刊论文的分值，可见，通过金钱交换的社会网络资本发挥着很大的作用。

2. 论文发表排名第一和其他排名的分值差距不大，且挂名再多也不影响排名第一的分值，互相挂名无成本有收益，有利用社会网络资本，弄虚作假、互相挂名的激励。以核心期刊的成果为例，在同样的核心期刊上发表的论文，其成果的质量应被推定为是一样的，即无论这篇文章由多人共同合作完成还是由一个人独立完成，其总分值应该是一样的。文章的挂名越多，每个人得到的分割的分值应该越小。而现有的评估却是挂名多少都不影响排名第一的分值，这样的制度无异于激励大家利用社会网络资本，通过互相挂名进行利益交换。

3. 粗略的分值统计，使工作质量往往被忽略。上述成果考核以总分值为考核依据，而没有对相应职务的科技干部提出应满足的成果类型的底线要求，例如，并未要求参评副教授至少应主责一项课题。这样就导致了现实中的一种现象：挂名成果丰富的参评副教授的讲师的分值大大高于有主责成果的讲师的分值。这说明社会网络资本在晋升或任职考核中的作用毋庸置疑。

综上所述，一个尽可能使社会网络资本减少作用的绩效考核制度应注意以下几点：

1. 无论多少人合作，同样的成果应有同样的量化总分值，即不是因人数定成绩，而是因结果定成绩。

2. 成果的分值应是社会网络资本的减函数，社会网络资本越容易发挥作用的成果，分值应越低。通常，一般期刊上发表论文或署名在后的作者在该成果中运用社会网络资本的可能性较大，假如一篇核心期刊的论文总分值是120分，那么普通期刊的论文总分值应少于60分。如果有不同的人数参加，那么这个总分值就应该在多个作者之间进行合理的分配。如表7－3所示。

表7－3　　核心期刊分值在多名作者间的分配

排名＼作者人数	1	2	3	4
第一	120	80	70	65
第二		40	35	30
第三			15	15
第四				10

3. 为求工作质量，考核应设底线要求。例如职务晋升评审中，对参评副高职务的底线要求应是：至少主责一项总部业务部、军区、军兵种等级的立项课题，同时，至少独立发表3篇论文在核心期刊上，等等。

如果在绩效考核中尽量避免社会网络资本的干扰，就能最大程度地激励科技干部努力工作。

另外，我们还不能忽视另一个影响绩效的重要因素，即先天禀赋。在同样努力的前提下，先天禀赋高的科技干部一定比先天禀赋低的科技干部绩效可观。科技干部是否努力工作的一个重要判断指标就是绩效。这里的关键问题是：如何分辨绩效不好是受到了先天禀赋的影响，还是因为不努力工作而导致。由于努力可以作为事业追求的唯一手段的第二层含义就是不努力工作就会因不称职而被淘汰。不努力工作是不称职的原因之一，但并不是唯一原因。实际上，制定一种完全承认个人先天禀赋差异的绩效考核制度是不可能的。在制度选择时，只能退而求其次：如果军队科技干部由于先天禀赋的原因，职务晋升绩效考核成绩不理想，仅意味着他没有能力胜任上一职务等级的工作，但是就现有职务等级的工作而言，他应被推定为能力（禀赋）具备。因此，可以设想：同样职务等级上的所有科技干部，其已经具有本职务等级所要求的基本禀赋。如果禀赋更高又努力工作当然应该进入上一职务等级。如果禀赋相当，比较的就是工作努力与否。如果排名最后，即可推定其为不努力工作。因此，任职考核的末位淘汰制在科技干部的工作激励制度设计中仍然有存在的必要。

小　结

军队组织的人力来源于外部劳动力市场。劳动力选择进入和退出军队内部劳动力市场可以反映人力资本的市场价值在军队内部劳动力市场是否得到认可以及得到认可的程度，可以反映军人工资与人力资本的真实市场价值一致或偏离的程度。如果军队期望在劳动力市场的人才争夺中取胜，其初始工资的决定机制必须更加市场化，更加真实地反映人力资本的市场价值，更为细致地反映人力资本在通用性和专用性上的差异。

信息化军队需要高素质的人才，通过对高学历人才的引进，可以提高专用性人力资本的投资效率，这一点对军队科技干部群体尤其重要。因此，引进高学历人才应是军队工资制度发挥参与约束作用的重点。在军费约束条件下，提高军队对科技干部的需求标准是唯一的出路。军事科研单位应出台直接以硕士及以上学历为起点招收通用性人力资本所有者的政策。同时，对于紧缺型人才，可以适当降低学历标准并出台紧缺人才初始级别优待政策进一步加大紧缺型人才参与契约的激励程度。

军队引进了科技干部之后，要持续进行工作激励。工作激励不是单以工资作为手段。对科技干部而言，目前的工资水平已经使其生存的基本需要得到了满足，成就事业的高级需要比增长工资能带来更多的满足感。有成就事业的天地，才能最大程度地激发他们的工作潜力。然而现有的军人服役制度对科技干部退出现役的规定依据的是其专业技术职务，专业技术职务越低，最高服役年龄也越小。初、中级专业技术职务的科技干部刚跨过青年年龄段正迈进中年年龄段就要退出工作岗位，此时，正是他们工作经验丰富、性格相对沉稳、专用性积累扎实、有成就感、负责任的人生阶段。显然，这样的制度对处于晋升金字塔竞争中的、有着理性预期的科技干部不具有专用性人力资本投资的激励效果。对军队而言放弃这样的专用型人才，成本大于收益，对军队发展也不利。军人服役制度应确立基于相对表现的成就事业激励机制：首先，给予不同先天禀赋的科技干部差异化的事业前景。不同专业技术职务的科技干部任何时候都应有机会通过努力工作进入上一职务等级，即便受到其他因素的干扰不能进入上一职务等级，在现有职务等级上只要努力工作就可以干到和最高职务等级同样的退休年龄。其次，出台全军统一的工作绩效考核量化评估底线标准，建立科学的职务晋升考核制度，尽可能剔除社会网络资本在绩效考核中的作用，使工作努力可以作为事业追求的唯一手段。在具体的绩效考核制度设计中应将科学的晋升考核与末位淘汰相结合。

前述的参与约束和工作激励的制度安排都不仅实现了交易的自主性和履行契约的激励性，而且还体现了职业生涯的预期稳定的目标，与这种稳定性较高的职业化制度安排相呼应的应是制度的约束性。由于前面，我们提到任职考核的末位淘汰制在科技干部的工作激励制度设计中仍然有存在的必要。这样的安排可以防范因稳定而产生的惰性。然而末位淘汰制如何运行，则涉及权力的赋予和对权力的制约的相关配套制度设计。

第八章　中国军官职业约束性水平对专用性人力资本投资的影响

本章，将继续以转业政策为背景，探讨转业政策实施中对权力进行约束的职业化的正式规则设计。

第一节　科层“放权”中管理者的目标置换

一、科层放权与“剥夺问题”

军官职业的约束性水平的评价由两大指标构成：正式规则控制和职业资质限定。就正式规则控制而言，第四章已经对各军队单位弹性执行规章制度的现象做了分析。其实，在军队出台自上而下统一适用的明细规则是很困难的，军队允许各单位在不违背上位法的前提下，根据具体情况制定适用于本单位的实施细则和办法，这就是科层放权。为了追求管理的合法性，军队各级组织的确都制定了详细的管理规章。例如在职称评审准入和量化的具体规则方面，各单位都有自己的详细规则。总体而言，由于职称评审关系到专业技术军官的职业发展，因此，各单位都很重视此类规则的制定。所以，形式上看，的确在业绩考核和职评量化方面实现了正式规则控制。但是，我们在跟踪某单位5年后，却得出了相反的实质性结果：这种正式量化规则随着单位管理者的变化而频繁调整。例如，被调研的某个军级单位，从2009年至今，绩效考核量化规则几乎每1年半就要调整一次。调整的内容包括期刊等级的认定、论文合作发表者的评分规则、职评准入条件、职评排名的决定性因素、机关工作量的认定等。规则调整的基本规律是：管理者对被管理者考核量化的标准和程序非常复杂，条件苛刻；但是一旦管理者自己成为了利益相关人，则相关规则就会向有利于管理者的方向改变，规则制定者往往得到特殊的政策保护。例如，在军队院校机关实质上是掌权者和管理者，在职称评审时，科研业绩方面，体制内的课题申报、评奖靠权力运作、集体攻关的现象非常普遍。这种官本位、行政主导的行为激励是：一线教学科研人员必须依附掌权者才能受到认可。而走专业技术级别的掌权者也拥有着经不起追问的业绩——年均完成的课题少则五六项，多则十几项。毫无疑问，这是“权研交易”的结果。另外，为了让非领导岗位的机关干部能够顺利评任副高或正高职称，机关干部（政策起草者）就制定机关干部参评单列指标政策。诸如此类的不公平现象，进一步助长了军队基层科研单位的权力文化。形式上看，各个单位出台了很多正式规则，但是规则表现出来的是“严以待人宽于律己”，针对被管理者的规则约束性水平很高，针对管理者的规则约束性水平又很低。而之所以从来不上讲台授课的机关干部也对“讲师、教授”等专业技术职务趋之若骛，则源于岗位分工和职业资质的不明确。岗位分工、职业资质不明确与权力相结合，就会出现“剥夺问题”和“赢者全得”。

二、终极委托人虚位与目标置换

为了追求效率，军队本应是一个令行禁止、等级森严的公共组织，然而，如果权力不能同样受到规则约束，这种等级观念只会对军队效率贻害无穷，即管理者为了谋取个人收益，有利用权力实施各种机会主义行为的更多空间。运用职权谋取个人收益是普遍存在的一种管理者行为。格罗斯曼（Grossman）、哈特（Hart）、哈里斯（Harris）等明确将企业高管收益分为货币收益和控制权收益[①②]。张维迎认为指挥别人带来的满足感、通过

① Grossman, S. and Hart, O.. One Share - One Vote and the Market for Corporate Control [J]. Journal of Financial Economics, 1988 (20): 175～202.

② Harris, M. and Raviv, A.. Corporate Govenance: Voting Rights and Majority Rules [J]. Journal of Financial Economics, 1988 (20): 203～235.

资源转移而得到的个人好处等都属于控制权收益。吴春雷等以显性契约性为标准，将高管收益分为显性报酬和控制权收益。控制权收益指高管以对企业的控制权为基础取得的隐性收入，是一种灰色收入，法律、报酬合约都没有规定其合法性。它包括量化部分（如在职消费和各种津贴等）和不可量化部分（如声誉、地位、权力、继续工作优先权和渠道输送等）[①]。同样，军队管理者也可能利用科技干部不努力工作将被淘汰的机制（转业是现有的主要淘汰形式）对科技干部实施要挟，谋取自身效用最大化。组织管理理论在提出“放权”的同时，也强调了决策人员分享组织目标的必要性。这说明，通过激励机制将个人目标和组织目标统一是必要的。在营利性的组织设计一个激励兼容的机制并不难，通常是委托人给予代理人一定的股票所有权，通过这种利润分享机制，使代理人运用管理权力谋求公司最大利润就是在谋求自身利润。但是这种激励兼容机制的设计完全不能运用到军队这样的公共组织。原因在于：首先，和平时期，军队的产出根本无法度量，使得利润分享根本没有衡量的基础。其次，军队是一个巨型科层组织，各级管理层中，下级都是其上级的代理人，上级都是其下级的委托人。作为最终委托人的广大民众却由于技术上的障碍，并不能现实的行使委托人权利。在一个最终委托人虚位的组织中，各级代理人的目标置换是公共组织内生的组织管理难题。如果不能将各级代理人目标与组织目标统一，则约束与授权就应互补。

第二节 权力与权利的博弈：要挟约束机制研究

在本书第六章，我们已经剖析了军事专用性人力资本交易面临的道德风险问题。现在，我们关注的是，在以“转业”为主要优胜劣汰方式的政策背景下，是否可以设计一种各级代理人相互约束的机制，使管理者（委托人）和被管理者（代理人）在权力和权利的博弈中，得到各自公平的结果。

---

① 吴春雷、马林梅、杨皎平．监督力与业绩共存于高管效用替代的机理分析［J］．西安：当代经济科学，2010（1）：34～40.

军事人力资本契约包含着一个多级的委托代理链，根据委托代理关系的层次不同，对道德风险行为进行约束的机制可以做出不同的分析，在这种单纯分析的基础上，本章试图提出一种混合约束对策。现在，先理清契约中的委托代理关系。

军队科技干部和军队管理者都是受广大民众委托的军队这样一个抽象委托人的代理人，只不过在这两个代理人中产生了科层中的管理与被管理的关系。因此，军事人力资本契约中的委托代理关系可以单纯化为两个层级：层级一，军队与管理者的委托代理关系。管理者所从事的工作皆是受到军队这个抽象的委托人的委托而进行。层级二，管理者与军队科技干部的委托代理关系。作为被管理者的军队科技干部的工作直接向管理者负责，其任务受管理者派遣。

在这两个层级中，也产生了一个约束链：军队科技干部的各种道德风险行为受到管理者的约束，管理者的各种道德风险行为受到军队的约束。

一、多层次委托代理关系及其博弈分析

（一）一级委托代理关系中的监督博弈与约束

针对管理者的事后机会主义行为，军队基本策略是加强监督。通过监督，促使他们努力尽职责，从而防范军队管理者要挟得逞。此时，本章可以提出以下假设：

假设1：委托人军队可以进行监督，并付出相应的监督成本。监督的成本为C_1，不监督的成本为0。如果委托人监督，则C_1构成军队收益的减项，表示为$-C_1$。

假设2：代理人的策略是尽责或不尽责。尽责的成本为C_2，不尽责的成本为0，W为其固定收入。如果代理人尽责，则C_2构成了代理人收益的减项，表示为$-C_2$。

假设3：在委托人监督的情况下，代理人尽职责努力工作，将得到奖金P；不尽职责实施要挟，将得到惩罚$-P$。

委托代理关系中的监督博弈可以由表8-1得到反映。

表 8 - 1 委托代理关系中的监督博弈

委托人的选择	代理人的选择	
	尽责	不尽责
监督	$-C_1$，$W+P-C_2$	$P-C_1$，$W-P$
不监督	0，$W-C_2$	0，W

在分析这种不存在约束力协议的博弈决策主体的行为发生直接相互作用时的决策以及这种决策的均衡问题方面，通常非合作博弈这种分析方法是最佳选择。在该博弈中，每个博弈方的策略都是针对其他博弈方策略或策略组合的最佳对策。具有这种性质的策略组合就是纳什均衡。接下来，本章就来分析一级委托代理关系中的纳什均衡解。

1. 纯战略纳什均衡分析。假定 $C_1>P$，即军队从不尽责的代理人处得到的罚金收益小于军队付出的监督成本时，军队宁愿不监督。由于军队不监督，代理人尽责不仅得不到奖金还要付出尽责的成本 C_2，即代理人的收益是 $W-C_2$，那么，代理人的最优选择则是不尽责，此时，委托代理关系中的监督博弈实现唯一均衡（不监督，不尽责）。

假定 $C_1<P$，$C_2<P$，即军队从不尽责的代理人处得到的罚金收益大于军队付出的监督成本，代理人尽责得到的奖金大于尽责付出的成本。如果代理人选择尽责，那么委托人的最优策略是不监督，也无需给予代理人奖金。由于，委托人选择不监督，代理人的最优策略是不尽责。如果代理人选择不尽责，委托人的最优策略就是监督，以获取大于监督成本的罚金。由于，委托人选择监督，那么代理人的最优策略是尽责，尽管代理人付出了尽责的成本，但是，他仍然得到了大于尽责成本的奖金。可见，在前述假设条件下，这个矩阵没有纯战略纳什均衡。该博弈的一个显著特点就是委托人（军队）和代理人（军队管理者）都不能猜出对方的战略。双方都是以某种概率选择某种战略。因此，在 $C_1<P$，$C_2<P$ 的情况下，可以用混合战略对策矩阵来分析军队和代理人各自的策略行为及其后果。

2. 混合战略纳什均衡分析。所谓混合战略纳什均衡，就是在假定 $C_1<P$，$C_2<P$ 的情况下，博弈双方选择策略并不是简单的非此即彼的战略选择。更加接近现实的情形是各方都有选择某种策略的概率。

假设委托人选择监督的概率为 ε（$0\leqslant\varepsilon\leqslant1$），那么委托人不监督的概率就是 $1-\varepsilon$。同时，假设代理人选择尽责的概率为 ϕ（$0\leqslant\phi\leqslant1$），那么代理人不尽责的概率为 $1-\phi$。

委托人的期望收益函数可表示为：

$$U_1(\varepsilon,\phi)=\varepsilon[(-C_1)\phi+(P-C_1)(1-\phi)]+(1-\varepsilon)[0\cdot\phi+0\cdot(1-\phi)]=\varepsilon[(-C_1)\phi+(P-C_1)(1-\phi)] \tag{8-1}$$

要使委托人期望收益 $U_1(\varepsilon,\phi)$ 最大，则有：

$$\frac{\partial U_1}{\partial\varepsilon}=(-C_1)\phi+(P-C_1)(1-\phi)=0 \tag{8-2}$$

所以得：$\phi=1-\dfrac{C_1}{P}$　　(8-3)

代理人的期望收益函数可表示为：

$$U_2(\varepsilon,\phi)=\phi[\varepsilon(W+P-C_2)+(1-\varepsilon)(W-C_2)]+(1-\phi)[\varepsilon(W-P)+(1-\varepsilon)W]=2\varepsilon\phi P-\phi C_2+W-\varepsilon P \tag{8-4}$$

要使代理人期望收益 $U_2(\varepsilon,\phi)$ 最大，则有：

$$\frac{\partial U_2}{\partial\phi}=2\varepsilon P-C_2=0 \tag{8-5}$$

所以得：$\varepsilon=\dfrac{C_2}{2P}$　　(8-6)

上述分析结果表明：军队的监督概率是$\dfrac{C_2}{2P}$，不监督的概率是$1-\dfrac{C_2}{2P}$；军队管理者尽责的概率是$1-\dfrac{C_1}{P}$，不尽责的概率是$\dfrac{C_1}{P}$。因此，该博弈的混合战略纳什均衡为：$\left\{\left(\dfrac{C_2}{2P},1-\dfrac{C_2}{2P}\right),\left(1-\dfrac{C_1}{P},\dfrac{C_1}{P}\right)\right\}$。

均衡状态时，军队选择监督的概率为$\varepsilon=\dfrac{C_2}{2P}$，当 P 很大时，ε 接近于零。即当军队采取事后的重奖制度，军队几乎不用监督，军队管理者会尽职尽责，可以节省很多监督成本。均衡状态时，军队管理者选择尽责的概率$\phi=1-\dfrac{C_1}{P}$，当 P 很大时，ϕ 几乎为1。即当对代理人重奖时，代理人会努力尽责。

由此可以看出，事后的重奖与军队管理者尽责激励有密切关系。同理，军队管理者尽责就不会实施要挟。而惩罚与奖励在约束代理人行为方面具有相同的效果。因此，事后严格的奖惩制度应对管理者的要挟行为具有重要的约束作用。

（二）二级委托代理关系中的信任博弈与约束

如果没有一个有效的制度去防范要挟，军队科技干部对“管理者要挟”的预期将会破坏其对管理者的信任，从而使其在博弈中作出不利于好的结果的行为选择。图 8-1 是 Kreps 在他的重要论文《合作文化和经济学理论》中设计出的一个博弈，可以用来解释科技干部受到“要挟”可能性干扰的博弈过程。

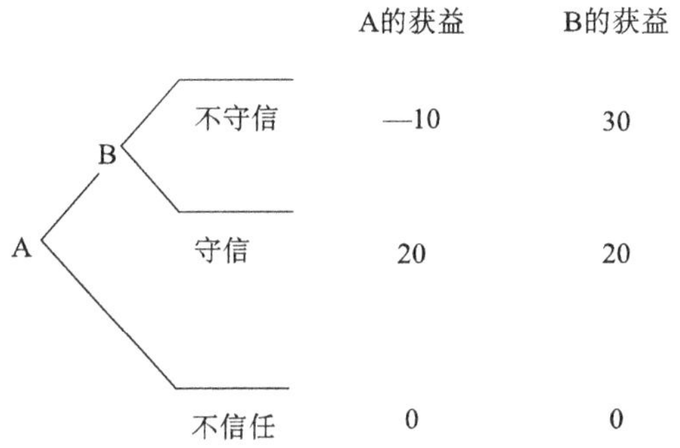

图 8-1 信任博弈（资料来源：Kreps，1990）

图 8-1 说明，管理者 B 如果面临其他诱惑而滥用科技干部 A 的信任实施要挟，即不守信，认识到这一点的科技干部 A 如果采取不信任管理者 B 的策略，他将选择不做任何专用性的努力，那么在这个契约关系中他的获益将为零，管理者的获益也为零。这种结果对双方而言，都劣于双方的信任和守信的互利结果。这种不利的占优策略选择的关键原因在于契约中缺乏一种促使 A 对 B 信任的机制。

要使科技干部做出信任的决策，管理者必须对自己将会守诺做出可信的承诺。可信的承诺来自于一套制度上的约束，使管理者不守诺将毫无例外的受到严惩。真正有效的约束不在于做出怎样的承诺，而在于违背自己的承诺将会承担怎样的后果。因此，科技干部和管理者的相互信任皆来自于对违背信用的受罚后果的无条件接受，无条件接受的原因在于奖惩的制度化。毫无疑问，如果有了对信用行为严格的奖惩制度，这就给双方的互信上了一把可靠的锁，A 在可信承诺的担保下可以放心地采取信任策略，进行专用性人力资本投资。B 受到奖惩制度的约束，也将采取守信策略，最后将得到一个对双方皆有利的合作策略均衡结果。

二、混合约束对策——事后清算制

基于上述分析，可以得出约束毁约的两种基本情形：（1）对军队科技干部毁约的约束。假设军队可以对管理者实施有效的监督，则管理者会认真履行职责，而不实施毁约，此时就只可能产生军队科技干部毁约。军队可以通过设计一种管理者追讨的事后清算制实现对军队科技干部毁约的约束。然而，军队作为一个抽象的主体要实现对管理者的监督会因为信息获取、甄别的障碍而付出巨大的成本，因此，军队很难对管理者实施监督，从而，还是会发生军队管理者毁约。（2）对军队管理者要挟的约束。为了避免高昂的军队监督成本，应设计一种制度，由被要挟者——军队科技干部来甄别和约束军队管理者要挟，即建立一种管理者给予军队科技干部补偿的事后清算制来约束军队管理者要挟。

（一）军队现有的转业经济补偿制度与事后清算制的比较

目前军队科技干部退出现役的主要形式是转业，转业时涉及的“经济账”主要是转业经济补偿制度。转业经济补偿根据转业形式的不同可以分为计划安置经济补偿与自主择业经济补偿。计划安置经济补偿的形式是转业费。转业费分为生活补助费和安家补助费。自主择业的经济补偿除了转业费还包括军队干部转业自主择业补助费和由安置地政府逐月发给的退役金。转业经济补偿制度具有以下特点：

1. 功能的单一性。转业经济补偿是对转业军人职业转换困难的一种经济补偿。通过这种补偿，可以帮助转业干部在生活方面实现职业转换期的顺利过渡，可以解除现役军人的后顾之忧，对于增强军队的吸引力和凝聚力具有重要意义。至于某干部转业是否涉及要挟、是否意味着军队的人才流失，转业的经济补偿却不能发挥制约作用。

2. 适用对象的普遍性。只要是转业干部，不论过去的业绩如何，都可以依据职务和军龄获得相应的经济补偿。因此，这种经济补偿对单个现役军人努力工作没有直接的约束激励作用。

3. 补偿责任主体的唯一性。转业干部过去长期从事国防安全这种公共产品的生产，为国家的安全稳定作出了重要贡献。当遭遇职业转换时，国家理所当然地应该为其提供经济帮助。各国军队转业干部的经济补偿是各国政府义不容辞的责任。

转业经济补偿是各国通行的基本做法，它仍然需要不断改进，但这种制度与本章提到的事后清算制根本无关。

事后清算制产生于约束要挟行为的需要。在确定报酬时，由于科技干部努力结果的长期性、专业信息的不对称性和努力过程的难以监督性，军队科技干部的收入是基于其被事先假定的工作努力而确定的。这种固定工资制隐含了这样的风险：一旦科技干部或管理者以转业相要挟，军队通过工资对其进行的专用性投资或军队科技干部的专用性工作努力就可能化为乌有。这时就需要一种事后的约束机制使当事人可以预见实施要挟的后果——"追讨"，即军人领取薪酬后，如果事后发现其业绩失实，则军队有权追回部分薪酬。"补偿"指军人的业绩超常，则有权从实施要挟的管理者处得到相应的补偿。这样的制度设计在于防范要挟的发生。

通过上述的分析，我们可以通过表8－2列举转业经济补偿制度与事后清算制的相互不可替代性。

表8－2　　转业经济补偿制度与事后清算制的比较

	转业经济补偿制度	事后清算制
功能	补偿职业转换时的生活困难	约束要挟行为，激励专用性人力资本投资，防范人才流失
适用对象	所有转业干部	提出"要挟"异议的转业个案
责任主体	国家	实施要挟的行为人

（二）事后清算制的启动策略

事后清算制仅是针对要挟的防范而设计的制度，因此只有因转业被怀疑涉及要挟时，才有理由启动事后清算。事后清算可以由被要求转业的军队科技干部提出，而当科技干部提出转业申请后，也可以由军队管理者提出。因此，关于事后清算的启动有两种情形：一是军队管理者要求军队科技干部转业，即被动转业情形下，军队科技干部启动事后清算；二是军队科技干部主动要求转业，即主动转业的情形下，军队管理者启动事后清算。以下具体分析这两种情形下的启动策略。

1. 被动转业情形下的启动策略。依据保护弱者的基本法理，被动转业的情形下，军队科技干部有权启动事后清算，军队管理者不得启动事后清算。表 8－3 描述的是被动转业情形下，军队科技干部在对自己的绩效有一个粗略的估计的前提上作出的是否启动清算的选择。

表 8－3　被动转业情形下军队科技干部的清算选择

军队科技干部的选择	军队管理者的行为	
	尽责	未尽责（要挟）
清算	－5，5	5，－5
不清算	0，0	0，0

如果科技干部确实工作不努力被要求转业，此时，管理者的行为属于尽责行为。如果科技干部选择启动清算，将会面临表 8－3 中（－5，5）的不利后果。由于忌惮被“追讨”的风险，科技干部的最优策略是不启动事后清算。如果科技干部努力工作仍被要求转业，就可能发生了管理者“要挟”，这种情况下，科技干部则会追求（5，－5）的有利结果，即最优策略是启动事后清算，这也正符合防范要挟的制度初衷。

2. 主动转业情形下的启动策略。主动转业的情形下，科技干部成了强者，同理，管理者有权启动事后清算，科技干部不得启动事后清算。表 8－4 描述的是科技干部提出转业的情形下的管理者启动清算的策略选择。

表 8－4　主动转业情形下军队管理者的清算选择

军队管理者的选择	军队科技干部的工作表现	
	尽责	未尽责（要挟）
清算	－5，5	5，－5
不清算	0，0	0，0

如果科技干部确实无心工作（未尽责），就可能发生了科技干部“要挟”，由于科技干部工作表现难如人意，管理者在胜算的把握下，即表 8－4 中（5，－5）的分值分布，管理者的最优决策是启动事后清算，这种决策正符合防范要挟的制度初衷。如果科技干部工作努力，业绩等于或高于平均业绩水平，则可以判断其并无“要挟”之意，而是确实军队不符合他个人的发展需要。此时，管理者如果启动事后清算，根据科技干部的业绩，不仅难以实现对其“追讨”，还有可能要对其补偿，即面临表 8－4 中（－5，5）的结果，因此，管理者的最优策略是不启动事后清算。

（三）事后清算制的实施要点

公平和效率是任何规章制度应兼顾的两大制度伦理。事后清算的实施需要一些关键环节的科学规制，否则，很难保证该制度实施的公平性和有效性。清算制作为一种解决争议的手段，具有准司法性质。因此，它的具体内容通常涉及两个部分：一是程序性的规定；二是实体性的规定。程序性规定和实体性规定应在事后清算制中实现形式和内容的统一。

1. 程序性规定。程序性规定是关于事后清算是以什么样的过程得以实现的规定。程序性规定以保证权利和义务得以实现或职权和职责得以履行为目的。它应当包括：清算申请的时限规定、清算申请受理的机关及其组成的规定、对清算结果不服的权利救济的规定。

第一，清算申请的时限。为了激励被要挟人及时主张权利，防止因时间的拖延而难以查清真相，清算申请的提出应遵循及时性原则。通常清算申请应在确定转业人员后的一个月内提出。

第二，清算申请受理的机关及其组成。同级政治机关应在当事人第一次提出清算申请之日起的一周内组织成立临时清算组。为了便于科学、公正、自主的决策，清算组应落实：①人员组成制度。清算组的成员应由与该科技干部从事的专业领域相同或类似的科技干部5人组成。②回避制度。转业科技干部所在单位的行政管理人员和担任领导职务的人员应回避。③责任制度。清算组成员对清算结果承担连带责任，保留个人意见的清算组成员除外。

第三，对清算结果不服的权利救济。为了有力地监督清算组的工作，应实行异议制度，即对清算结果不服（实体性争议）或认为清算的程序性事项不符合规定的（程序性争议），当事人可在得知结果之日起一周内向所属单位的上一级的政治机关提出清算异议。上一级政治机关组织相关人员进行的清算决定为终极决定。

2. 实体性规定。实体性规定是关于事后清算中的权利和义务或职权和职责的规定。实体性规定是程序性规定存在的前提。它包括：清算项目的选择、清算标准的确定、奖惩结果的承担、清算制的适用例外。

第一，清算项目的选择。清算项目的选择应把握两个基本原则：一是转业者本人能力可控原则。如果发生了管理者要挟，就很难排除某些工作机会由管理者操纵，使得科技干部无所作为，例如，授课任务往往由管理者来分配。但是某些项目却是科技干部凭自己的努力就能做得很好。科技干部的工作中完全处于其能力控制范围内的项目应是军事科学研究。二是近期原则。通常要求科技干部转业的主要理由是近年来工作业绩不佳。因此，应将近两年来的工作业绩纳入清算的范围。

第二，清算标准的确定。清算结果出来后，应该补偿还是应该追讨，取决于成果标准的确定。由于转业指标通常分解到师级单位，师级单位在本单位范围内征求意见并经过权衡后而确定转业人员。因此，清算标准应是师级单位的人均军事科研业绩的量化分值，分值可参照本单位任职考核的量化评估标准进行。补偿或追讨应以该转业干部的得分与人均分值的比值为依据，比值大于1应该补偿，比值小于1则追讨，比值等于1则不补偿也不追讨。考虑到要挟行为人的承受力以及对其的惩罚性，补偿或追讨的具体数额以超额完成或未完成的工作量比值乘以该转业干部最近6个月的月总工资的数额为宜[①]。例如在科技干部主动提出转业的情形下，管理者启动清算。经清算，该科技干部近两年只完成了人均分值的2/3，那么向该转业干部追讨的数额就是（1－2/3）×6个月的工资。如果科技干部被动转业并启动了清算，假设，经清算，该科技干部完成了人均分值的2倍，则向该转业干部补偿数额就是2×6个月的工资[②]。

第三，奖惩结果的承担。由于事后清算制的根本目的在于防范军队科技干部和军队管理者的要挟行为，因此，奖惩结果都应由本人承担。但是需要进一步说明的是，管理者是代表军队进行管理，因此，当管理者要承担责任时，军队和管理者应对科技干部承担要挟行为的连带责任，即当实施要挟行为的管理者无力支付补偿的金额，应由军队先代为给付，之后再由军队向管理者追讨，这样才有利于转业干部合法权益的维护。

第四，清算制的适用例外。清算制仅适用于正常优胜劣汰情形下的转业争议案件，因此，因军队大幅度的编制体制调整和精编而为的非正常的大批量裁剪人员或者因严重违纪而导致的转业就不属于清算制适用的范围。

---

① 之所以选择总工资为标准，是因为总工资代表的是科技干部工作期间得到的总收入，既然以往他的工作能获取这样的收入，那么事后清算当然也应取同样的收入标准。

② 由于这种事后清算制的补偿带有一定意义的惩罚性，因此如果科技干部完成了人均的工作量，仍然被要求转业，就可以视为被要挟。因此只有通过“倍数×6个月”而非“（倍数－1）×6个月”的补偿计算方法才能有效的达到惩罚并预防管理者要挟的目的。

小　　结

以寻求更多专用性人力资本准租为目的实施“转业要挟”是军事人力资本合约当前乃至今后要面临的一个重要现实问题。为了增强军事人力资本交易的灵活性而进行的科层放权为管理者实施要挟提供了更多的机会。其实，本章关于约束性的职业化的制度设计与前面稳定性、自主性和激励性的制度设计具有逻辑相关性。这种逻辑相关性可以用图 8－2 表示。

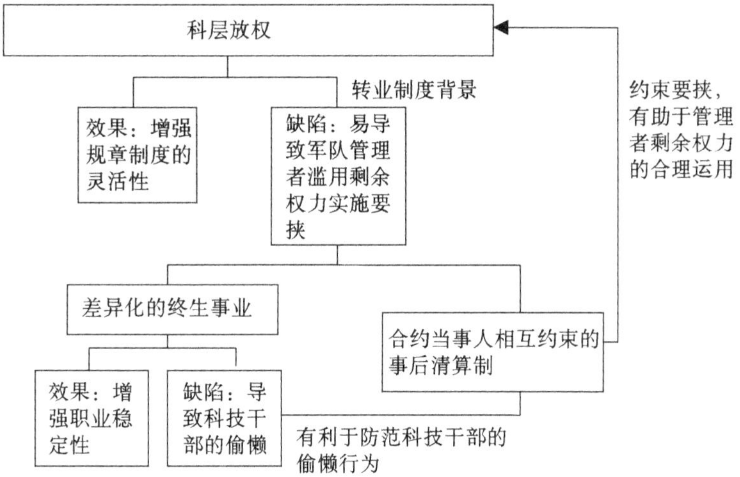

图 8－2　逻辑相关性图

要挟问题的分析中，通常最容易忽视的就是管理者要挟问题。然而，从实施要挟中获利最大且不承担任何“套牢”成本的是管理者。因此，管理者有更多的动机实施“要挟”。对管理者“要挟”的预期将不利于科技干部放心地进行专用性人力资本投资，从而破坏合约双方的信任。假设军队可以通过监督防范管理者“要挟”，监督的成本一定是不可低估的。通过对军队——管理者委托代理关系中的监督博弈的分析，可以看出，只要设计一个事后的惩罚制度，就可以达到以最小的监督成本约束管理者要挟行为的目的。如果要降低军队的监督成本，那么这个监督的权利应该赋予直接被要挟的科技干部，即如果科技干部被动转业，有提出根据自己的绩效要求管理者予以补偿的清算权利。对管理者要挟行为的约束可以增强科技干部的信任，促使科技干部放心地进行专用性人力资本投资。

同样的约束机制也可以运用于科技干部要挟的防范和治理。即如果科技干部主动要求转业，管理者可以提出科技干部工作绩效的事后清算。由于忌惮被追讨，科技干部即便希望转业也会理性的选择努力工作。其实这种努力工作的激励有产生一个良性激励循环的倾向，即科技干部既然努力工作，在日益被套牢的情况下就不会主动选择转业。

是否被要挟，只有当事人最清楚。因此，事后清算制的设计应能巧妙的通过赋予被要挟者启动清算的权利甄别出要挟行为并予以惩罚。甄别、惩罚、获益都应由科技干部或管理者来承担，这可以节省军队的监督成本。

事后清算制有五个方面应是制度安排的要点。第一，清算申请的程序规范、受理的机关、清算组的人员组成、回避规则、清算组成员的责任规则等。第二，清算项目应依据转业者本人能力可控原则和近期原则确定，第三，清算的标准应是师级单位的人均科研业绩的量化分值。第四，奖惩结果应由转业清算异议的当事人——军队科技干部和管理者承担。第五，清算制仅适用于正常优胜劣汰情形下的转业争议案件。

参考文献

[1] [法] Bernard Salanié. The Economics of Contracts [M]. 费方域、张肖虎、郑育家译. 上海：上海财经大学出版社，2008.

[2] 维克拉夫·霍尔索夫斯基. 经济体制分析和比较 [M]. 北京：经济科学出版社，1988.

[3] 刘世锦. 经济体制效率分析导论——一个理论框架及其对中国国有企业体制改革问题的应用研究 [M]. 上海：上海三联书店，1993.

[4] 陈郁. 所有权、控制权与激励——代理经济学文选 [M]. 上海：上海人民出版社、上海三联书店，2006.

[5] 盖瑞·J. 米勒. 管理困境——科层的政治经济学 [M]. 上海：上海人民出版社、上海三联书店，2006.

[6] 罗敏. 中国国防经济学 2006 [M]. 北京：中国财政经济出版社，2007.

[7] 陈郁. 企业制度与市场组织——交易费用经济学文选 [M]. 上海：上海人民出版社、上海三联书店，1996.

[8] 沃尔特·W. 鲍威尔、保罗·J. 迪马吉奥. 组织分析的新制度主义 [M]. 上海：上海人民出版社，2008.

[9] 赛特斯·杜马、海因·斯赖德. 组织经济学——经济学分析方法在组织管理上的应用 [M]. 北京：华夏出版社，2006.

[10] 埃里克·布鲁索、让·米歇尔·格拉尚. 契约经济学理论和应用 [M]. 北京：中国人民大学出版社，2011.

[11] 易宪容. 交易行为与合约选择 [M]. 北京：经济科学出版社，1998.

[12] Grossman, S. and Hart, O.. Corporate Financial Structure and Man-

agerial Incentives. In J. McCall（ed.），The Economics of Information and Uncertainty [M]. University of Chicago Press.

[13] Aghion，P.，Dewatripont，M. and Rey，P.. Renegotiation Design under Symmetric Information [M]. Mimeo，Massachusetts Institute of Technology and London School of Economics，1989.

[14] 克劳德·梅纳尔编．制度、契约与组织——从新制度经济学角度的透视 [M]. 中文版．北京：经济科学出版社，2003.

[15] Hart，O. and More，J. Incomplete Contracts and Renegotiation [M]. Econometrica，1988.

[16] 杜栋等．现代综合评价方法与案例精选．北京：清华大学出版社，2008.

[17] 凯瑟·波恩．美国陆军军官手册 [M]. 北京：解放军出版社，2003.

[18] Y. 巴泽尔．产权的经济分析 [M]. 上海：上海三联书店、上海人民出版社，1997.

[19] 付义清．军人待遇论 [M]. 北京：军事科学出版社，2005.

[20] Alchian，A. and Allen，W.. Exchange and Production：Competition，Coordination and Control [M]. Belmont，CA：Wadsworth，1983.

[21] 陈国富．契约的演进与制度变迁 [M]. 北京：经济科学出版社，2002.

[22] Cheung，S. N. S. On the New Institutional Economics，in Werin Lars and Wijkander Hans（eds），Contract Economics [M]. Cambridge（MA），Blackwell，1992.

[23] 奥利弗·E. 威廉姆森．资本主义经济制度——论企业签约与市场签约 [M]. 北京：商务印书馆，2002.

[24] 哈特．企业、合同与财务结构 [M]. 上海：上海三联书店、上海人民出版社，1998.

[25] 赵晓宇．美军平时医疗保障及其改革研究 [D]. 中国人民解放军军事医学科学院，2013.

[26] 张伟强．美军奖励制度研究 [D]. 国防科学技术大学，2009.

[27] 梁姝娜．不完全契约视角下的人力资本收益权实现研究 [D]. 辽宁大学，2006.

[28] 张维迎．所有制、治理结构与委托代理关系［J］．经济研究，1996（9）．

[29] 苏启林、申明浩．不完全契约理论与应用研究最新进展［J］．外国经济与管理，2005（9）．

[30] 姜启军．人力资本专用性投资理论与实践研究的新进展［J］．鲁东大学学报，2009（1）．

[31] 杨林、张华、黄莉芹．军事人力资本激励模式的比较与选择［J］．军事经济研究，2006（11）．

[32] 杜人淮．建立军官职业化制度的历史必然性和内在要求［N］．解放军报，2014. 2. 24.

[33] 刘丹、王雄．动态物流联盟绩效的动态模糊层次评价研究［J］．矿冶工程，2009（2）．

[34] Hicks J. R.. Economic Foundations of Wage Policy［J］. Economic Journal, 1963, 65.

[35] 郑莉莉．美国的军人保险及对我国军人保险的借鉴作用［J］．军事经济研究，2011（7）．

[36] 赵俊兰、肖尊成．建立军官职业化薪酬制度的政策建议［J］．军事经济研究，2010（8）．

[37] 续建宜、袁静．美军的牧师制度及其作用［J］．军队政工理论研究，2001（2）．

[38] 高莉莉．美军随军牧师制度的特点分析与启示［J］．空军预警学院学报，2013（6）．

[39] 美国人口局网站，http://www.census.gov/

[40] 美国经济分析局，http://www.bea.gov/

[41] 美国人事管理办公室，http://www.opm.gov/

[42] 美国军队网站，http://todaysmilitary.com

[43] 郭继强等．剩余分享与收入分配［J］．浙江大学学报（人文社科版），2001（5）．

[44] Karotkin, D., Jacob, P.. Incentive Scheme for Investment in Human Capital by Members of A Team of Decision Makers［J］. Labor Economics, 1995（2）．

[45] 缪荣．企业专用性人力资本投资的激励机制：进入权视角的研

究［J］．现代管理科学，2005（2）．

［46］刘学锋、刘洪亮、刘淑芳．军人经济激励理论研究综述［J］．军事经济研究，2005（9）．

［47］王杰、李金静．现代契约理论的法哲学基础及其经济学方法论［J］．经济评论，2006（2）．

［48］Demsetz, Harold. Information and Efficiency: Another Viewpoint［J］. Journal of law and Economics 12（1）．

［49］Williamson, O. E.. The Logic of Economic Organization［J］. Journal of Law, Economics, and Organization, 1988（4）．

［50］谢拉·C. 道．经济学方法论［M］．杨培雷译．上海：上海财经大学出版社，2005.

［51］张军．现代产权经济学［M］．上海：上海三联书店、上海人民出版社，1994.

［52］岳贤平．技术许可中价格契约理论研究［M］．上海：上海世纪出版集团、上海人民出版社，2007.

［53］贾敬华．不完备合同的经济分析［M］．北京：人民出版社，2006.

［54］内因思·马可－斯达德勒、J. 大卫·佩雷斯－卡斯特里罗．信息经济学引论：激励与合约［M］．管毅平译，上海：上海财经大学出版社，2004.

［55］俞文钊．现代激励理论与运用［M］．大连：东北财经大学出版社，2006.

［56］Aghion, P. and Bolton, P.. An Incomplete Contracts Approach to Bankruptcy and the Optimal Financial Structure of the Firm［M］. Mimeo, University of Alifornia, Berkeley, 1988.

［57］Hart, O. and Holmstrom, B.. the Theory of Contracts. In T. Bewley (ed.), Advances in Economic Theory［G］, Fifth World Congress. Cambridge: Cambridge University Press, 1987.

［58］萧鸣政．人力资源开发与管理——在公共组织中的应用［M］．北京：北京大学出版社，2005.

［59］奥利弗·E. 威廉姆森．资本主义经济制度——论企业签约与市场签约［M］．北京：商务印书馆，2002.

[60] 孙柏英等. 公共部门人力资源管理 [M]. 北京: 中国人民大学出版社, 1998.

[61] Gibbons, R. and Murphy, K. J.. Relative Performance Evaluation for Chief Executive Officers [G]. Industry and Labor Relations Review. 1990 (3).

[62] H. 德姆塞茨. 一个研究所有制的框架: 财产、权力与制度变迁 [M]. 上海: 上海三联书店, 1991.

[63] 小詹姆斯基等. 管理学基础 [M]. 北京: 中国人民大学出版社, 1982.

[64] 张德等. 人力资源管理 [M]. 北京: 中国发展出版社, 2003.

[65] Kokkelenberg, E. C.. The Behavioral Objectives of Firms and Executive Compensation [M]. Mimeo, Department of Economic, State University of New York at Binghamton, 1988.

[66] 陈瑞华. 看得见的正义 [M]. 北京: 中国法制出版社, 2000.

[67] 尼古拉斯·麦考罗、斯蒂文·G. 曼德姆. 经济学与法律——从波斯纳到后现代主义 [M]. 吴晓露等译. 北京: 法律出版社, 2005.

[68] 董艳娇. 隐性合约、薪酬合约与员工激励分析 [D]. 博士学位论文, 2007.

[69] 马斯洛. 动机与人格 [M]. 中译本. 北京: 华夏出版社, 1987.

[70] Bull, C., Schotter, A. and Weigelt, K.. Asymetric Tournaments, Equal Opportunity Laws and Affirmative Action: Some Experimental Results [M]. Mimeo, Wharton School, University of Pennsylvania, 1988.

[71] Simon, H. A.. Behavioral Model of Rational Choice [J]. Quarterly Journal of Economic, 1955, 69.

[72] 黄家明、方卫东. 交易费用理论: 从科斯到威廉姆森 [J]. 合肥: 合肥工业大学学报 (社会科学版), 2000 (3).

[73] 吴意云、史晋川. 交易成本论 [J]. 浙江社会科学, 2003 (5).

[74] 韦伟、周耀东. 资产专用性、机会主义和合约安排 [J]. 安徽大学学报, 2000 (9).

[75] Hicks, J. R.. Economic Foundations of Wage Policy [J]. Econom-

ic Journal, 1963, 65.

[76] 赵俊兰、肖尊成．建立军官职业化薪酬制度的政策建议 [J]. 军事经济研究, 2010 (8).

[77] 朱志斌．美国军官职业化制度扫描 [J]. 转业军官, 2014 (3).

[78] 续建宜、袁静．美军的牧师制度及其作用 [J]. 军队政工理论研究, 2001 (2).

[79] 张伟强．美军奖励制度研究 [D]. 国防科学技术大学, 2009.

[80] 赵晓宇．美军平时医疗保障及其改革研究 [D]. 中国人民解放军军事医学科学院, 2013.

[81] 马金鸽．美国退伍军人社会保障制度研究及其对我国的启示 [D]. 武汉科技大学, 2011.

[82] 王书峰．美国退役军人教育资助政策形成与变迁研究 [D]. 北京大学, 2007.

[83] Bailey, M.. Wages and Employment Under Uncertain Demand [J]. Review of Economic Studies, 1974 (41).

[84] Lazeal, E. P.. Why is There Mandatory Retirement? [J]. Journal of Political Economy, 1987 (6).

[85] Grossman, S. and Hart, O. An Analysis of the Principal Agent Problem [J]. Econometrica, 1983 (51).

[86] Shavell, Steven.. Risk Sharing and Incentives in the Principal and Agent Relationship. Bell [J]. Journal of Economic, 1979 (10).

[87] 张车伟、薛欣欣．国有部门与非国有部门工资差异及人力资本贡献 [J]. 经济研究, 2008 (4).

[88] 汪雯．转型经济下不同所有制企业工资决定行为的实证研究 [J]. 经济管理, 2008 (6).

[89] 刘汉全．新古典经济学需要理论的合理性与缺陷 [J]. 江汉论坛, 2005 (2).

[90] 黄培伦、李鸿雁．知识型员工激励因素研究评述 [J]. 科技管理研究, 2007 (1).

[91] 陈井安、景光仪．知识型员工激励因素的实证研究 [J]. 人力资源管理, 2005 (8).

[92] 赖长林. 关于知识型员工有效激励模式的思考 [J]. 求实, 2005 (2).

[93] Ishiguro, S.. Collusion and Discrimination in Organizations [J]. Journal of Economics Theory, 2004, 116.

[94] 姚伟. 社会网络资本与社会分层机制研究 [J]. 新疆社会科学, 2009 (2).

[95] 周玉. 社会网络资本与干部职业地位获得 [J]. 社会, 2006 (1).

[96] Antle, R. and Smith, A.. An Empirical Investigation of the Relative Performance Evaluation of Corporate Executives [J]. Journal of Accounting Research, 24 (2).

[97] 王伟国. 从不确定中追求确定——论法官自由裁量权及其治理 [J]. 学术论坛, 2006 (2).

[98] 戴治勇、杨晓维. 间接执法成本、间接损害与选择性执法 [J]. 经济研究, 2006 (9).

[99] Legros, Petal.. Courts, Contracts, and Interference [J]. European Economic Review, 2002, 46.

[100] 周黎安. 晋升博弈中政府官员的激励与合作——兼论我国地方保护主义和重复建设问题长期存在的原因 [J]. 经济研究, 2004 (6).

[101] Galanter, M.. Justice in Many Rooms: Course, Private Ordering, and Indigenous Law [J]. Journal of Legal Pluralism, 1981 (19).

[102] 吴延兵. 人力资源管理中的道德风险与激励机制设计 [J]. 贵州财经学院学报, 2002 (3).

[103] Abowed, J.. Does Performance Based Management Compensation Affect Corporate Performance? [J]. Industrial and Labor Review, 1990. 43 (3).

[104] Becker, G. S. and Stigler, G. J.. Law Enforcement, Malfeasance, and Compensation of enforcers [J]. Journal of Legal Studies, 1974 (1).

[105] 沈光. 简述对法官自由裁量权的程序制约 [J]. 今日南国, 2009 (1).

附录 1

郑重声明： 这是一份关于军官职业化评价指标的专家调查问卷，我们确保以下信息只用于统计分析。非常感谢您于百忙之中抽出宝贵的时间回答以下问题，祝您身体健康，工作顺利！请在正确的选项后面的□中打√。

1. 您的军官类型：专业技术军官□　文职干部□　指挥军官□　参谋军官□

2. 性别：男□　女□

3. 年龄：20—29 岁□；30—39 岁□；40—49 岁□；50 岁以上□

4. 现行政职务等级：________________

5. 现专业技术级别：________________

6. 现专业技术职称：________________

7. 文职级别或军衔：________________

8. 军龄：5 年以下□；6—10 年□；11—15 年□；16—20 年□；21—30 年□；30—40 年□；40 年以上□

请根据重要性程度在□内填写相应分值，分值分别为 8、7、6、5、4、3、2、1、0 最重要的为 8，最不重要的为 1，无关的为 0.

1. 在军官职业化制度安排中，请给出以下指标的重要性分值。

1）稳定性□　2）自主性 □　3）激励性 □　4）约束性 □

5）您认为重要的其它因素有________________________________□

2. 关于稳定性指标，请给出以下几个因素的重要性分值。

1）分工与专业化程度 □　2）职业稳定性分布□

3）职业规划与预期 □　　4）您认为重要的其它因素有__________□

3. 从分工与专业化的角度看，请给出以下要素的重要性分值。

1）各类军官岗位的专业化程度□

2）军官岗位资质的技术难度[1]□

3）军官岗位资质的专用性程度[2]□

4）您认为重要的其它因素有________________□

4. 从职业稳定性分布的角度看，请给出以下要素的重要性分值。

1）初中级军官的职业稳定性 □

2）初中级军官的职业归属感 □

3）军官退役的主要年龄段[3]□

4）您认为重要的其它因素有________________□

5. 从职业规划与预期的角度看，请给出以下要素的重要性分值。

1）军队人事部门是否具有现实可行的人力资源中长期规划 □

2）军官个体对自己的职业生涯是否有明确规划和稳定预期 □

3）您认为重要的其它因素有________________□

6. 关于自主性指标，请给出以下几个因素的重要性分值。

1）职业范围内的人才自由流动 □

2）和平时期的自由进入和退出 □

3）您认为重要的其它因素有________________□。

7. 从职业范围内的人才自由流动的角度看，请给出以下要素的重要性分值。

1）职位性质与军官职业兴趣的吻合度 □

2）岗位要求与军官专业技能优势领域的吻合度 □

3）初中级军官能否跨单位、跨部门顺畅流动 □

4）军官的职业满意度 □

5）您认为重要的其它因素有________________□

8. 从和平时期的自由进入和退出的角度看，请给出以下要累的重要性分值。

1）军官自愿退役数量占总退役数量的比例 □

2）军官退役后二次就业的市场化程度 □

3）您认为重要的其它因素有________________□

9. 关于激励性指标，请给出以下几个因素的重要性分值。

1）军事劳动投入与报偿的均衡 □

2）职业损失的等值补偿 □

3）您认为重要的其它因素有________________□

10. 从军事劳动投入与报偿的均衡的角度看，请给出以下要素的重要性分值。

1）军官个体对组织整体产出的贡献能否客观评价或衡量 □

2）劳动报酬能否公平体现军官职业劳动强度的差别 □

3）晋升规则能否公平体现军官职业劳动性质的差别④□

4）薪酬机制对于军官选择长期服役的激励强度⑤□

5）您认为重要的其它因素有＿＿＿＿＿＿＿＿＿＿＿＿＿＿＿＿ □

11. 从职业损失的等值补偿的角度看，请给出以下要素的重要性分值。

1）社会优抚制度能否有效补偿军官职业劳动的特殊风险和损失□

2）军官的职业收入满意度与职业成就感□

3）您认为重要的其它因素有＿＿＿＿＿＿＿＿＿＿＿＿＿＿＿＿ □

12. 关于约束性指标，请给出以下几个因素的重要性分值。

1）正式规则控制 □

2）职业资质限定 □

3）您认为重要的其它因素有＿＿＿＿＿＿＿＿＿＿＿＿＿＿＿＿ □

13. 从正式规则控制的角度看，请给出以下要素的重要性分值。

1）军官的岗位职责是否健全□

2）是否具有明确、正式、成文、书面的军官职位（岗位）说明 □

3）在实际操作中，军官的职权范围在多大程度上受正式规则的控制 □

4）正式规则的稳定性与调整周期的长短□

5）正式规则的权威性与执行的严格程度□

6）在正式规则中，职务权力与职务责任的匹配程度□

7）在正式规则中，职务权力与职务资源的匹配程度□

8）上下级的“权力－服从”关系有多少延伸至工作职能范围之外⑥□

9）您认为重要的其它因素有＿＿＿＿＿＿＿＿＿＿＿＿＿＿＿＿ □

14. 从职业资质限定的角度看，请给出以下要素的重要性分值。

1）各级各类军官岗位是否有明确的资质要求 □

2）人事变动（招聘、晋升、调动等）是否要经过严格、公正的资质考核□

3）您认为重要的其它因素有＿＿＿＿＿＿＿＿＿＿＿＿＿＿＿＿ □

项目解释：

①技术难度越高，岗位套牢程度越大。

②专用性程度越高，职业套牢程度越大。

③如果退役集中在最不容易找到工作的年龄，说明军官职业化程度较低。

④职务晋升规则是否考虑到一线作战部队军官与技术干部、机关干部劳动性质的差异。

⑤是否有类似于延期报酬这样的机制使得军官选择提前离开军队得不偿失。

⑥上级对下级行使权力超越职能范围的程度反映了下级对上级的人身依附程度或上下级关系的人格化程度。

附录2

郑重声明：我们确保以下信息只用于统计分析。非常感谢您于百忙之中抽出宝贵的时间回答以下问题，祝您身体健康，事事顺心！

请在正确的□中打√。

1. 您的年龄：20—29岁□　30—39岁□　40—49岁□　50岁以上□

2. 学历情况：您本/专科毕业院校为：地方院校□　军队院校□
现学历学位层次为：本科学士□　硕士研究生□
博士研究生□

3. 现专业技术级别：____________________

4. 现文职级别或军衔：____________________

5. 现专业技术职称：____________________

6. 军龄：7年以下□　8—15年□　16—20年□　21—30年□　31—40年□　40年以上□

您认为以下哪些因素会影响您从事军事工作的努力程度，请在第一栏中打√。2006年我军发生了大规模的裁军，2007年有了一次较大幅度的工资增长，请根据您所在单位的实际情况和您的主观感受，在第二、三栏为各项打分，满分为100分，程度较高为80分—100分，程度一般为60分—80分，程度较低为60分以下。请在第23项第二、三栏填上相应的年龄代号。

项目	影响您努力工作的项目	分数	
		2007年以前	2007年以后
1. 职位性质与军官职业兴趣的吻合度			
2. 岗位要求与军官专业技能优势领域的吻合度			
3. 军官退役尊重军官意愿的程度			
4. 初中级军官跨单位、跨部门顺畅流动的程度			

续表

项目	影响您努力工作的项目	分数	
		2007 年以前	2007 年以后
5. 军官个体对组织整体产出的贡献能否客观评价或衡量的程度			
6. 晋升规则公平体现军官职业劳动性质差别的程度[①]			
7. 劳动报酬公平体现军官职业劳动强度差别的程度			
8. 薪酬机制对于军官选择长期服役的激励强度[②]			
9. 社会优抚制度有效补偿军官职业劳动的特殊风险和损失的程度			
10. 退役后二次就业的市场化程度（非计划安置）			
11. 军官职业满意度			
12. 军官职业收入满意度			
13. 军官职业成就感			
14. 在正式规章制度中，职务权力与职务责任的匹配程度			
15. 在正式规章制度中，职务权力与职务资源的匹配程度			
16. 正式规章制度的稳定性			
17. 正式规章制度的权威性			
18. 是否具有明确、正式、成文、书面的军官职位（岗位）说明			
19. 军官的岗位职责健全的程度			
20. 上下级的“权力－服从”关系控制在工作职能范围之内的程度[③]			
21. 初中级军官的职业稳定性			
22. 初中级军官的职业归属感			
23. 军官退役的主要年龄段[④] （a. 22－30 岁；b. 31－39 岁；c. 40 岁以上）			
24. 各类军官岗位专业分工是否明确			
25. 各级各类军官岗位是否有明确的资质要求			
26. 军官岗位资质的技术难度或岗位的可替代性[⑤]			

续表

项目	影响您努力工作的项目	分数	
		2007 年以前	2007 年以后
27. 军官岗位资质的专用性程度或岗位知识和技能转为其他用途的代价⑥			
28. 人事变动（招聘、晋升、调动等）是否要经过严格、公正的资质考核			
29. 军队人事部门是否具有现实可行的人力资源中长期规划			
30. 军官个体对自己的职业生涯是否有明确规划和稳定预期			

项目解释：

①职务晋升规则是够考虑到一线作战部队军官与技术干部、机关干部劳动性质的差异。

②是否有类似于延期报酬这样的机制使得军官选择提前离开军队得不偿失。

③上级对下级行使权力超越职能范围的程度反映了下级对上级的人身依附程度或上下级关系的人格化程度。

④如果退役集中在最不容易找到工作的年龄，说明军官职业化程度较低。

⑤技术难度越高，岗位被其他人员替代的难度越大。

⑥专用性程度越高，转换职业的难度越大。

后　记

本书在国家自然科学基金的资助下才得以出版。一项有关国防和军队建设的课题能够得到国家自然科学基金的资助，一方面，证明了本书所探讨的话题具有一定的公共意义，对管理科学的发展具有一定的学术价值；另一方面，更证明了受到社会认可的顶级学术资助机构海纳百川的学术包容性。正是这种信任和支持，我们才大胆地完成了本书的撰写，也诚恳地接受主流学界的批判。本书还存在很多不足之处：

第一，对于中国军官职业化水平的评估，未能如愿的给出一个综合的评估，取而代之的是若干个具有代表性的样本单位的职业化水平的评估。尽管，我们声明了理由，但是对样本的分析总是一种不全的、缺乏宏观性的分析。

第二，由于各军队单位规章制度的多样性、差异性、多变性，使得通过制度分析来评价军官职业化水平非常困难，我们只能依据军官职业化的各项指标制作调查问卷，通过类似于职业化水平感知的问卷调查来评判各个单位的职业化水平。

理性思考并不比感性的回味更深刻。理性的部分在这本书中已经结束，我想现在多一些感性。

这本书的关键部分受到了我的导师罗敏教授的耐心启发和精心点化，甚至于他对本书的核心部分进行了逐字逐句的阅览和修改。导师的启发不止于对这本书的贡献，在导师的启发下，我经常产生海阔天空的奇思妙想，并以随笔的形式记了下来。我想这些都是我的灵感之泉。导师用他的智慧使我以前所未有的“开阔胸怀”接纳了“讳莫如深”的思想家们——皮亚杰、哈耶克、伯林、冯友兰……导师不仅博学、智慧，而且和蔼、幽默、胸怀宽广，这些品质都深深地打动了他身边的每个人。导师严谨、求实的学风也时常帮助我挥去功利的云雾，引领我走上学术的坦途。实际上，这本书所涉及的研究也凝聚了导师多年的心血。

关于本书，金琳和罗敏合作完成了引言和第二章的撰写；金琳独立完成了第一章、第六章、第七章、第八章的撰写；金琳、马静曦、戴冬阳合作完成了第三章、第四章的撰写；曹军独立完成了第五章的撰写。编写人员都身兼多职，每天频繁地在军人、学者的身份间转换，在工作中、生活中有着多种角色。可想而知，完成本书的撰写会透支很多精力，牺牲很多必要的休息。在此，感谢大家的合作和支持！

还要感谢中国财政经济出版社的卢关平先生对本书仓促文字的精心编辑，其勤奋敬业的精神令本人肃然起敬。

最后，我要对我的家人，特别是可爱的儿子，深深地说：我爱你们！和你们的每一顿家常便饭、每一次午夜漫步、每一次嬉戏追逐都是我繁重的工作之余最轻松、最幸福的回忆。

金琳

2014 年 10 月于武汉